武昌历史文化丛书编委会／编

Wuchangcheng 1800 Nian

武昌历史文化丛书

武昌城1800年

宋杰 编著

武汉出版社
Wuhan Publishing House

(鄂)新登字 08 号

图书在版编目(CIP)数据

武昌城 1800 年 / 宋杰编著. — 武汉：武汉出版社，2021. 10
(武昌历史文化丛书)
ISBN 978 - 7 - 5582 - 4554 - 1

Ⅰ. ①武…　Ⅱ. ①宋…　Ⅲ. ①武昌区 - 地方史　Ⅳ. ①K296. 34

中国版本图书馆 CIP 数据核字(2021)第 080618 号

武昌城 1800 **年**

编　　著:宋　杰
出 品 人:朱向梅
策划编辑:胡　新
责任编辑:陈艾利
特约编辑:朱梦珍　贾慧敏　申　晴
封面设计:马　波
出　　版:武汉出版社
社　　址:武汉市江岸区兴业路 136 号　　邮　　编:430014
电　　话:(027)85606403　85600625
http://www.whcbs.com　　E-mail:zbs@whcbs.com
印　　刷:湖北新华印务有限公司　　经　　销:新华书店
开　　本:787 mm×1092 mm　1/16
印　　张:16　　字　　数:210 千字
版　　次:2021 年 10 月第 1 版　　2021 年 10 月第 1 次印刷
定　　价:49.00 元

/序　一/
Preface

“求木之长者，必固其根本；欲流之远者，必浚其源泉。”一个城市的生命和灵魂，来自深厚的历史底蕴与坚实的文化内核；一个城市的品位和底气，离不开强大的文化自信与不竭的创新动力。挖掘历史资源、激活文化基因，事关精神命脉的传承，事关城市的永续发展。

有着近一千八百年建城史的武昌，历史悠久，文脉绵长。在这里，一座古城，风韵悠然，阔步前行，穿越千年沧桑；一处名楼，文人墨客，咸集诗赋，各领绝代风骚；一件大事，辛亥首义，敢为人先，改变中国历史；无数英豪，指点江山，前仆后继，浴血谱写辉煌。因为有了历史和文化的充分滋养，武昌始终生机勃勃、活力无限，为荆楚文化在中华文明总谱系中留下独特的基因和符号提供了丰富的给养。这片有着绚烂历史和强烈魅力的土地，一直等待着我们去发现、去感受、去领略、去彰显。

正因如此，我们有优势、有情怀，更有责任、有义务弘扬武昌的优秀历史文化，把武昌故事讲好，把武昌自信提升好，把武昌力量凝聚好。与其他展示武昌历史文化的论著不同，这套丛书全面系统梳理了多年散落在民间、口口相传的武昌老故事，通过精心的考证，深入挖掘其中蕴含的思想观念、人文精神和道德规范，并适应时代发展进行继承和创新，凸显出武昌发展的个性和魅力——从这个层面上讲，这套丛书的意义已经远远超出了文史资料的价值，它是武昌文脉的复现，为活化武昌文化遗产、树立武昌城市精神、提振市民精气神将作出独有的贡献。

丛书立足武昌历史根脉，突出武昌文化核心元素，在时间上自公元223年孙权建筑夏口城起至20世纪60年代，在空间上以武昌区现在的行政区划为主，分为“综合”“武昌人物”“武昌风物”“武昌景物”“武昌文物”和插画版“武昌指南”六个系列，将为武昌发展作出重大贡献的历史人物、影响历史进程的重大事件与武昌地域特色文化相结合，用群众喜闻乐见的语言讲历史故事、叙文化传统、说武昌古今。本书内容上具备理论高度、学术价值和思想深度，形式上明白晓畅，通俗易懂，能够激起读者情感共鸣，兼具历史性、时代性、知识性、可读性与权威性，可谓宣传推介武昌的集大成之作。

今天，武昌的经济体量已进入“千亿级”时代，站在新的起点，文化软实力正是提升我们综合竞争力和可持续发展能力的关键因素。习近平总书记说，“文化自信是一个国家、一个民族发展中更基本、更深沉、更持久的力量”，在建设创新型城区和国家中心城市核心区的征程上，我们更要“以古人之规矩，开自己之生面”，更要坚守中华文化立场，传承中华文化基因，展现中华审美风范。愿我们携起手来，共同努力，让传统文化与现实文化相融相通，让个体情感与集体情感同频共振，为新时代武昌的改革创新发展注入每一个人的家国情怀！

为策划、编纂和出版这套丛书，一大批专家学者以及许多市区老领导、政协委员都倾注了深厚的感情，为丛书的诞生奠定了坚实的基础，在此，由衷感谢他们为发展、延续武昌历史文化付出的巨大心血！

刘　洁

2018年12月

序　二
Preface

勤耕不倦，玉汝于成。历时三年，经过承编单位和各位专家学者、全体编辑人员坚持不懈的努力，《武昌历史文化丛书》6个系列38册图书全部编撰完成。此前，已有不少关于武昌历史文化方面的书籍出版，但大多只涉及某一角度或某一方面，唯有此套丛书全方位介绍了底蕴深厚、丰富多彩的武昌历史文化，多角度展示了武昌各时期的发展面貌，堪称集大成之作。

源远者流长，根深者枝茂。武昌城始建于公元223年，从魏晋至明清，都是历代县、郡、州、府乃至行省治所所在地，自古以来即为武汉地区的政治、经济、文化中心。受博大精深的荆楚文化滋养，武昌集书卷气与烟火味于一体，既是楚辞浪漫、黄鹤飘逸的千年历史文化名城，也是推翻帝制、创建共和的辛亥首义之地；既是绿水青山、生态宜居的滨江滨湖之城，也是经济领先、科教集聚的现代化城区，在中国历史上占有极为重要的地位。经历了惊心动魄的抗疫大战，武昌更加彰显出舍生忘死、勇往直前的英雄气概，焕发出浴火重生、淬炼成钢的蓬勃生机，展现了荆楚文化筚路蓝缕、开拓进取、自强不息的精神内涵。

《武昌历史文化丛书》本着高度的历史使命感，发扬严谨求实的优良传统，坚持政治性、思想性、艺术性相统一，从多个角度以不同专题讲述武昌历史的发展脉络，供读者鉴古知今、察往思来，从中获取智慧和力量。特别是最新编辑出版的《早期共产党人在武昌》等书，系统展示了这片革命热土上星罗棋布的红色文化资源，讲述了中国共产党在武昌艰辛而辉煌的峥嵘岁月，字里行间给人以强烈的思想启迪、精神激荡。每一个历史事件、每一位革命英雄、每一件革命文物，都展现了中国共产党的追求和梦想、情怀和担当、牺牲和奉献，生动诠释了武昌传承的红色基因、流淌的红色血液，无声地培育了我们共同的情感价值和理想追求，成为武昌文化软实力的重要组成部分，更是激励每个武昌人奋力拼搏新征程的强大力量源泉。

“风樯动，龟蛇静，起宏图。”当前正值“十四五”开局之年，“一带一路”倡议及长江经济带发展、中部地区崛起等多项国家战略纷纷聚焦湖北武汉，武昌正朝着建设更具认知度、识别度和美誉度的社会主义现代化城区加速奋进。从这一角度讲，《武昌历史文化丛书》的编辑出版正当其时，不仅传承和弘扬了地方优秀文化，守住了我们的城市根脉、个性与活力，而且能够强劲赋能提升城区品质和文化影响力，对推动武昌高质量发展具有重要且不可替代的作用。

不忘本来，方能开辟未来。武昌，有太多的故事值得述说，有太多的人物值得追忆，有太多的梦想需要延续。相信读者们翻开这套丛书，领略这片一百多平方公里土地的一山一水，品读这里历经了近 1800 年岁月的一街一巷，一定会深刻感受到其背后蕴含的人文情怀、价值追求和气质风范。最后，衷心感谢为丛书出版力笔勤耕、殚精竭虑的全体作者、专家委员会成员和武汉出版社的同志们！

余　松

2021 年 10 月

/序　三/
Preface

酝酿已久的《武昌历史文化丛书》终于要正式出版了，作为一个历史工作者和这套丛书的专家委员会主任，我感到由衷的高兴，十分乐意借写序的机会，同大家分享一下我的几点感想。

第一，为什么要出版《武昌历史文化丛书》？

武汉三镇之中，当属武昌的历史最为悠久，早在春秋战国时期，楚国就在这一地区设有封君夏侯。三国时期，孙权将东吴政治中心迁鄂（今鄂州市），寓“以武而昌”之意，改鄂名为“武昌”，这是武昌之名的由来。公元223年，孙权在江夏山（蛇山）筑夏口城，从而开启了武昌古城的历史，至今已近一千八百年。从元代设湖广行省起至清末，武昌一直是省级大区域行政中心。北伐战争后，改武昌县为武昌市。1927年，武汉三镇在行政区划上正式统一为一市。1949年武昌解放后，成为中共湖北省委、省人民政府所在地，在1952年调整区划后，正式成立武昌区人民政府。

千百年来，武昌因其独特的地理区位，始终处于社会变革的最前沿，承载着中华民族波澜壮阔的历史变迁，书写着气势磅礴的历史画卷。武昌人文底蕴深厚。屈子行吟，崔颢题诗，李白唱和……近代以来，张之洞督鄂，兴实业，办教育，练新军，新旧学堂并起，东西文化交融，风气大开，武昌由此奠定了全省文化中心的地位，诚如张之洞题黄鹤楼楹联中云：“昔贤整顿乾坤，缔造先从江汉起；今日交通文轨，登临不觉亚欧遥。”武昌自然风光秀丽。东湖、沙湖、紫阳湖等，妩媚多娇；洪山、蛇山、珞珈山等，玲珑别致；黄鹤楼、宝通寺、长春观等，景色优美。山灵水秀，人文荟萃，让武昌成为最适宜居住的城区。

武昌历史悠久、文化厚重、科教区位优势明显，是武汉的城市文化名片，而《武昌历史文化丛书》正是一套向世人充分展示武昌这座历史文化名城的独特魅力和风采的作品。

第二，如何编好《武昌历史文化丛书》？

武昌是武汉文脉沉淀之地，积累了丰厚的文化资源，如黄鹤楼文化、辛亥首义文化、名人文化等，此前也有若干零星介绍武昌历史文化的图书，而这套丛书则是第一次全面系统梳理千年古城的历史文化、系统挖掘武昌历史文化资源的重要工程。

本丛书在整体设计上分为六个系列，形式新颖，内容全面，体系完整，时间上从公元 223 年至 1960 年代；空间上以现有武昌区行政区划为主，必要时以历史上的大武昌概念为界定，将为武昌发展作出重大贡献的历史人物、影响历史进程的重大事件与武昌地域特色文化相结合，激活武昌文化基因，展现真实、立体、全面的武昌，集中呈现武昌深厚的文化底蕴。

在作者的选择上，着重选择了对武昌历史文化素有研究的专家学者；在内容上，利用新史料，体现研究新成果，集历史性、权威性、知识性、可读性于一体；在形式上，采取图文并茂的形式。

第三，编撰《武昌历史文化丛书》的意义何在？

习近平总书记在党的十九大报告中指出："文化兴国运兴，文化强民族强。没有高度的文化自信，没有文化的繁荣兴盛，就没有中华民族伟大复兴。"只有对自身文化有高度的自信，才可能带来武昌的繁荣兴盛。在新时代下，启动这套丛书的编撰，既体现了武昌区委、区政府的远见，也可谓正逢其时。

该丛书既是在新时代第一次全面、系统挖掘武昌历史文化资源的重要文化工程，也是响应市委、市政府建设"历史之城、当代之城、未来之城"号召的实践成果，更是加快建设现代化、国际化、生态化大武汉，全面复兴大武汉的具体举措，功在当代，利在千秋。

本丛书立足武昌，深入挖掘其中所蕴含的思想观念、人文精神、道德规范，并结合时代要求继承创新，突出展示武昌最具特色的核心文化元素，集中挖掘城区的文化根脉，讲好武昌故事，传承历史文化记忆，对于传承武昌区优秀的历史文化、提升居民文化自信、推进城区文化建设具有重大的现实意义，必然成为武汉市打造国家中心城市和世界亮点城市规划中绚丽的一环。

关于学习历史的意义，习近平总书记在中央党校建校 80 周年庆祝大会暨 2013 年春季学期开学典礼上讲道："学史可以看成败、鉴得失、知兴替。"从武昌悠久、丰厚的历史文脉当中，我们也一定可以看清她的成败、得失、兴替，从而以更加清醒的头脑和更为厚重的历史感，借改革开放四十年的东风，更好地了解武昌、建设武昌、发展武昌。

是为序。

马 敏

2018 年 12 月于武昌桂子山

/前　言/ Foreword

武汉之南，有城武昌，作为一个城池的存在，自公元 223 年始，距今约有 1800 年了。东汉末年，群雄纷争，三国角逐，吴主孙权于吴黄武二年（223 年）在黄鹄山（亦称江夏山，今蛇山）筑起一座土石城，取名夏口城。这就是武昌城的起始。夏口城作为武昌城的起始，建城之初面积并不大，清人顾炎武考证其“周回仅二三里”，即 1500 米左右。此后经历朝历代不断修建完善，到清末民初，武昌城面积扩展为 7.7 平方千米。1927—1929 年，武昌拆除旧城墙，城市面积不断向东、南、北三个方向扩展。至今，武昌区面积约为 107 平方千米，常住人口约为 109 万。

武昌，正如她的名字一样，因武而昌。在其约 1800 年的历史进程中，历经战火而不衰，且更为昌盛。尤其是近 100 多年来，武昌以思想创新、教育创新、科技创新、学术创新、环境创新、政务创新而一次次成为影响中国文明进程的重要地标。依城而过的长江，这条中华民族的母亲河，正在成为未来中国最活跃的经济增长带。武昌，将书写出更为华丽的篇章。这里拥有持续千年不断、催生伟大创造的文化基因，正是这种基因，让那些拥有梦想的人，在武昌成就了梦想。

大成武昌，武昌大成。

目　录/Contents

第一章
三国两晋时期

魏晋南北朝时期，武汉地区和全国局势基本无异，割据与动荡、战火与硝烟是这个时期鲜明的特色。

220 年，曹丕建魏称帝，武昌从此进入新的历史时期，孙吴、东晋和南朝的宋、齐、梁、陈相继统治武昌。这一时期，在魏、蜀、吴三国鼎立的大势下，孙权因军事战略需要，在武昌蛇山筑夏口城，为武昌城邑的发展奠定了基础。此一时期，国家分裂，社会动荡，战乱频仍，朝代更迭，夏口城成为战略要地。夏口城当时是州、郡、县的政治中心和大区域的军事中心，既遭受战火破坏，又处于不同政权的争夺中，社会经济屡遭破坏。

一、吴主了却君王梦

（一）孙权始筑夏口城

东汉建安十三年（208 年），赤壁大战后，三国鼎立之势已成，曹操据北方，刘备据荆州，孙权领江东和鄂东南。曹丕、刘备先后称帝，吴主孙权为遏制魏、蜀的势力，采取了一系列政治、军事上的重大措施。221 年，孙权把统治中心迁到鄂县（今湖北省鄂州市），将鄂县改名为武昌，定为国都，“以武而昌”，意思是说东吴要用武力来争雄天下。吴黄武二年（223 年），为拱卫都城，孙权又在今武昌蛇山东北筑夏口城。该城背靠黄鹄山（今蛇山，别名江夏山），面向长江和沙湖，为版筑土石城。顾炎武谓其“依山负险，周回仅二三里”。石城面对江北夏水（今汉江）入江之口，故名夏口城。这就是武汉市武昌区历史上出现的第一座城池——夏口城。虽然夏口城是一座立于蛇山、面临长江、与汉阳相望的军事城堡，城周 1500 米左右，但与汉阳的郤月城（建于汉末，城周不过 264.6 米）相比，却大了几倍。从此，夏口城与郤月城夹江对峙，成为挡北引南、承东接西的交通枢纽，是东吴拱卫京都的军事要地。夏口城的修筑，为今后武汉三镇的形成奠定了基础。

（二）黄鹤名楼仙鹤吟

地有名楼，必近城市。现在的武昌，孙吴时称夏口。《三国志·吴书·吴主传》有“（吴黄武二年正月）是月，城江夏山（今蛇山）”的记载，《元和郡县图志》也说“吴黄武二年，城江夏，以安屯戍地也。城西临大江，西南角因矶为楼，名黄鹤楼”，上述记载说明孙权筑夏口城的同时，在夏口城头的黄鹄矶上，修建了一处登高凭眺的瞭望岗楼。这座岗楼不过是“因矶为楼”，最主要的是军事功能，城为战守，楼为瞭望，都是因适应当时军事斗争需要而修建。其后黄鹤楼才逐渐演变为登临游憩、吟诗作画的胜地，成为山川人文相互倚重的文化名楼。

二、夏口朝会纳良策

（一）百官会船坞

为确保夏口城的安全，孙权曾几次派大军北征魏将文聘，使其退守石阳（今黄陂区）一线，并牢牢控制汉阳郤月城。又于吴黄武五年（226 年）亲率大军围攻石阳，文聘坚守城池不战，孙权只好退兵夏口。

吴黄武八年（229 年），孙权又在夏口城上游的涂口（今江夏区金口）筑沙羡城，从而使夏口、郤月、沙羡三城构成互为掎角的军事防御体系，对保障东吴安全、拱卫京都起着重要的作用，标志着以江汉交汇为中心的城市开始形成。

当年，孙权拟由武昌（今鄂州市）还都建业（今南京市），但考虑到武昌距建业水程两千里，一旦有难恐救援不及，因而犹豫不决。于是孙权在夏口（今武昌）水军营寨船坞内，大会百官商议迁都之事。有人建议在夏口立寨栅，有人建议江面重设铁锁，孙权认为均非良策。有一个不出名的小将张梁建议：严明赏罚，遣将入沔，主动与敌争锋，然后在武昌（今鄂州市）屯驻精兵数万，严阵以待。孙权赞同这个以攻为守的策略，遂下了还都建业的决心。能在船坞中大会百官，其规模肯定不小，足见当时夏口已设立造船工场，且有相当规模。从时间上看，夏口船坞稍晚于吕蒙建造的濡须口船坞，但夏口的船坞规模更大，算得上是见诸文字记载的中国第二大船坞，这说明当时夏口的造船业已有很大的发展。

（二）都督驻夏口

夏口城处长江与汉水交汇之地，与汉阳郤月城构成了“龟蛇锁大江”之势，控长江中游咽喉，扼南北交通要冲。在魏、蜀、吴三国军事角逐中，夏口城便成了争夺的前哨阵地。孙权深知夏口“得之而存，失之而亡”的战略地位，自223年筑夏口城后，便专设夏口都督，屯精兵戍守城防。都督为统领一方的军事长官，是高于一般州、县官的军事统帅。见于史籍的夏口都督共有10人，多为孙吴宗室，这说明当时武昌已远远高于县的级别。吴建兴元年（252年），孙壹为第二任夏口都督，有部属千余人，平时屯田，春种秋收，对夏口地区的水稻种植有所推进。最后一任夏口都督为孙慎，天纪元年（277年），曾率军渡江北征晋朝的江夏郡和汝南郡，掠千余家后返回夏口。天纪三年（279年），夏口被晋军攻占，结束了吴国统治夏口城的局面。

三、治所迁移始分明

（一）吴主治夏口

222 年，孙权在武昌（今鄂州市）建都，又设置武昌郡，郡治在武昌（今鄂州市），但次年改为江夏郡。据潘新藻《湖北省建制沿革》“孙权黄武二年城江夏山（蛇山）移郡治焉”，这就是说，夏口城建成后不久，孙权就将江夏郡治迁至夏口城。继周瑜之后，程普、孙奂、孙皎、孙承、刁嘉任江夏太守，皆以夏口城为治所。吴之江夏郡含武昌、下雉、阳新、沙羡、寻阳、柴桑等六县。不过三国时建立的江夏郡，并不意味着完全实际占有。号称为江夏太守者并不一定统治江夏地区。但此时的夏口城已崛起为地区性军事、政治中心，这与孙权的经营密不可分。

263 年，魏灭蜀；两年后，司马氏代魏，建立晋王朝，史称西晋。三国鼎立局面结束，形成吴晋对峙于长江两岸的局面。

为了防止西晋南侵东进，吴甘露元年（265 年），吴主孙皓再次迁都武昌（今鄂州市），并牢牢控制军事重地夏口城。但由于生活习惯改变、生活质量下降，百姓与朝官均有怨言，当时流传童谣云：“宁饮建业水，不食武昌鱼。宁还建业死，不止武昌居。”孙皓不得已，次年又返都建业，他企图挽救东吴政权的努力最后失败了。此时东吴的朝政日益腐败，孙皓众叛亲离。据《晋书·天文志下》记载，建衡二年（270 年），夏口都督孙秀率部降晋，次年，孙秀部将何崇又率五千余人降晋。这说明遏制晋军东进的夏口城已失控，东吴政权摇摇欲坠。

晋咸宁五年（279 年），晋武帝采纳羊祜平吴的建议，即在东南设疑兵、荆楚设重兵、巴汉出奇兵，各路大军云集汉水流域，直指长江中游重镇夏口，派遣 20 万大军，兵分六路，大举伐吴。其中的三路大军相互配合，由平南将军胡奋出兵夏口，扼东吴之咽喉，一举攻克夏口和武昌(今鄂州市)，龙骧将军王濬得以顺江东下，直逼建业(今南京市)。孙皓山穷水尽，俯首投降，东吴立国58年而亡，至此近百年的分裂局面终于结束。上述平吴战役的胜利，是夏口战略地位特别突出的一次体现，也是夏口战略地位的一次提升。

（二）西晋治夏口

在西晋统一的形势下，晋武帝为便于管理，对行政建制进行调整。其中于太康元年（280年）在武昌郡（今鄂州市）下重设沙羡县，并将沙羡县治从涂口（今江夏区金口）移至夏口城。从此，郡守和县令统治夏口城，夏口城既是军事战略城堡，也是西晋的一个县治中心，结束了东吴以军事长官统治夏口城的历史。夏口城作为一个县级中心，应该说就是从这个时候开始的。从秦代设置县以来，经过了500年之久，今武昌才从一个从属地位上升到一个县治中心地位。但是，到了孝武帝太元三年（378年），东晋将沙羡县改为沙阳县。至此，在武汉城市发展史上，沙羡作为县名已消失在史册之中。

经过西晋的短暂统一，特别是灭吴后10多年的和平发展，夏口城由孙吴时期的军事城堡发展成为一个小范围的县治中心。

晋太熙元年（290年），晋武帝去世不久，诸王之间的混战便开始了，致使关中地区的流民涌入长江流域的荆州和夏口地区，使夏口地区陷入流民起义和西晋王朝镇压游民起义的大动乱之中，夏口城再度成为战乱中的军事要地。晋惠帝太安二年（303年）的张昌起义和晋怀帝永嘉五年（311年）的杜弢起义，都发生在夏口的外围，且两股势力曾进入沙羡县境，攻占江南数郡。西晋王朝派来镇压起义的陶侃、刘弘、王敦、周访等人，他们十分重视夏口城的战略地位，纷纷把夏口作为屯兵扼守之所。于是，夏口城又成为朝廷镇压流民起义的军事指挥中心。

在平定流民起义中，晋军统帅陶侃“居大郡，统强兵”，戍守夏口城。303 年，陶侃率兵平叛张昌起义，在夏口周边地区“累战破昌，前后斩首数万级”；永兴二年（305 年），右将军陈敏率部叛乱，陶侃受命为江夏（今武昌）太守，加封鹰扬将军，进剿叛军，连战皆捷，以功封乡侯，食邑千户。307—316 年，陶侃“率兵三千屯夏口”，为破杜弢起义，命部将朱伺在夏口造船工场“作大舰”，并以运输船作战舰，所向披靡，在武昌（今鄂州市）大破杜弢，又决战长沙，剿灭义军。陶侃在平定游民起义中，升任武昌（今鄂州市）太守，实行保民、安抚政策，在他治理下的夏口城避免战乱之灾，社会有所发展。

（三）东晋治夏口

316 年，西晋灭亡后，在渡江的北方大族和江东士族的支持下，司马睿于 317 年在建康（今南京市）建立了偏安江左的小朝廷，史称东晋。

东晋立国的基础，主要是分别位处长江中游的荆州与下游的扬州。虽然扬州是政治中心，但荆州地处上游，又是与北方政权对峙的前线，重兵聚集之地。因而在东晋时，出镇荆州的将领往往利用其军事上的优势，威逼下游，以图实现政治上的野心，这就是所谓的“荆扬之争”。实际上，“荆扬之争”是藩镇与皇权、地方势力与中央政府的斗争。夏口城再次成为各股势力竞相争夺的目标，其中 322 年至 324 年的王敦之乱，以及 327 年至 329 年的苏峻、祖约之乱，都是为争夺夏口而发生的。特别是屯兵夏口的桓玄，于安帝元兴元年（402 年）起兵攻入建康，废安帝自称楚王。东晋将领刘裕起兵讨伐桓玄，桓玄战败身亡，但其余部仍据夏口、鲁山（今汉阳）双城。于是双方在夏、鲁展开了一场激烈的争夺战，最终刘裕攻克夏口城和鲁山城。

刘裕平定桓玄之乱后，掌握了东晋的军政大权，并两次西征扫灭桓玄在荆州的残余势力，义熙元年（405 年），桓玄余部被全部消灭，刘裕完全控制了荆州。

东晋安帝义熙年间（405—418 年），是刘裕灭桓玄之后把持朝政大权的时期。刘裕及其部将对夏口地位的重要性有了新的认识，把江夏郡治从沌阳城移至夏口城，夏口城又一次成为郡的政治中心。当时由于中原战乱不已，汝南郡（今河南汝南县）士族大量流寓夏口，多相聚而居。为缓和南北士族的矛盾，遂侨置汝南县于涂口（今江夏区金口），汝南县名遂代替原有沙羡县名，夏口城则称汝南。此时夏口城仍是江夏郡的治所，故又有江夏城的称谓。

四、分荆置郢统五郡

（一）分荆置郢州

东晋元熙二年（420 年），刘裕禅代东晋，建宋称帝，史称刘宋，南朝由此开始。

宋武帝刘裕即位后，总结东晋统治百余年的经验，针对荆州“地广兵强”，提出“分荆置湘、郢”以分荆楚之势的方略，但刘裕称帝仅三年便驾崩了，直到孝武帝孝建元年（454 年）才得以实施“分荆置郢”。尚书令何尚之认为：“夏口在荆、江之中，正对沔口，通接雍、梁，实为津要，由来旧镇，根基不易。今分取江夏、武陵、天门、竟陵、随五郡为一州，镇在夏口，既有见城，浦大容舫……诸郡至夏口皆从流，并为利便。”这就是说，夏口处于扼控江汉的交通要道，在城堡建筑、泊船港湾等方面也有其他难以比拟的优越条件。孝武帝采纳了何尚之的建议，加强对夏口战略要地的控制，为屏障京都建康，以削弱荆、湘、江、豫等州的权力，就把这些州分出了一部分设立郢州，并以夏口城为郢州治所，统辖 5 个郡 39 个县，辖境相当于今湖北钟祥以下的江汉流域，监利、阳新间的长江流域和湖南沅江流域以北地区。成书于南朝的

《齐书》有这样的记载："夏口城……宋孝武置州于此，以分荆楚之势。"这一记载表明了夏口是郢州的治所所在地。从此，夏口城遂有了"郢城"之称。上述情况，说明夏口城在刘宋时期已进一步从一个原江夏郡治的治所，上升到一个州治的地位。继刘宋王朝之后的齐、梁、陈各朝郢州治所均设于郢城，武昌遂进入郢州城时代。

（二）扩筑郢州城垣

刘宋在提高夏口行政地位的同时，于 454 年以国戚萧思话为郢州刺史，坐镇夏口，着手构筑郢州城垣。郢州城垣的构筑，是在东吴始建夏口城的基础上进行城垣的修葺和扩建。据宋文帝时成书的《荆州图经》载，当时的黄鹄矶（今武昌蛇山）中建有高墉（高大的城墙）。《齐书》载："夏口城据黄鹄矶……边江峻险，楼橹高危，瞰临沔、汉，应接司部……"句中的"楼橹"，就是古代作战时用以侦察、防御而修建的高台，类似于现代的没有顶盖的碉堡。今蛇山仍保存有郢州城垣的断石墙基遗址，是武昌悠久历史的重要见证。

（三）萧道成平叛

刘宋明帝泰始五年（469 年），沈攸之出任郢州刺史，坐镇郢州城。沈攸之"为政刻暴""横征暴敛"，且大肆营造战舰，制作铠甲，图谋不轨。明帝觉察到沈攸之的威胁，将其西调任荆州刺史。472 年，明帝去世，朝政大权落入禁军统帅萧道成之手。萧道成视沈攸之为代宋称帝的最后障碍，因此，对沈攸之时刻防范，在将帅任命、军力布防、物资补充等方面树置心腹，"重其兵力"。

顺帝昇明元年（477 年）十二月八日，沈攸之以反对萧道成专政为名，发兵十万、铁骑二千出江陵。闰十二月四日，郢州刺史刘赞率军自郢城出击平叛，战败退守武昌（今鄂州市），沈攸之进围郢城。郢城守将柳世隆按照萧道成的平叛方略，积极防御，激战 20 余日。次年正月十九日，因郢城久攻不下，众心离沮，沈攸之部将刘攘兵倒戈，烧营后入降郢城。沈攸之率余众过江至鲁山（今龟山），西走华容，自缢身亡。

萧道成平定沈攸之的叛乱后，于昇明三年（479 年）夺取帝位，建国号为齐，史称南齐，是为齐高帝。郢城归入南齐统治。

（四）齐梁更代遇瘟疫

齐梁禅代的主角是南齐皇宗萧衍。南齐末，皇室宗亲相残，南康王萧宝融据有荆州，意欲东取。东昏侯永元三年（501 年），萧宝融授雍州刺史萧衍为征东大将军，令其率军东下。二月萧衍兵发襄阳，会师于夏水之口。南齐郢城刺史张冲置阵于夏口石桥铺，并遣部将孙乐祖渡江助守鲁山城（今汉阳），以为郢城犄角。萧衍则先是率军筑汉口堡（又称萧公城）以困鲁山城，并遣水军阻绝鲁、郢二城信使，继而派部将王茂、曹景宗于郢城东北筑土石结构的城堡（在今武昌区小龟山附近，后世称曹公城）以逼郢城。郢州刺史张冲出战，兵败回城病死，众推薛元嗣、程茂防守郢城。三月，萧宝融在江陵称帝，萧衍奉命进围郢城，并击溃救援郢城的敌军。救援无望的孙乐祖、薛元嗣皆以城降于萧衍。

萧衍起兵攻战郢城历时半年，始得克服。《梁书·武帝纪上》载："初，郢城之闭，将佐文武男女口十余万人，疾疫流肿死者十七八。"《梁书·韦叡列传》的记载更让人惨不忍睹："初，郢城之拒守也，男女口垂十万，闭垒经年，疾疫死者十七八，皆积尸于床下，而生者寝处其上，每屋辄盈满。"面对瘟疫流行的郢城，萧衍以韦叡为江夏太守，行郢州事，"料简隐恤，咸为营理，于是死者得埋藏，生者反居业"。

郢城已克，萧衍率军东下，夺取建康。萧衍于中兴二年（502 年）四月杀萧宝融，代齐建梁，改元称帝，是为梁武帝。

五、商埠连绵代军港

（一）沿江三军港

孙权以水军立国，223 年在夏口筑城建成楼的同时，着力构建城港一体化，充分利用夏口城沿江的江水弯道，辟建了夏口鹦鹉洲、南浦和黄军浦三大军港。

鹦鹉洲，位于距夏口城江岸约两里的江心，历史方位大致在今武昌区白沙洲尾，头枕鲇鱼套口，尾接黄鹄矶，最大面积曾达 200 万平方米，因东汉学士祢衡作《鹦鹉赋》于其上而得名鹦鹉洲。由于这里四面环水，其与夏口江岸间的夹江地带尤便于舟船往来，成为东吴水师战船出入之地。

南浦，位于里河（今巡司河）入江口处，即今鲇鱼套。从汉代开始已经成为舟船泊地，到了三国时，这里便成为既便于水师出入，又利于军事物资装卸的军港。

黄军浦，位于今黄鹤矶前的凹陷地带，紧接鹦鹉洲尾，因吴将黄盖水师屯兵于此，故浦得其名。这里既是水师基地，又是商舟之会处所。

上述三大军港的辟建，构建了城港一体化的水上屏障，主要还是为军事目的服务。

（二）郢城街肆兴

萧梁建立之初，武帝为解决郢州的瘟疫问题，命曹景宗为郢州刺史，镇守郢城。这位素以豪猛著称的战将看到郢城商业发展迅速，便在此“鬻货聚敛”，《梁书·曹景宗传》称他“于城南起宅，长堤以东，夏口以北，开街列门，东西数里”。上述曹景宗所起“宅”，应当是用以“鬻货”的店铺或邸店；“东西数里”的长街在今武昌区的汉阳门沿江一带，因濒临长江，长达数里，成为商船贸易的中心地带。身为郢州刺史的曹景宗此举是看到郢城商业兴盛，他显然是想与民争利，但客观上为郢州城商业的发展奠定了基础。武帝天监四年（505年），曹景宗对被魏军围攻的司州城袖手旁观，御史中丞任昉向武帝参奏此事，武帝反以曹景宗为功臣，调任他为护军。

补记

（一）南朝战乱中的武昌

❶ 黄鹤楼下埋骨地

梁天监十三年（514年），安成王萧秀出镇郢州，《梁书·萧秀传》称："郢州当涂为剧地，百姓贫，至以妇人供役，其弊如此。秀至镇，务安之……于是务存约已，省去游费，百姓安堵，境内晏然。"由于郢城长期以来为兵冲要地，战死者虽经埋藏殆尽，但仍有大量"露骸积骨"。萧秀便命人把这些暴露在野外的骸骨收集起来，共有好几百具之多，于黄鹤楼下"祭而埋之"。萧秀这一政绩，《南书》和《梁书》都有记载，这是黄鹤楼的名字第一次出现在历史文献上。

萧秀在郢州时，每到冬天，还常作襦裤"以赐冻者"。在那时，饱受战祸之苦的郢州百姓，能碰上一个像萧秀这样的好官，也算是不幸中的万幸。天监十六年(517年)，萧秀移镇雍州，离郢途中病故。《梁书》记载："秀之西也，郢州民相送出境，闻其疾，百姓商贾咸为请命。"死后，州民"裂裳为白帽，哀哭以迎送之"。所幸萧秀之后，继任郢州刺史的萧景、萧恢等让郢城百姓安居乐业。

❷ 鲍泉尸沉黄鹄矶

梁武帝太清二年（548年），侯景起兵反梁，攻入建康，次年梁武帝被软禁在宫中饿死，天下大乱，郢州又陷于战火。

侯景之乱时，梁武帝的第七子湘东王、荆州刺史萧绎起兵讨伐侯景。萧绎认识到郢州在战略上的重要地位，便把镇守此地的任务交给了次子萧方诸，任命他为郢州刺史，并任鲍泉为长史，辅佐萧方诸戍守郢城。同时，萧绎又派部将徐文盛率军自郢城东征，收复侯景占据的武昌（今鄂州）。梁简文帝大宝二年（551 年）四月，侯景亲率大军至郢城近郊地区。探知郢城兵少空虚，于是侯景派部将宋子仙率精锐骑兵 400 人，由西阳（今湖北黄冈）奔袭郢城。适逢大风疾雨，天色晦暗，守城军校远远望见敌军袭来，立即向鲍泉报告。鲍泉正和郢州刺史萧方诸赌双陆（类似于下棋的赌博，名为“双陆”），正赌得入迷，对敌情置之不理，直至守城军校报告敌人已到城门下，鲍泉这才慌了手脚，仓皇应战。此时，城门已被攻破，宋子仙入城活捉萧方诸、鲍泉，并尽获梁将及士兵留在郢城的家人。郢城失守，门户大开，侯景得以溯江而上，兵临巴陵城下，但被荆州刺史萧绎击败，侯景只好退兵据守郢城，命部将杀鲍泉，沉其尸于黄鹄矶（今长江大桥武昌桥头堡处）。《湖北通志》记载，黄鹄矶“昔侯景，沉鲍泉于此”。这就是郢城历史上王孙公子好赌导致城破身亡的一幕悲剧。

❸ 南北政权战郢城

南梁承圣四年（555 年）正月，北齐派遣清河王高岳南征，逼近夏水之口，梁郢州刺史陆法和以州降齐，北齐以慕容俨守郢城。梁朝都督侯瑱及部将任约率水陆军反攻，于郢城上游鹦鹉洲上造荻洪数里以塞航路，断绝郢城与外界联系，并兵分两路。侯瑱移军城北，造寨置营，任约率兵万余于城南置营垒，又有五万援军来助，于五月合力攻城。慕容俨出城迎战，大败梁军，俘虏 500 余人，还斩杀援军将领张白石。慕容俨仍坚守不降，双方陷入胶着状态。《北齐书·慕容俨传》载：“城中食少，粮运阻绝，无以为计，唯煮槐楮（皮）、桑叶并苎根、水萍、葛、艾等草及靴、皮带、筋角等物而食之。人有死者，即取其肉，火别分啖，唯留骸骨。”就在如此艰难困苦之下，慕容俨“犹申令将士，信赏必罚，分甘同苦，死生以之”，坚持半年，“人无异志”。在半年坚守中，慕容俨修缮过郢城的城墙、楼房，“修缮城雉，多作大楼”，还激励水军大造船舰，在郢城创造了守城史上的奇迹。次年（556 年），梁、齐讲和，慕容俨才奉命撤离郢城。梁朝任命王琳为郢州刺史，镇守郢州。

❹ 萧庄郢城置帝都

梁敬帝太平二年（557 年），扬州刺史陈霸先起兵攻打建康，废梁建立陈朝，是为陈武帝。梁朝皇亲萧庄以武力反抗。萧庄在梁朝老臣王琳的支持下，以军事力量割据郢州，“带甲十万，练兵于白水浦”，并大败陈军，擒侯安都等陈军将领。陈武帝永定三年（559 年），萧庄在郢州称帝，王琳为丞相，继承梁朝帝业，以与陈霸先相抗衡。从萧庄以郢州城为都建立帝业，可知此时郢州已有了新的发展，战略地位显著提升。一年后王琳战败，郢城落入陈朝之手，萧庄与王琳逃亡北齐。

❺ 隋灭南陈战郢城

581 年，北周随国公杨坚代周自立，建立隋朝。为统一江南，隋文帝杨坚于 582 年令隋将元景山率军伐陈，行至汉口（今汉阳一带），准备率军渡江攻占郢城。正值陈宣帝卒，尊古制不乘丧而伐，隋军奉命班师。在长江上游，陈隋南北划江而治。开皇七年（587 年），隋军入江陵，灭后梁。次年（588 年）十月，隋文帝发兵约 50 万，分八路大举讨伐南陈，其中令秦王杨俊率领一路大军，出兵襄阳，屯重兵于汉阳，吸引陈朝主力。陈朝则遣大将周罗睺在郢城和鹦鹉洲屯兵数万，陈朝荆州刺史又率军 3 万、战船千余艘增援郢城，为隋军所阻。这时双方隔江对峙的兵力不下 20 万，兵力旗鼓相当，相持月余，不分胜负。589 年，隋军主力一举攻占建康，陈后主被俘。因建康已平，郢城不战而降隋。

南陈灭亡，郢城属隋朝。隋文帝统一天下后，改郢州为鄂州，因为郡、州、县的治所都在江夏，今武昌又有鄂州之称。

自汉末三国以来以分裂为主的局面，至隋灭陈而重归统一。与这一时期的特征相对应，魏晋南北朝时期的夏口城（今武昌），饱受战火之苦，在战争中显现其战略地位的重要性，且时兴时衰皆因战事的需要，给武昌城市发展烙下了深深的时代印迹。

（二）武昌地名源头

207 年，相传刘备赴东吴途中，曾在武昌祭天，其故址在今东湖磨山，今磨山建有刘备祭天台。

208 年，鲁肃助周瑜破曹后，骑白马过洲，马陷泥中而死，鲁肃葬马于洲，今东湖白马洲即为其葬马故址。

221 年，孙权迁都鄂县，取“以武而昌”之义，改名武昌。这是今鄂州市古称“武昌”的开始，也是孙权为了实现以武治国而昌，在蛇山建夏口城而形成今武昌之名的源头。

223 年，东吴孙权在蛇山黄鹄矶建瞭望楼，后该楼逐步演变为观赏楼，其故址在今武汉长江大桥纪念碑处。

孟宗（218—271 年），曾任东吴渔政、粮库官员，居武昌，他在凤凰山冬日哭竹生笋、烧汤敬母的故事，被载入《二十四孝》，流传至今。

454 年，南朝宋孝武帝扩筑郢州城垣，今蛇山黄鹤楼后即为郢州城垣遗址。

第二章
隋唐宋时期

隋唐较长时期大一统的政治局面，使得鄂州（治所在今武昌）获得了稳定的发展环境，商业贸易大幅度增长，人口迅速繁衍，社会财富显著增加。同时，由于政治中心的东移与经济重心的南移，地处长江中游的鄂州成为唐代中晚期重要的经济重镇之一，有“东南巨镇”之称。同时，鄂州大地还是南北文化碰撞、交流和融合的大舞台，共同演绎着波澜壮阔的历史华章。

唐和五代以后，时名鄂州的武昌归于宋朝。

北宋时期（960—1127年），武昌已逐步成为区域政治中心和长江中下游最大的商业城市。南宋时期（1127—1279年），武昌与首都临安（今杭州）和建康成为中国南方的三大都市。岳飞在武昌驻军抗击金军，被害平冤后封为鄂王。

一、双城并立纷乱时

（一）双城格局初定型

隋文帝统一天下后，改郢州为鄂州。为强化中央集权，采纳兵部尚书杨尚希“存要去闲，并小为大”的建议，对地方实行州、县二级制，使地处鄂州腹心的武汉地区呈现出新的面貌。《隋书·地理志下》记载：

开皇九年（589年），改汝南县为江夏县（治所在今武昌区），同年改郢州为鄂州，下辖江夏、武昌（今鄂州市）、永兴（今阳新县东）、蒲圻等四县，13771户，69819人口。大业三年（607年），又改鄂州为江夏郡，治所在今武昌。长江北岸改汉津县为汉阳县，汉阳之名由此沿用。至此，江夏（沿用至清代）、汉阳作为地名，确立了以后武昌、汉阳双城建制并立的武汉城市格局。

隋文帝在改革地方行政建制的同时，设立分科考试制度取代九品中正制，并在各州创立义仓制度，仓谷用于饥荒赈贷。同时统一货币，在鄂州铸造铜钱，为工商业发展提供了条件。但鄂州的和平发展时间非常短暂，隋朝不久便在农民起义中灭亡了。

（二）萧铣控江夏

隋朝是一个短命的王朝。隋炀帝的暴政，激发了遍及全国的反隋农民大起义，隋朝政权在农民大起义的冲击之下土崩瓦解。一些地方官员也乘天下大乱之机组织武装，割据称雄，其中控制江夏、沔阳二郡的是后梁宣帝曾孙萧铣。在南方反隋武装中，以萧铣的势力最大。大业十三年（617年），巴陵（今湖南岳阳）董景珍等推举萧铣，公开打出复辟梁室的旗号起兵反隋，次年称帝于江陵。隋朝灭亡后，归附日众，控制了以江陵、江夏、汉阳为核心的长江中游地区，其势东到九江、西近川东、南近交趾、北拒汉水，拥兵40万，与北方的唐朝政权抗衡。

唐高祖武德四年(621年)秋，赵郡王李孝恭统水陆12军攻克江陵，萧铣投降。与此同时，唐将周法明进兵江夏，萧铣之鄂州刺史雷长颖迫于兵临城下的危急形势，不战降唐，萧铣割据江汉的局面至此结束。时称鄂州的武昌归附唐朝统治。

（三）特置武昌军

唐高祖武德四年（621年），唐军攻占长江中游沿岸地区后，对武汉地区的行政建制进行了调整，改江夏郡为鄂州，州治设在江夏（今武昌），下领江夏、永兴、武昌（今鄂州市）、蒲圻、唐年（今崇阳西）等五县。又在长江以北设置沔州，州治设在汉阳县（今汉阳）。至此，在长江两岸以江夏、汉阳作为区域性政治中心的城市格局已经形成。

唐朝前期，为了有效控制地方，在全国设置十道，江夏、汉阳均属于江南道。后又将十道升为十五道，江夏、汉阳均属于江南西道。唐安史之乱爆发后，为了迅速平定叛乱，把边境实行的藩镇节度使制度扩大到内地。乾元二年（759 年），设置鄂、岳、沔三州团练使，坐镇鄂州；贞元元年（785 年），又以鄂岳观察使领鄂、岳、沔、蕲、黄等州；元和元年（806 年），设武昌军节度使。从上述不难看出，在唐后期，以鄂州为中心的鄂岳观察使、节度使地方长官的设置，其治所鄂州为统数州的政治、经济中心，“既有其土地，又有其人民，又有其甲兵，又有其财赋”，从而成为唐朝统治江汉地区的支柱，同时也遏制了北方藩镇势力的向南扩张。

（四）战乱纷争宋一统

唐末农民起义军攻克长安后，唐朝已名存实亡，历史进入了多政权并存的分裂割据的五代十国时期，中原五个王朝先后相继，中原以外又有十国，终五代之世。在这个群雄割据时期（达半个多世纪），鄂州（今武昌）亦成为群雄的争夺目标。唐僖宗中和四年（884 年），客居黄州的前杭州刺史路审中募兵三千，乘乱入据鄂州。两年后，岳州刺史杜洪起兵夺得鄂州。后杨行密夺取鄂州，国号吴。

907 年，朱全忠废唐自立，唐朝灭亡。五代初期，鄂州属于杨行密的吴国西部境域。

937 年，吴国齐王李昪称帝于金陵（今南京市），国号齐（后改为唐，即南唐），于鄂州（今武昌）设武昌军节度使。956 年，后周进攻鄂州，杀南唐军 3000 余人。958 年，周世宗大举南征。南唐献江北四州地于周，以长江为界。周遂停止进攻，以江划线，鄂州被分割，大江以西属后周，江东仍属南唐。到此，江夏、汉阳双城行政建制合二为一的格局，又呈现出双城隔江对峙的局面。

宋太祖开宝七年（974 年），宋将曹彬统兵 10 万，自江陵出发，水陆并进，东伐南唐。南唐鄂州守军不战而归顺宋朝，城池未遭受破坏。宋在鄂州（今武昌）设置武清军节度使，宋太宗至道二年（996 年）更名为武昌军节度使。

宋太宗至道三年（997 年），在全国共分设十五路（后又扩分为二十三路）。“路”是地方上最大一级的行政机构，下辖州（府、军、监）和县两级。鄂州隶属于荆湖北路，此路的治所设在江陵（今荆州）。鄂州下辖七县：江夏县（相当于今武汉市长江以南的武昌、洪山、江夏区等地）、武昌县（今鄂州市）、蒲圻县、嘉鱼县、崇阳县、咸宁县、通城县。鄂州的州治设在江夏县（今武汉市武昌区）。

（五）湖广总领所

南宋初期，处于战争前沿地带的鄂州及江州、荆襄等地常有大量的驻军。南宋朝廷特委派户部的官员为总领，统筹上述地区的粮饷经费。绍兴十一年（1141 年），宋金签订和议，南宋又在沿江驻军所在地正式设置了淮东、淮西、湖广三处总领所，其权力在诸路转运副使之上，除了掌管、调拨其隶属的驻军粮饷外，还负责“专一报发御前军马文字”，故由朝臣充任，且其权力不断扩大。

湖广总领所治所设在鄂州城内，所辖赋饷统筹范围，南达两广、北达襄阳、东至江西、西抵荆南，远超出一路的管辖区域。如绍兴十二年（1142 年），宋廷下诏令广西所有盐额钱“发赴鄂州军前送纳”。绍兴十四年（1144 年），又令四州岁拨制钱 172 万缗、绸缎 4.7 万匹、棉 5.4

万余匹，发赴鄂州。绍兴二十九年（1159年），曾令江州、吉州、临江军等州军的47.9万缗钱运往湖广总领所，并在鄂州设立了封桩分库，使湖广总领所享有桩管权。绍兴三十年（1160年），户部将江西茶引钱20万缗、广东钞盐钱10万缗、湖南上供米5万石和荆湖南、荆湖北及京西三路的经制钱10万缗拨归湖广总领所，以“效用就招戎兵3000人”。此外，湖广总领所还参与湖会与茶引、盐钞的发行工作。上述情况说明鄂州的行政地位在渐渐提升。

二、唐宋修缮鄂州城

唐代中期，河淮藩镇割据，相对平静的长江中游，尤其是东南贡赋转运中心的鄂州（今武昌），地位显得更为重要。为此，唐敬宗宝历元年（825年）特于鄂州置武昌军，设武昌军节度使，管鄂、岳、蕲、黄、安、申、沔等七州。同年以宰相牛僧孺为鄂州刺史、武昌军节度使、鄂岳沔蕲黄观察使，坐镇江夏。牛僧孺坐镇江夏的5年间，以两件事被载入史册。

宝历二年（826年），牛僧孺奏请取消沔州建制，并将所属的汉阳、汉川两县划归鄂州的统一管辖之下。朝廷采纳牛僧孺的建议，将鄂州、沔州合二为一。这是历史上首次将长江两岸的地方统一于同一个行政建制进行管理的尝试。这种长江两岸行政建制合二为一的尝试长达130余年，直到五代后周显德五年（958年）平定淮南后，才重新设立不隶属鄂州的汉阳军。

牛僧孺改造鄂州城垣之举，也是武汉古代城市建设史上继东吴孙权始建夏口城、南朝刘宋修葺和扩建郢州城垣之后的又一件大事。在牛僧孺镇鄂之前，鄂州城的城墙为夯土结构，每逢江上大风，尘土飞扬，既损害墙体，又污染空气，不利于民居。因此，鄂州城墙实际上经常进行维修，地方官吏以此向鄂州居民横征暴敛，这是鄂州地方的一大弊政。牛僧孺决定以陶砖结构代替夯土结构，以修筑新的鄂州城垣。历时5年，终于筑成了第一座陶砖结构的鄂州城垣，既减轻了因经常性维修带给人民的负担，也大大加强了鄂州城垣自身的防卫功能。鄂州城垣由版筑改为砖砌，即由土城改为砖城，不仅反映了筑城技术的进步，而且反映了当地手工业的发展水平。改造后的鄂州城垣东起蛇山尾（今大东门），西止蛇山黄鹄矶头，南近紫阳湖，北临沙湖，城郭约15里，略呈长方形。

宋代的鄂州城垣，基本是沿袭唐代的规模。唐末和五代割据势力的战乱，使城垣损毁严重。至北宋仁宗皇祐元年（1049年），时任鄂州知州的李尧俞对城垣进行了重修，从武昌遗存至今的“汉阳军造”城砖和“皇祐年造”城砖上的铭文证实，重修后的鄂州城垣仍为砖砌。

三、淮楚荆湖一都会

（一）贡赋走江汉

唐代的鄂州地处“荆吴两江之口”，唐代李频《送鄂渚韦尚书赴镇》诗云：“夏口本吴头，重城据上游。戈船转江汉，风月宿汀州。”可见鄂州扼两江汇合之口，东视吴越，南连洞庭，称得上江汉锁钥。

天宝十三年（754年），安史之乱爆发后，河淮兵乱，河运不济，漕粮路绝，东南各道北上转运之途全都堵塞不通，盐铁租赋转而改为由长江溯汉水自襄州运至京都长安，鄂州遂成为转运的枢纽。永泰元年（765年），更特授侍御史（中枢要臣）穆宁为鄂岳沔都团练使和租庸盐铁转运使，兼鄂州刺史，坐镇江夏（今武昌），负责东南贡赋。此时为转运往来的船只，云集于鄂州江面。广德元年（763年）十二月辛卯夜，鄂州大风，火发江中，所焚船只有3000艘之多（延及岸上房屋2000多家，死者数千人），可见江夏江面船只之多。转运促使鄂州的造船业更加发达，江夏的经济地位日趋重要。穆宁主管江汉漕运后，“荆越吴蜀之富，期月倾之”，很快将大批贡赋物资运往京都长安。

东南贡赋走江汉，有两条线路。扬州等地的物资水运到鄂州，由长江直达襄州。另一路先到荆州，再北上襄州。荆、鄂为江汉漕运的起始点，也是东南贡赋的转运地。

总之，鄂、荆、襄是唐土腹地重镇，江汉漕运线成为唐王朝不可缺少的一条经济命脉。

在唐代，因今武昌是“荆吴江汉冲要”，其荆州和襄州的北运船只中的大部分从鄂州（今武昌）沿汉水溯流而上至襄州，由于江汉漕运的繁忙，武昌甚至“总东南贡赋”。据《唐国史补》载，此地“凡大船必为富商所有，奏商声乐，众婢仆”。李白赠江夏太守韦良宰的诗中曾有描述，“万舸此中来，连帆过扬州”，指的就是载有大量商品货物的巨舸来往于鄂州和扬州的情景，呈现了武昌经济和运输繁荣的景象。

宋朝时，鄂州沿江港口和航运业发展得更快，其发赴鄂州湖广总领所的制钱和沿汉水转运的纲米等，动用船只几千艘。其南市外通长江，内连诸湖（汤逊湖、梁子湖），而且里河汇入长江，和古鹦鹉洲相邻，所以此处成为了商旅往来的避风良港，各种商品在此集散，依港而兴，形成繁荣的南市。宋人戴复古有诗曰：“江渚鳞差十万家，淮楚荆湖一都会。”这就是当时鄂州城市发展的真实写照。

（二）城东铸币坊

北宋时期，为适应商品流通的需求，全国各地广泛使用金属货币，主要是使用铜钱和铁钱两种。神宗熙宁年间（1068—1077年），在鄂州城东二里黄鹄山阴之处，设置了鄂州宝泉监，产铸铜钱，其年产量在10万贯以上。钱监每铸造一贯钱，用铜2斤8两、铅1斤15两、锡3两、炭 5 斤，而且铸造的铜钱外观优美，并在铜钱正面铸刻了每位皇帝的年号。由于钱监设在鄂州，带动了附近的采矿与冶炼工坊的振兴，同时也反映了鄂州经济和手工业的发展水平。

绍圣三年至五年（1096—1098 年），任职鄂州宝泉监使的贺铸，在黄鹄山阴作诗云：“偶著强名字，非才但铸金。不妨称外监，况复住山阴。”他忠于职守，“为吏极谨细，在管库常手自会计……为诸路第一”。他在宝泉监任职 3 年，写了《江夏八咏》等诗词，对黄鹤楼、南楼及诸多风景名胜赞赏讴歌，勾画出江夏的美丽图画。

伴随着商业贸易的发展，到北宋后期至南宋时期，便产生了钱币的铸造和流通不能满足市场需求的问题，而且铁钱和铜钱笨重携带不便，于是由湖广总领所（驻今武昌）发行纸币，称湖北会子，简称“湖会”。

（三）江渚十万家

宋代重视商业贸易，允许都会与城市的商店设置地点打破市与坊的界限，州、郡、县城内外及水陆交通沿线皆可设商店，镇市和草市（墟集）的商业贸易便日趋兴旺。因此，地处江汉交汇的鄂州商旅往来频繁，是当时湖北地区重要的物资集散地和手工业产品中转站，在北宋时期已经发展成为长江中下游最大的商业城市之一。进入南宋以后，因绍兴和议，特别是 1163—1164 年隆兴和议的签订，使得南宋朝廷偏安南方，鄂州的经济因此得到复苏和发展，遂成为长江中下游的一大都会，出现了“江渚鳞差十万家，淮楚荆湖一都会”的繁荣景象。这一繁荣景象的典型代表就是南宋文学家陆游《入蜀记》和范成大《吴船录》中所记载的鄂州（今武昌）南市。

南市位于今武昌区鲇鱼套一带，因位于城南，故称为南市。它始于南朝梁代，南宋时期达到鼎盛。

梁武帝天监元年（502 年），时任郢州刺史的曹景宗为从事商业贸易，在“长堤以东，夏口以北”的今鲇鱼套一带“开街列门，东西数里”。这条绵延数里的长街因位于今巡司河入江口一带，其地外通长江，内连诸湖（汤逊湖、纸坊湖、梁子湖），极利于船舶的进出，因此很快便发展成为商业贸易的中心地带，奠定了南市发展的基础。

到南宋时期，鄂州（今武昌）南市更盛极一时，“民居市肆，数里不绝。其间复有巷陌，往来憧憧如织。盖四方商贾所集，而蜀人为多”，“贾船客舫，不可胜计，衔尾不绝者数里。自京口以西，皆不及”。这是南宋著名文学家陆游于乾道六年（1170 年）沿江溯流而上，停留鄂州 7 天时的所见所闻，诗人不禁感慨：“市邑雄富，列肆繁错，城外南市亦数里，虽钱塘、建康不能过，隐然一大都会也。”其中，钱塘即临安（今杭州），是南宋的京城，建康即今南京市。陆游对三城进行比较，不仅把鄂州与两者相提并论，而且认为两者均不能超过鄂州。7 年之后，即淳熙四年（1177 年），另一位著名文学家范成大顺流东下，过鄂州停留 8 日，他实地考察的鄂州比陆游见到的更繁盛：“晨出大江，午至鄂渚（鄂州古名），泊鹦鹉洲前南市堤下。南市在城外，沿江数万家，廛闬甚盛，列肆如栉，酒垆楼栏尤壮丽，外郡未见其比。盖川、广、荆、襄、淮、浙贸迁之会，货物之至者无不售，且不问多少，一日可尽，其盛状如此。”从诗人们引人入胜的字里行间，不难看出鄂州城市规模和商业贸易的盛况。

鄂州城外南市还具有商航一体的特征，其南市的作业码头被称为“南浦”，是商船的主要停泊处。南宋地理书《方舆胜览》称南浦是“商旅聚泊区”，当时取名叫“新开港”，其源“出景首山，西入大江，冬涸夏盈，商舟聚泊，今名新开港”。《武汉通史》记载，有的学者考证，南浦港区的具体位置当在鹦鹉洲与鄂州江岸之间所形成的狭长带状水域，形似一条内河，便于泊木帆船，并延伸到巡司河口的河段。这里是避风泊舟的良港，范成大于淳熙四年(1177 年)八月中秋节途经鄂州时，他所乘的船只便停泊在鹦鹉洲前南市堤下，由此说明鹦鹉洲前鄂州南市的江岸一带是南宋商业港埠与货物往来的集散地。

(四)南市屡受灾

鄂州城外的南市，由于商旅不断增多，人口发展较快，列肆繁错，巷陌密集，居房又较简陋，故而易发生火灾。孝宗淳熙四年(1177 年)十一月，沿江有数万民户的南市起火，一夜之间，焚千余家。淳熙十二年(1185 年)十月，鄂州城外南市又遭大火，蔓延至城内，过火面积达全城十分之一,万余家被焚。因鄂州南市屡遭火灾，港埠中心也逐渐移到鹦鹉洲一带。

鄂州南市的火灾引起了南宋朝廷的重视，淳熙四年(1177 年)，宋太宗第七世孙赵善俊出任鄂州知州，他到任后正遇上南市发生火灾，开仓放粮救济因火灾无家可归者，为了预防火灾再发生和阻截火势蔓延，采取了“开古沟，创火巷”的措施，即开沟蓄水，以备灭火。创火巷就是街市店铺每隔一段距离留下一条通道，因是防火灾和便于救火的通道，故称火巷。至今，在武昌解放路与大成路交会处还有一条小巷名火巷。

四、唐诗钟情黄鹤楼

唐代大一统的政治局面，使社会经济获得空前发展。与此同时，各地人民的经济交流和文化交往日益频繁。地处腹心的鄂州，呈现出相对平静的局面。这种形势，使鄂州的军事地位下降，原来的一些军事设施也逐步演变为人们游乐的场所。黄鹤楼最初作为一个军事楼，矗立在大江南岸、黄鹤山头。后来，黄鹤楼在前鄂州刺史穆宁的主持下得到重建，巍峨壮丽，引人流连。据唐人阎伯瑾《黄鹤楼记》记载，当时的黄鹤楼是穆宁“游必于是，宴必于是”的地方。鄂州的地方官吏也常在公务之暇多来到这里赏玩。不仅如此，黄鹤楼更是迁客骚人登高远望浩瀚大江、纵览荆湖形胜、流连忘返的地方，许多唐代著名诗人在这里留下了他们的足迹和佳句名篇，形成了黄鹤楼文化。开元十八年（730年），李白登临黄鹤楼，作《黄鹤楼送孟浩然之广陵》一诗：“故人西辞黄鹤楼，烟花三月下扬州。孤帆远影碧空尽，惟见长江天际流。”此诗传诵千古。唐代诗人崔颢漫游江汉时，写了《黄鹤楼》七言律诗：“昔人已乘黄鹤去，此地空余黄鹤楼。黄鹤一去不复返，白云千载空悠悠。晴川历历汉阳树，芳草萋萋鹦鹉洲。日暮乡关何处是？烟波江上使人愁。”正因为这首广为流传的名诗，今武昌有了“白云黄鹤故乡”的别称。

其实，唐代诗人中题诗黄鹤楼的何止崔颢、李白，还有王维、孟浩然、宋之问、刘禹锡、白居易、贾岛、顾况、孟郊、卢郢、李群玉等诗人，彰显出黄鹤楼诗词文化之丰富。

唐代由于南北文化的融合，中华文化空前辉煌。蛇山一带如头陀寺、南楼、北榭等地也成为文人墨客纵情游览的胜地。唐代的李白、王维、孟浩然、刘禹锡、王昌龄、杜甫、白居易、杜牧、李商隐等诗人，来鄂州寓居或游历，他们流连于鄂州的山川水流，登蛇山，上黄鹤楼，俯视江湖云帆，纵览文物古迹，激发了他们的创作灵感，留下了许多赞美鄂州的诗篇。其中最负盛名的当属崔颢的《黄鹤楼》诗，以至让诗仙李白见后，都留下了“眼前有景道不得，崔颢题诗在上头”的感慨。

黄鹤楼一直是武汉的地标。诗人乘船，只要望到江边的黄鹤楼，就意味着到了武汉，可以上岸歇上一程，饱览江山胜迹。黄鹤楼是仙楼，又名诗楼，李白在黄鹤楼闻笛，写下“黄鹤楼中吹玉笛，江城五月落梅花”的韵事。所以，诗人只要到武汉，一定要登临寻访诗仙的足迹，领略黄鹤楼特有的风光。

从情感上说，崔颢的《黄鹤楼》表达的是宇宙永恒而人生有限的感慨和逝者难追的遗憾，同时又有挥之不去的思乡之情。早在三国时期，王粲就抒发过“虽信美而非吾土”的感慨，就是他乡虽然美丽，但终究不是自己的故乡，难以久留。崔颢这首诗也表达了这种遗憾。黄鹤楼虽然美丽，但诗人漂泊在外，难抵对故乡的思念。故乡，是人类的精神家园、灵魂归宿，无论古今中外，都是如此。

这首诗表达了人类一种永恒而普遍的遗憾和失落之情，但这种情感的表达又不是直白的，而是通过完美的艺术形式表现出来，似乎是脱口而出，没有丝毫人工雕琢斧凿的痕迹。所谓“不求工而自工”，这是中国诗歌最高的艺术境界，也是诗人着力追求的目标。后来李白写的《登金陵凤凰台》，就是模仿崔颢此诗，但不及崔诗的自然天成。

李白一生，与武汉至少有两段情缘。其一是玄宗开元年间李白“仗剑去国，辞亲远游”之后，游江夏（今湖北武昌），创作了《江夏行》《江上寄巴东故人》《黄鹤楼送孟浩然之广陵》等诗。

李白与武汉的第二段情缘发生在其晚年。天宝十四年（755年），安史之乱爆发，唐玄宗幸蜀，肃宗即位，筹措平乱大计。永王李璘受玄宗之命，广积钱粮，又手握雄兵，不无觊觎之意。李白感于时势，妄投李璘之幕，后李璘兵败，李白以五十七岁高龄而遭捕入狱。幸得友人之子宋若思营救，方免一死，而长流夜郎。武汉处长江中游，系李白赴贬所必经处，故李白得以再一次舟行武汉。这段波折的人生经历，使李白这次江夏游历的心态与之前迥然不同。赴贬所途中，他心情悲愤沉郁。如其《与史郎中钦听黄鹤楼上吹笛》云：“一为迁客去长沙，西望长安不见家。黄鹤楼中吹玉笛，江城五月落梅花。”凄切之情，见于言外。长江沿岸城市众多，自李白这首诗起，“江城”一词与武汉结缘，沿用至今。

在此后的唐宋盛世，众多的历史事件都离不开黄鹤楼的身影，众多的文人笔墨都绕不开黄鹤楼的风景。所以，我们可以通过黄鹤楼的窗棂与栏杆，窥见这段历史的多重风貌。

五、筑堤御洪定人心

（一）造船破浪行

唐宋时期，与商业和航运业相关的造船业蓬勃兴盛。三国时期，鄂州就是江南地区的造船基地，后经两晋南北朝的发展，到唐宋时期发展得更为迅速，呈现出造船规模扩大、造船技术进步、造船工匠众多的特点。

那时，船舶建造已经开始向定型化和科学化发展，其大、中、小型船舶的建造，已经达到标准化水平。如鄂州当时根据江夏、长沙诸郡所产槐材，将此木刳为小舟。任职鄂岳安黄等州的观察使崔郾，就用鄂产槐材造艨艟小舟舰，巡航长江。而鄂州的居民，水居颇多，与陆居相半，几乎有一半百姓居住在江船之上，所以人们所说的“连樯如云”不是虚妄之言。到了宋代，鄂州江面上停泊的船只更是数以千计，常常首尾相连绵延数里，其中常驻于此的军船，亦以千计。如诗人陆游沿长江入蜀经过鄂州，“观大军教习水战。大舰七百艘，皆长二三十丈，上设城壁楼橹，旗帜精明，金鼓鞺鞳，破巨浪往来，捷如飞翔，观者数万人，实天下之壮观也”。

（二）筑堤兴水利

由于鄂州城处于长江与汉水交汇地区，堤防多濒江（河）带山（丘陵），高下不等，其水田的耕作尤其要依靠水利灌溉工程，而且与长江及其上游的堤防工程密切相关。地方官中的贤守循吏便很重视堤防的修筑，其中卓有成效的是北宋政和年间（1111—1118 年）鄂州知州陈帮光修建的湖心堤。据康熙《武昌府志》追记，北宋徽宗政和年间，长江支流汉水入江后，江水暴涨，直冲长江南岸，造成江岸崩裂。以往曾靠上游金沙洲来阻挡江水洪流，而此时金沙洲的位置缩小并上移，失去了屏障鄂州城外洪水的功能。于是陈帮光命江夏知县李基征用民工修筑湖心堤障水。因宋代明月湖在今平湖门内，故名湖心堤，也称此堤为花堤，至今武昌还有花堤街这一地名。南宋绍兴年间（1131—1162 年），驻在鄂州的都统郭果续修了长堤，自花堤（今武昌区平湖门内花堤街）至广里堤及长街，长十余里。同时期，屯驻鄂州的岳飞及其继任者（含郭果在内）则抽调驻军续修古长堤，因所修江堤的长度更长，而命名为长堤（即古长堤），并在长时期内发挥了保护长江南岸的防洪功能。后来，古长堤又被称为“万金堤”，为稳定人心，又在大堤上修筑了一座压江亭。今武昌区“大堤口”这一地名就是因修筑万金堤演变而来。

六、岳飞都鄂壮志时

（一）蛇山备强弩

宋靖康二年（1127 年），北宋灭亡。南宋在长江下游的临安（今杭州市）建都，鄂州又成为屏障京师的军事重镇，也是抗击金兵南侵的战略要地。南宋朝廷因宋金对峙的军事需要，在修葺城池的同时，又在蛇山的制高点上修建了砖石结构的城墙，这一城墙属军事壁垒性质。2006 年在蛇山透绿工程中发现众多的南宋时期的铭文城砖，其中有“汉阳军造城砖”和“咸淳壬申知鄂州”的城砖铭文，证实在咸淳年间（1265—1274 年），宋廷再次对鄂州城及其城墙进行了修缮。

（二）岳飞抗金兵

北宋钦宗靖康二年（1127 年）秋，金兵攻陷京都开封，掳徽宗、钦宗二帝，史称“靖康之难”，北宋灭亡。康王赵构即位，是为宋高宗，改元建炎，从此宋政权开始南迁，定都临安（今杭州市），史称南宋。

建炎年间（1127—1130 年），金军南侵失败后，扶植刘豫建立伪齐政权，统治黄河以南地区。

随着宋金对峙局面的形成，鄂州成为防御敌兵南侵的战略要地。南宋王炎指出：“夫襄阳国之门户也，而恃江陵以为唇齿，恃鄂渚以为根柢。”说明南宋时期的鄂州，已成为襄汉及长江流域的根据地。因此，南宋在鄂州设置鄂岳制置使统管荆湖南和荆湖北诸州军力的调配和兵力布防等。绍兴四年（1134 年），南宋朝廷派岳飞屯驻鄂州，并加以崇信军节度使、荆襄潭州制置使等身份，总管诸路兵马，担负抗击金兵和伪齐的侵扰、收复失地的重任。

岳飞（1103—1142 年），字鹏举，相州汤阳（今河南汤阴县）人，北宋宣和四年（1122 年）从军，从靖康元年（1126 年）至绍兴十一年（1141 年），岳飞投身于抗金战争前线 15 年，先后战于中原、淮水和长江流域，小战百余，大战数十，屡立战功，由士兵晋升到能独当一面的大将。他怀抱精忠报国的赤胆忠心，以收复中原，雪靖康之耻，迎回徽宗、钦宗二帝为目标；他统率的岳家军训练有素，军纪严明，屡挫入侵的金军，受到百姓的爱戴；金兵亦畏惮岳家军，发出了“撼山易，撼岳家军难”的感叹！特别是岳飞率劲旅驻屯鄂州期间，即绍兴四年到绍兴十年（1134—1140 年），战绩辉煌，功劳卓著。岳飞以鄂州为基地，于绍兴四年（1134 年）开始了第一次北伐。岳家军以不到 6 万的总兵力击败了主力 10 余万的伪齐军，不到 3 个月便从伪齐手中收复襄阳府及郢、随、唐、邓州、信阳六郡，取得了南宋建立以来反攻的第一次胜利。绍兴六年（1136 年），岳飞继续北伐，出师攻克商州、虢州，擒获敌将 17 人、士兵 5000 余人、战马万余匹、粮万石及谷物 15 万斗，伪齐刘豫因而被金朝所废。岳飞第三次北伐开始于绍兴十年（1140 年）。这年六七月间，岳飞率军入中原，并联络河朔义军在河南郾城、临颍等地大败金兀术的主力军，收复了陈州、郑州、洛阳等河南中部广大地区，并进军朱仙镇，距离原北宋都城汴京（今开封）仅 45 里，中原收复在望。岳飞遂提出宋军全线出击的计划，他在《乘机进兵·札子》中说，金军累败，兀术已令老小渡河，最近又调拨 8000 人渡河北逃，“此正是陛下中兴之机，乃金贼必亡之日，若不乘胜殄灭，恐贻后患。伏望速降指挥，令诸路之兵，火急并进，庶几早见成功”。

可是，以宋高宗与秦桧为首的投降派，只求挡住金兵的进一步南侵，保住南宋的半壁江山，而不惜成为金的属国。宋高宗以“孤军不可久留”为借口，一日催发 12 道金牌，令其还师，忠君的岳飞只好还师鄂州。岳飞十年收复中原的筹划正要实现，却被赵构、秦桧毁于一旦，并于绍兴十一年十二月二十九日（1142 年 1 月 27 日）被以“莫须有”的罪名加以杀害，时年 39 岁。

岳飞在鄂州及襄阳领兵驻屯多年，打退了金兵、伪齐、盗匪的侵扰，保障了这一地区人民的安全，广置屯田、营田，减轻人民的负担，恢复和发展经济。因此，岳飞不仅在生前受到人民的爱戴，他入狱冤死后，又受到人民的悼念。岳飞死后一年，有鄂州军士作诗哀挽岳飞：“自古忠臣帝主疑，全忠全义不全尸。武昌门外千株柳，不见杨花扑面飞。”秦桧、赵构病死后，宋孝宗便为岳飞平冤昭雪。乾道五年（1169 年），湖北转运司奏请宋廷为岳飞在江夏东旌忠坊建立了岳飞庙。宋宁宗（1195—1224 年）时，又追封岳飞为鄂王。还有许多有志文臣，纷纷撰文悼念岳飞。其中南宋爱国词人刘过（1154—1206 年）所写的一首《六州歌头·题岳鄂王庙》词最具代表性，词中概括了岳飞的业绩，说他是南宋诸将之中的英雄，“年少起河朔，弓两石，剑三尺，定襄汉，开虢洛”，并深受荆鄂人民的怀念，“过旧时营垒，荆鄂有遗民。忆故将军，泪如倾”，讽刺了赵构、秦桧等投降杀害忠臣的行为。词的结尾“看年年三月，满地野花春，卤簿迎神”，则描写了后人祭奠岳飞的情形。

七、感怀南楼无黄鹤

在武昌、汉阳诸多名胜中，黄鹤楼之外，唐宋文人歌咏最多的是南楼。两宋交替时，今蛇山山顶的南楼和附近的黄鹤楼都幸未毁于兵火，但黄鹤楼不久之后被损毁，南楼却在之后经历 3 次大修，愈加壮观。

唐宋时武昌曾称鄂州。南宋时，来鄂文人必登南楼，登必有赋。官员们在此迎来送往，爱国志士借此抒怀。诗人范成大作过一首七律《鄂州南楼》：“谁将玉笛弄中秋，黄鹤飞来识旧游。汉树有情横北渚，蜀江无语抱南楼。烛天灯火三更市，摇月旌旗万里舟……”从范成大的诗句中，可见当年南楼夜饮时觥筹交错的情景和楼下南市夜明如昼的繁华景象。

南楼一度是武汉的名楼。特别是南宋时期黄鹤楼成为废墟之后，南楼就取代了黄鹤楼，成为武汉的地标式建筑。诗人只要到武汉，一定会登临蛇山山顶上的南楼。南宋大诗人陆游、范成大都登临过南楼，不仅写有诗作，日记中也有记载。他们到武汉，都寻访过黄鹤楼的遗址。南楼到了元代以后，就多毁而少建，即使重建，名字也改为白云阁了，所以声名不彰。一般人当然就不太了解它曾经辉煌的历史了。

1170 年，陆游自山阴赴夔州赴任，兴致极高，曾“郡集于南楼”。1178 年，陆游出蜀经鄂州，再次登上南楼，但这次已与 8 年前的心境大不相同。朝廷被议和派把持，无北伐收复失地的决心，时局萎靡难振，自己也已人生迟暮，因而慨叹：“十年不把武昌酒，此日阑边感慨深……”

与陆游类似的还有辛弃疾。1179 年暮春，39 岁的辛弃疾由湖北转运副使调任湖南转运副使，临行之际同僚为他在南楼设宴饯行，辛弃疾填《水调歌头》一首：“……莫把离歌频唱，可惜南楼佳处，风月已凄凉。”

补记

（一）唐代佛寺遗迹

627—649 年，唐代八分山白云洞石窟寺内有一座 3.5 米高的石佛造像。白云洞为天然石灰岩溶洞，由前洞、中洞、天井和后洞组成，可谓境地幽约别有洞天，堪称武昌最具自然特色的山，也是武汉现存唯一的石窟寺。此外，唐代在武昌还建有东岩寺、修静寺、城隍庙、清净寺、宁湖寺、大寂寺、兴唐寺等寺庙（均已毁），反映了唐代武昌鼎盛的佛寺文化。

（二）唐代历史人物

文学家李善（630—689 年），唐代鄂州江夏人，生于贞观四年（630 年），是我国著名学者，《文选》学的奠基人。李善的《文选注》共 60 卷，保存了许多已散佚的文献资料。现代著名学者钱锺书说：“词人衣被，学士钻研，不舍相循，曹宪、李善以降，《文选》学专门名家。”李善 689 年病逝于今武昌，终年 59 岁，葬于江夏龙泉山，后迁葬于九峰盘龙山。

文学家李邕（678—747 年），李北海是时人对李邕的尊称，因李邕曾任北海太守，故人称李北海。李邕生于唐高宗仪凤三年（678 年），是李善之子，居江夏洪山西麓半里处。李邕在文学创作上有《文集》70 卷，是杰出的书法家，撰文并书写碑文 800 多篇。唐玄宗天宝六年

（747 年），遭李林甫诬陷杖杀，时年 69 岁。

（三）武昌地名变迁

唐敬宗宝历元年（825 年）在鄂州江夏（今武昌）特置武昌军，是“武昌”这一极具历史文化意义的名称从今鄂州市向西转移的开端。

（四）文化事业发展

❶ 官私立学开科举

唐袭隋制，621 年，在全国各州县普遍设立官办州学和县学，因唐代尊崇道教，各州均建一道学。武德七年（624 年），唐高祖李渊下令各乡置学。开元二十六年（738 年），唐政府规定“每乡之内，各里置一学，仍择师资，令其教行”。唐代百户为一里，因这一制度，庶民阶层的青少年接受文化教育的可能性是存在的。

唐代的私学教育也有很大的发展。开元二十一年（733 年），唐玄宗曾诏令“许百姓任立私学”，私学和家学遂成为重要的教育形式。当时鄂州（今武昌）一些退休官吏、落第贡人或秀才常常收生徒，讲授知识，蛇山黄鹄矶西侧的头陀寺也辅助民间办起寺学。盛唐李白、晚唐皮日休两位诗人，就曾先后在头陀寺读书。

唐代兴科举，每次参加科举考试的人，多者达 2000 余人，少则千余人，及第中进士者仅占百分之一二。大批落第的人一般在里学和私学任教，是当时鄂州地方的文化人，被尊称为“乡贡进士”，受到社会尊重。这些“乡贡进士”除继续参加科举外，还可参加制举，这是为选拔特殊人才设置的，不定期举行。

❷ 设州学，建藏书楼

宋朝统治者为了防止唐末五代藩镇武将割据的再现，提倡文治，尊孔崇儒之风兴起，兴学设教成为潮流。崇宁元年（1102 年），宋徽宗下诏，令各州县兴学。

宋仁宗康定元年(1040 年),始建鄂州州学于州治之南的黄鹄山下,州学左为长街(今解放路),右为城隍庙。鄂州下辖七县,均设县学,其附郭称江夏县,本应设县学,不过当时只是在州学设务本斋,权充县学。州学“选部属为教授”,讲授儒家经典。北宋靖康二年(1127 年),鄂州州学因战乱“废为营垒”,直到南宋高宗绍兴元年(1131 年)才恢复。孝宗淳熙年间(1174—1189 年),罗颐为鄂州知州,刘清之为通判,这两位对于“教民善民之事,力所可为,无有不尽其力”的能吏,特别崇尚尊孔和注意兴学,推崇儒家经典。在这种尊孔、读经思想的支配下,在鄂州城东中军营寨和废营地兴筑了社稷坛。朱熹于淳熙十一年(1184 年)作《鄂州社稷坛记》,在文中他赞赏罗颐、刘清之二人“劝学劭农甚力”,在鄂州形成了理学所追求的传统社会风气。

光宗绍熙年间(1190—1194 年),鄂州州学教授许中应经过争取和筹措,得到较多经费,用此款兴建州学大门以求壮观,特别是建起一座藏书楼,名叫稽古阁,其镇阁之宝是宋高宗御书《孝经》和“两朝宸翰”之类的御笔,但主要收藏的还是“板本九经,诸史白氏之书”。为使藏书丰富,还“使人以币请于京师之学官,使其学者讨论诵说,得以餍饫而开发焉”,也就是到京城拜访知名学者,征求丰富藏书的意见。这座藏书楼当时是武汉有史以来的第一座旧式图书馆(区别于后期产生的公共图书馆——文华公书林),这座图书馆又因著名的教育家朱熹在绍熙四年(1193 年)作了《鄂州州学稽古阁词》而永载史册。由于鄂州设立州学较早,读书士子较多,开科举风气之先,有鄂州江夏士子冯京于北宋皇祐元年(1049 年)举进士第一。

当时鄂州还有南阳书院,广大的农村和市镇还有许多村学和私塾,主要启蒙课本是《三字经》《百家姓》《千字文》《千家诗》。自宋代以来至明清,《三字经》《百家姓》《千字文》成为流行千年的启蒙读本。

第三章
元明清时期

一、鄂州易名武昌路

（一）忽必烈征鄂

1258 年，蒙哥率领三路蒙古大军侵宋，忽必烈率领中路军南入湖北。宋命史嵩之移司寿昌军（今鄂州市）以应援鄂州（今武昌），使右丞相兼枢密使贾似道出镇汉阳以援鄂抗蒙。九月初四日，蒙古军在黄州香炉山（今阳逻镇北江岸）与宋舟师激战后突破封锁，强行渡江。忽必烈驻军浒黄州（今葛店地区），阻击宋军西援，另发兵进围江夏与汉阳。宋军调整部署，加强江夏城守。十一月初六日，忽必烈派王冲道、李宗杰前往江夏城东门招降，守城宋军箭如雨下，王冲道坠马被俘。初八日，忽必烈率其军队驻扎于江夏城外的校场，指挥各路蒙古军围攻江夏城。十一日，忽必烈登上城东山丘头陀峰，立五丈市楼窥江夏城中动静。他再次派使者劝降，宋军守城将领张胜斩其使者，誓死守卫江夏城，并派兵出袭，但被蒙古军击败。

南宋权鄂州事、都统张胜对蒙古军施缓兵之计，他登城表示："城池已经是你的，但子女金帛皆在将台，可以去取。"蒙古军果向东暂撤。这时，由高达率领的南宋援兵乘机抵达江夏城，贾似道从汉阳声援。江夏城的攻守处于相持状态，前后相持 3 个多月。

蒙古军连续进攻鄂州江夏城，派兵于城下掘洞而入，守城宋军以树栅为夹城于其内继续抵抗，坚守不下。忽必烈用重金悬赏募集敢死卒。张禧、张弘纲父子一度冲至江夏内城下，“破城东南角”，宋将高达率军力战，并组织兵民修补内城城墙，屡破屡修，使蒙古军无法进入内城。忽必烈命张柔率军猛攻，造鹅形车攻城，掘洞取城，又派蒙古勇士先登，才将城的一角攻破。这时，守城主将张胜在激烈的攻守战中阵亡，城中死伤人数已达到 13000 余人，唯有后继守将高达顽强抵抗，确保城池不失。此时，入鄂督师贾似道私自遣使者至蒙古军营请和：“愿割江为界，且岁奉银、绢匹各二十万。”忽必烈鉴于蒙古汗位之争和久攻城不下，便接受了贾似道的暗中求和，划江为界，而退兵北归，江夏保卫战结束。这年十二月，贾似道隐匿请和之事，抹煞鄂州军民浴血固守三月之功，仅报因其指挥得宜而使诸路大捷，故宋理宗大赏贾似道。

（二）元军入鄂州

至元十年（1273 年），已称帝的元世祖忽必烈开始对南宋实行全方位的进攻，并以伯颜为统帅，史天泽副之，兵分两路攻打南宋。伯颜统率号称 20 万的元军，破襄阳后，进逼汉阳、鄂州。至元十一年（1274 年），伯颜在阳逻堡渡江战役中打败了宋军的 10 万水师，以致鄂州“全无备御”。南宋权守王仪以城降之，鄂州形势进一步恶化。元军统帅伯颜三次遣使劝降，南宋鄂州权守张晏然与都统程鹏飞见大势已去，鄂州城守不住，遂以鄂州城与所统宋军归降元朝。鄂州城内唯独幕僚张山翁不屈服，元诸将欲杀之，伯颜赞他为义士，于是将其释放。

元军进入鄂州城后，伯颜采取多项措施，巩固元朝对鄂州的占领和统治：对归附官吏、军将加以奖赏，释放边民及戍卒归故里，号令元军不得侵暴百姓，使“农者就耕，商者就途……各安其业”。

伯颜留下阿里海牙及贾居贞戍守鄂州，亲率元军主力往东西而去，黄、荆一带沿江诸州、县望风投降。鄂州及汉阳军辖地全部降元。

（三）贾居贞劝农

鄂州归附于元朝后，元世祖忽必烈于至元十二年（1275年）春命令贾居贞以佥行省事的身份戍守鄂州。这位贤良官员坚决奉行忽必烈“安业力农”的政策，开仓廪赈济流亡，不强制变易汉族人的服饰；保护商旅，通行旧有钱币；鼓励开荒，发展农业生产；废除湖泽禁令等政策，使鄂州的社会经济迅速恢复。元初途经武昌、汉阳的文臣郝经，曾作《青山矶市》诗云：

渡江不杀降，百姓皆按堵。羊罗到武昌，相望两舍许。井邑联亘长，横斜缠水浒。青山一聚落，中道势幽阻。通衢万家市，巴商杂越旅。背面千樯洲，汉阳对鄂渚。绝岸断鳌立，崩涛高嘴吐。竹数深且密，石顶还戴土。杰观复杰出，层楹瞰全楚。薄暮重登临，道者貌甚古。开轩具杯酒，江气满樽俎。万里西风来，飘然若轻举。

（四）行省置鄂州

元初以中书省为中央最高行政机关。忽必烈在统一全国的过程中，随着统治区域的不断扩大，逐步设立了若干行中书省（简称“行省”），以代表中书省在地方上行使职权。行省逐渐成为地方政权的名称。

至元十四年（1277年），元朝为了向江南进军的需要，设湖广行省于潭州（今长沙），并设宣慰使于鄂州，后改为安抚使，又改为鄂州路总管府。在灭宋战争中，南方潭州是中心，静江是前哨，鄂州是后盾。鄂州成为元军南下军事活动的战略要地之一。

至元十六年（1279年），元朝统一中国。元世祖忽必烈对地方行政体制进行了重大改革，实行行省制，在全国设立了 10 个行中书省。其中，在至元十八年（1281 年），将潭州行省治所移到鄂州。从此，今武昌正式成为湖广地区（中南地区）的行政、经济中心。

湖广行省管辖范围很广，它包括了 30 路、13 州、3 府、15 安抚司及其 17 属州、150 属县等，相当于湖北省的中部和南部，湖南、广西、海南省（区）的全境及广东、贵州省的一部分，大体上是后来所称的中南地区。

（五）易名武昌路

元成宗大德五年（1301 年），将鄂州改名为武昌路，这是因为湖北诸州、县以鄂州归降元朝最早，而且忽必烈曾于 1259—1260 年亲率蒙古兵出征鄂州，苦战鄂州城下 3 个月，深知其战略地位的重要性。从此“武昌”这一名称西移，武昌路（府）被固定设在江夏县治（今武汉市武昌区）。在元代，武昌路既是武昌录事司的所在，又是湖广行省的治所，它取代了江陵与潭州（今长沙），成为荆湖南北至岭南一带的政治中心。附郭江夏县（今武昌区），武昌路设有录事司，管理江夏、咸宁、嘉鱼、蒲圻、崇阳、通城、寿昌军（后改为武昌县）。据至元二十七年（1290 年）统计，武昌路共有 114632 户、617118 人。

（六）总督辖两湖

清顺治二年（1645 年），清军赶走李自成，顺利占领武昌，并将其纳入清朝统治。同年 7 月，清廷正式任命何鸣銮为湖广巡抚，驻武昌。这是清政府在湖北建立地方政权之始。

清代地方行政建制，分为省、道、府（含直隶厅、州）、县四级。

清代的武昌仍是湖广会城，由于湖北、湖南两省在清顺治十年（1653 年）分治，因此武昌又常被称为湖北省垣或省城。武昌虽为湖广和省级大区域的政治中心，但其湖广的“广”字并无实际地域作为统辖，不过沿用历史地名而已。

顺治元年（1644 年），设湖广总督，辖湖北、湖南两省；康熙三年（1664 年）又设置湖北巡抚，管治当时湖北境内的 8 个府；上述督、抚在职权上是平等的，同为封疆大吏，只是总督官阶比巡抚高一级。总督和巡抚衙门都设在武昌城内，俗称“督抚同城”。至于湖北省内日常行政、司法、文教等，分别设置湖北布政使司（又称藩司）、按察使司（又称臬司）、提督学政。在武昌城内还设有督粮道、盐法道、劝业道等专职道。在盐法道下设武昌府，辖江夏、武昌（今鄂州市）、嘉鱼、蒲圻、咸宁、崇阳、通城、通山、大冶、兴国州等九县一州。武昌府衙门驻司门口，江夏县附郭，管辖武昌城内设置的 18 个城厢和城郊的 13 个城厢及农村设置的 20 个里（甲）。

当时的武昌城内，县以上的衙门共达 43 个之多，整个武昌城官署林立。其统治机构建立后，沿袭了 200 多年，到晚清时，随着洋务运动的兴起和清末新政的实行才有变化，逐渐走向近代化。

二、世祖分封威顺王

（一）重建路学和书院

元朝统一全国后，为巩固其统治，在汉民族集中居住的广大内地采取了“柔化政策”，尊孔崇儒，提倡程朱理学，发展学校教育，允许官学和私学并存。因此，元代地方学校得到进一步发展。

作为湖广行省会城的武昌路学，在元初就已恢复。元仁宗延祐七年（1320 年），武昌路学得到大力兴建，是当时湖北规模最大的一所学校。正如元朝湖广行省参知政事元明善所作的《武昌路学记》所述，在宋是屯粮锻兵“边垒”，作为军事重镇的武昌，到元朝所谓“武弛文张”的时代，成为行省会城的重镇，自然应该将作为“文张”标志的简陋庙学加以重建。根据文中的记述分析，武昌路学中庙的部分宏大、华美，学的部分只是修葺，原来被豪夺的校产收回使用。由于元代行省并无与此相对应的官学，武昌路学处在省城，它的气派自然不同于其他路学。不过正是因为它是路学，并无高于其他路学的特殊身份，因而武昌路学的讲堂、经阁不过是葺理，也没有别于其他路学的教学设备和建筑。

（二）威顺王镇守武昌

元世祖忽必烈为巩固和加强对全国的统治，分封皇室子孙为亲王，出镇边陲及战略要地。至元二十一年（1284 年），忽必烈封其第九子脱欢为镇南王，命令他镇守武昌路，但脱欢本人并未到武昌，而且南征交趾失利。忽必烈大怒，将脱欢改封扬州，终生不许入觐。直到泰定帝即位，才于泰定三年（1326 年）封其宗室宽彻普化（脱欢之子）为威顺王，令其坐镇武昌路。王府在江夏城内，赐以虎钮金印，设有王傅及官属，拨付 500 名禁卫军。湖广行省每年要供应威顺王府钱、粮和衣袋，岁支米 3 万石，钱 32000 锭，又每日给其王子、诸妃妾饮膳。但是，威顺王纵容亲卫等人侵害百姓，当地人民深受其害。

顺帝至元五年（1339 年），太师伯颜听闻威顺王的不法作为，假托皇帝之命，令宽彻普化赴京，将他贬逐。不久脱脱为相，又命宽彻普化还镇武昌，他也因此更加肆无忌惮。顺帝至正二年（1342 年），湖北廉访司揭发宽彻普化恃为皇室，恣意不法，但日渐腐败的统治者不闻不问，听之任之。在元末红巾军起义时，威顺王及其王子被农民起义军驱逐和杀死。

（三）漕粮盐船聚武昌

元世祖忽必烈奉行“安业力农”的政策，使江南地区的粮食产量稳步上升，从而在元代继续出现南粮北运的现象，武昌成为长江中游重要的漕粮转运港口。来自荆湖南北、川蜀等地的粮食物资装入漕船经过这里转运，再经大运河漕运至大都（今北京地区），返程则载有淮盐等物资，再分销到荆湖各地。武昌城成为转运及销售淮盐的重要港口商埠，且随着经济的发展和人口的增加，湖广的淮盐运量不断增长，由至元十六年（1279 年）的 20 万船，增至天历二年（1329 年）的 32 万船，以至鄂州（武昌路）、汉阳港口出现了“风物吞淮海，楼船下鄂州”的繁荣景象。当时停泊于武昌江面上的船只除客舟外，还有载重数百上千吨的货船。元代文人揭傒斯在《梦武昌》诗云：“黄鹤楼前鹦鹉洲，梦中浑似昔时游。苍山斜入三湘路，落日平铺七泽流。鼓角沉雄遥动地，帆樯高下乱维舟。故人虽在多分散，独向南池看白鸥。”这首诗描绘了大量的漕粮和淮盐在此转运和交易的盛况。

三、城中之城楚王府

（一）元末农民大起义

元朝末年，政治腐败，土地高度集中，阶级矛盾迅速激化。顺帝至正十一年(1351 年)，各地白莲教徒纷纷以红巾为号发动反元武装起义，因起义军人人头裹红巾，史称红巾军。同年十月，转战江汉地区的红巾军拥立徐寿辉为帝，国号“天完”，以蕲水为都城。镇守武昌的威顺王宽彻普化领兵前往镇压，战败而归。至正十二年（1352 年）一月，徐寿辉红巾军首克武昌，宽彻普化弃城而逃，因而被元顺帝收回王印。至正十四年（1354 年），因宽彻普化讨贼有功，顺帝令他复镇武昌，把金印还给了他。至正十六年（1356 年），宽彻普化在去武昌的途中，被红巾军的倪文俊放火烧舟，宽彻普化的家眷及其随行侍卫死伤甚众，宽彻普化也逃往陕西。

徐寿辉建立的天完政权随后迁都汉阳，控制武昌。

（二）鄱阳湖水战

陈友谅（1320—1363 年），沔阳渔家子弟出身，少年读过书，粗通文墨，初为县衙小吏。后投徐寿辉领导的红巾军，在反元战争中屡立战功，逐步提升为将官，最后至统军元帅。1357 年，统领红巾军的主帅倪文俊称帝阴谋失败出逃黄州。时为倪文俊部将的陈友谅，乘机杀倪而兼并其众，自称平章军，控制了徐寿辉的政权，从此走上了割据称帝的道路。翌年，陈友谅率兵顺江东下，攻占安庆、龙兴（今南昌），占有江西大部分州县，并发展成为江南最大的割据势力。

至正十九年（1359 年），陈友谅迎徐寿辉迁都江州（今九江），自称汉王。次年杀徐寿辉，称帝，国号“大汉”，以民族斗争为口号，目的是要取元朝而代之。陈友谅从开始参加红巾军起义到建立大汉政权，一直坚持反对元朝的统治，毫不妥协。但在他建立大汉政权以后，背叛了红巾军“摧富益贫”的宗旨，得不到境内广大人民的支持，在内部排斥异己，为实现个人称帝的野心，加害反对自己的起义将领，导致内部分裂，战斗力大为削弱。因此，陈友谅在与朱元璋的重大较量中，屡战屡败。在 1360 年春的龙湾战役中，陈友谅被击败溃逃；在 1361 年的江州战役中，陈友谅败逃到武昌，此时陈友谅的大汉政权虽然没有明确迁都武昌，但实际上武昌一直是大汉政权的政治和军事中心。至正二十三年（1363 年），陈友谅亲率 60 万水陆大军从武昌出发顺江而下，征战朱元璋，在鄱阳湖之战中，不幸中箭身亡，由太尉张定边驾小舟载着他的尸首回武昌，安葬于蛇山西坡。

鄱阳湖战败后，陈友谅之子陈理逃回武昌，以武昌为都城，继承大汉帝位，企图东山再起。

（三）太祖征陈理

至正二十三年（1363 年），鄱阳湖之战后，朱元璋率军亲征称帝武昌的陈理，马、步、舟师三路大军并进，命部将常遇春率兵立栅，包围武昌。因诸将围攻武昌不下，朱元璋再次亲临前线督战，于次年二月（1364 年）驻守武昌梅亭山（今武昌起义门楚望台东南侧），指挥常遇春在城东洪山击败“大汉”丞相张必先率领的援军，并活捉张必先，缚于武昌城下示众。城中守军斗志丧失，陈理与其臣张定边等遂投降，陈理在外地的余部也在至正二十六年（1366 年）归降朱元璋。陈友谅在武昌的“大汉”政权终结。

陈理投降时，驻守在梅亭山的朱元璋喜得贵子，谓“武昌今后当封楚王，后果然”。朱元璋又入武昌城取陈氏所藏金花子、银花子赏士卒于黄鹤楼下，至今人呼其为花子街，并到陈友谅墓祭奠，题写“人修天定”四字。

四、三司齐聚武昌城

元顺帝至正二十四年（1364 年），朱元璋西征陈理，攻克武昌，依元朝制度设置湖广行中书省。明朝建立以后，朱元璋在全国组建 13 个承宣布政使司（省）及军事机构，同时，将自己的 24 个儿子中的 23 个分封到各地为王，形成从京师到地方的多层皇权结构，以加强君主专制中央集权。

明洪武九年（1376 年），明太祖朱元璋废除了湖广行中书省，在武昌设立楚王府，并设置湖广承宣布政使司（简称“布政司”）。湖广布政司是湖广行政机关，分治湖北、湖南，治所仍在武昌，辖区相当于今湖北、湖南两省。除布政司外，另又设两个和布政司之间互不隶属的省级监察机构，称提刑按察使司和都指挥使司，三个机构分别简称为布政司、按察司和都司，合而称之为“三司”。湖广的三司衙门都设在武昌，三司分权而治。英宗正统三年（1438 年）设置湖广巡抚。明中晚期设置总督湖广等省军务，以宪臣充当，简称总督；又用勋臣为地方总兵官，简称总兵。巡抚、总督、总兵也多驻武昌。湖广总督驻节武昌，增强了武昌的军事和行政功能，在南方区域形成了统治中心。

湖广布政司辖两湖 16 个府，府以下设州县。明朝改元朝的武昌路为武昌府。武昌府辖江夏、武昌（今鄂州市）、嘉鱼、蒲圻、咸宁、崇阳、通城、兴国州（今阳新县）、大冶、通山，共一州九县。一时间，武昌城衙门丛集，既有高于省级的总督衙门，又有省级的三司衙门，还有武昌府级、江夏县级官署。武昌因此被称为“湖广会城”。至此，今武汉市武昌地区正式有了“武昌”这个地名。当时的武昌城即为武昌府城，江夏县署附在武昌府城，城以府名称为武昌城，城以县名称为江夏城。

五、九门形制自此起

（一）周德兴监修武昌城垣

作为湖广会城的武昌，在明代初年即有了较大规模的拓建，武昌的主体是规模恢宏的楚王府，当时武昌城垣修筑的规格大大高于其他省会城市。这与朱元璋在武昌亲征过陈理，而攻克武昌时又值其第六子朱桢出生有关，大喜过望的朱元璋着意把武昌城垣修好。洪武四年（1371 年），监修武昌城垣的是明朝开国功臣、江夏侯周德兴，他将宋、元时的鄂州旧城墙向蛇山两侧大大延伸，城区范围东起双峰山长春观，西至黄鹄矶头，南起巡司河北岸鲇鱼套，北至沙湖、下新河南岸。城垣周长 10 公里，城墙全部为陶砖结构，墙身高大，西北部城墙高达 3 丈 9 尺，东南部城墙高达 3 丈 1 尺。城墙外有一道 22 里长的护城河，水深 1 丈 9 尺，河宽 1 丈 6 尺，城西面临长江，亦是武昌城的天然护城河。辟城门 9 座，城东有大东、小东 2 门，城西有竹簰、平湖、汉阳 3 门，城南有新南、保安、望泽 3 门，城北有草埠门。每座城门上建有高大的城楼，城门前建有牌楼，其中保安、大东、草埠三座城门外建有月城。整座武昌城规制之高与当时的北京、西安等齐，无疑是武汉古代城市建设史上的顶峰。此后武昌城改建变更的只不过是城门名称。明嘉靖十四年（1535 年），湖北巡抚都御史顾璘改大东门为宾阳门，小东门为忠孝门，新南门为中和门，草埠门为武胜门，竹簰门为文昌门。

（二）营建楚王府

洪武三年（1370 年），在册封首批亲王之后，明太祖就开始筹措修建诸王府。次年，营建诸王府的工程在诸王的封地展开。朱元璋的第六子朱桢就是分封到武昌的楚王，王号“楚昭王”，并在武昌城中心修建了楚王府（又称楚王宫），占地 8 平方公里，殿堂递进，廊房分陈，四周城墙壁垒，是为城中之城。

楚王府始建于洪武四年（1371 年），地处武昌城最好的部位——高观山（蛇山主峰）南麓，坐北朝南，背靠高观山，前临大朝街（今复兴路），右侧为长街（今解放路），左侧是阅马场，东西宽 2 里，南北长 4 里，沿此围砌砖石结构的城垣，城高 2 丈 9 尺，辟四门，号“王城”。王城正门称镇楚门，俗称公衙门，至今市民仍称其为王府口。

据《明史·舆服志》：“十二年，诸王府告成。其制，中曰承运殿，十一间，后为圜殿，次曰存心殿，各九间。承运殿两庑为左右两殿，自存心、承运，周回两庑，至承运门，为屋百三十八间。殿后为前、中、后三宫，各九间。宫门两厢等室九十九间。王城之外，周垣、四门、堂库等室在其间，凡为宫殿宫屋八百间有奇。”府内还有梳妆台、金鱼池及御菜园、长春寺，并立宗庙于府内。王城四门以丹漆，金涂铜钉，城楼饰以青绿点金，廊房饰以青黛，宫殿则画蟠螭，饰以金边彩云、八吉祥花，其壮丽犹如皇城。

在楚王府左右，环置三司、府、县衙署。布政司署在黄鹄山（蛇山）阴（今司门口广东商城处），按察司署在楚王府右侧的平湖门内（今大成路乃园），都司署在水陆街楚王府南，府署在汉阳门内（今民主路小学处），县署在城北凤凰山，演武厅在阅马场。再加上府学、县学、书院、文库、府库、仓廒，构成了武昌城的主要部分。城居人口主要是楚王宗室、王府属吏和朝廷三司、府、县御官，以及大量为他们服役的人员和工商业者。

（三）楚王始就藩

楚王朱桢是明太祖作为拱卫京师（南京）上游重镇的重要军事人才来着意培养的，因此在楚王府设置亲王护卫指挥使司，下辖武昌卫、武昌左卫和武昌护卫（专为楚王府所设），三卫兵额 6500 人。自洪武十四年（1381 年）朱桢就藩武昌起，至建文帝即位为止的 17 年，朱桢统率大军镇压湖广、四川和贵州地区人民的反抗。可见明朝初年的武昌不仅是长江中游屏障京师（南京）的重镇，也是明朝巩固南方和西南地区统治的军事基地。

明成祖朱棣继位后，藩王权力被大大削减，但因楚王府与帝系一直关系良好，恩宠不衰，楚王在武昌城中声势依然显赫。楚王在武昌共历八代九王，均居住在楚王府内，历代楚王的子孙都受封为郡王和授以将军之衔，前后共封 15 位郡王，各郡王都不到封地而居武昌城内，但仍建有华丽的郡王府。整个武昌城被楚王几占一半，所以有“武昌府城，楚王占半城”一说。

楚王在武昌的活动远远超出王府的范围，整个武昌城和近城的设施都是为楚王的生活起居建设的。楚王府前的歌笛湖是楚王种芦取膜制作笛簧的地方；榛子园是楚王引湖南武冈的榛子在武昌种植的园林；黄鹤楼旁所建的武当宫，是楚王祭祀神灵祈求降福的地方；山川、社稷坛是供楚王春秋祭祀之用；南湖老人桥为楚王行猎路过时而建设；紫金山有为楚王备暑的藏冰台；武胜门外有供楚王府厨膳专用养鱼池，名鲤鱼濠。城东有一座楚王别墅桃溪小隐，出城 20 里的广埠屯是楚王府护卫军屯田自给之处，出南城 60 里的灵泉山是历任楚王及其王妃、夫人的陵墓群。

历代楚王都是欲望强烈的占有者。楚王朱桢强行圈占江夏灵泉山，作为陵园，使灵泉古市彻底衰落。其后代楚王兼并土地更为厉害，仅江夏成为楚王藩田的达 1197 公顷 39 亩，汉阳则有 1676 公顷，武汉地区的农业经济遭到破坏。在兼并土地的同时，残酷盘剥商民，让盐、茶二商承担修建僧屋共 5400 余间。特别是汉口自明中叶形成港埠后，楚王府又强占汉口河滩所有权，对江汉商民进行残酷盘剥，每年收租银达 647 两。而在武昌，“通衢诸绸布店，俱为系室。间有三吴人携负至彼开铺者，亦必借王府名色”。可见武昌布匹市坊几为楚王宗室所垄断，严重地阻碍了武汉地区社会经济的发展。直到张献忠领导的起义军攻克武昌，活捉最后一代楚王朱华奎，将其沉入江中，并焚毁楚王府，楚王府这股阻碍湖广及武汉地区社会经济发展的腐朽势力才消除。

六、三镇鼎立汉口兴

（一）竹木贸易盛

白沙洲是元末在武昌城南长江中淤起的一片沙洲，到明代白沙洲的面积变化趋于稳定。白沙洲位于今武昌区西南部，东起夹套河，西至长江边，北起武金堤玻璃塘，南至白沙洲大桥的长方形地区。当时的白沙洲四面江水环绕，东面与金沙洲隔江相望。明弘治五年（1492 年）前已有白沙洲之名，与金沙洲并见于史籍。由于白沙洲的江岸线较长，水深适宜，又有大片的滩地，便于停泊竹排、木排，特别是紧靠武昌城，近邻金沙洲漕船口岸和武昌造船工坊，都需要大量木材造船、修船。于是，竹木商人就开始到鄂西、四川、湖南及贵州东部等地采购竹木。来自上述地区的竹木不断地从长江、洞庭湖及汉水用竹簰运来停靠在武昌白沙洲地带，逐渐形成了白沙洲竹木业港埠和市场。当时武昌城文昌门外红石矶沿江是竹簰停靠的港埠和交易市场，故此城门初名竹簰门。在白沙洲贩运竹木的商民有四川、江西、湖南及本地人，而以湖南商民为多，从湖南运来的竹排、木排多在此集散成交，湖南商贩、商民在此聚居，形成湘籍棚户区。《江夏县志》记载："白沙洲竹木贸易甚盛，湘人多侨居于此。"当时洲上还辟有存放竹木的货场，大批的杉木、松木、杂木、楠木堆积在洲上，供各地客商选购，不仅零售、批发，还大批供应当时的武昌造船工坊（在今鲇鱼套附近）。据明人陈组绶《皇明职方地图》中"武昌厂造船一千一十二"的记载，按当时规定，仅用杉木造船，就要担负 1012 艘漕船每十年的更新任务，每年平均仍得造船 111 艘。白沙洲港区当时承担船及木排停靠任务的码头当不在少数，其所用木材量可想而知，进而形成了商舟聚泊、百货云集、商业繁荣的码头区，也成为武昌城生活物资的重要集散区。

清代雍正时，白沙洲沉没。咸丰时，又重新淤出，还与武昌并岸，白沙洲又成为木排、竹排停泊点。据史料记载，许多伴水而居的湖南人，乘木排、竹排来到白沙洲码头，一些湖南排工留在洲上从事木排的装卸工作，武昌的竹木市场由此兴盛，湖南人的势力也逐渐壮大。湖南排工多来自新化、安化、桃江、祁阳等地，有"五府十八帮"之说，并在洲上设立祁阳会馆。彼时，许多准备在武昌扎根的湖南人自称"南帮"，与同样做木材生意的武汉人（被称为"北帮"），时常为了开木材行、抢滩装卸木材明争暗斗，引发了北帮对南帮的诉讼官司，最后还是曾国藩从中斡旋调停。清末张之洞修武金堤时，将白沙洲大部分围入堤内，从此白沙洲成为武昌滨江的陆地，再也不是江心洲了。洲上的竹木贸易多转向汉阳鹦鹉洲，白沙洲地区仅存涂家巷、毛家巷等少量港区从事竹木贸易。如今，武金堤两侧仍然是武昌区的竹木贸易市场。

（二）商贾云集处

陈公套，原名管家套，位于里河（今巡司河）入江口一带，因长期淤塞，商船转泊汉阳。明弘治十四年（1501 年），武昌知府陈晦为改变上述不利局面，便趁涨水季节，组织几百只小船拖带铁器疾驶水中，搅动泥沙，使沙随水而去，很快疏浚出一片深水港域，吸引大批商船停泊套中，给武昌和外地商船带来极大方便，人们因此改称管家套为陈公套。水域条件的改善，方便了商船、客船的停泊，陈公套港埠日趋兴旺。《读史方舆纪要》曰："郡守陈晦修凿（管家套）使水绕城南，商旅得避风涛之险。"这是当时人们对陈公套的形象描绘。

为加强对商户、船户的管理，明朝曾在这里设立鲇鱼口镇巡检司。万历十一年(1583 年），陈公套同金沙洲一起被辟为湖广漕粮交兑口岸，建有陈公套水次仓，以存贮各州、署交兑的漕粮。不仅漕船于此停泊，许多盐船也聚泊于此。武昌地方官为了修葺武昌沿江堤防，曾利用盐船大量靠泊于此的有利条件，饬令"淮商按船带石，以资修补"。

清初，这里又称作鲇鱼港，同治《汉阳县志》中就有康熙二十七年（1688 年）夏逢龙"乘舟来犯鲇鱼港"的记载。清中期以后，由于里河航道日渐淤浅，这一带仅作为回空漕船和小型船舶停泊地。

（三）修复楚观楼

谯楼是武昌城的一座城楼，楼内专门安置报时用的鼓，因有报时辰的功能，所以又称为更鼓谯楼，俗称"鼓楼"。自宋元以来即有谯楼，后遭毁坏。

明弘治十二年（1499 年），由湖广左布政使徐源等商请楚靖王朱均鈋同意修复鼓楼，以使钟鼓有节，便于警众号令。继任者韩镐接手主持其事，在楚王府后、布政司署前的蛇山上兴建鼓楼，三年而成。楼为双层，除了为武昌城百姓及过往商船报告时辰的功用外，还是楚王府和镇守官吏登临游宴之所。“今夫连山大江，旷野空谷，禽鱼草树，风云月雾，百凡之形状，不出几席而得之目睫，固荆楚之大观也。”韩镐为鼓楼取名“楚观楼”，并题写“楚观楼”匾额，但百姓仍称鼓楼。明末，为方便蛇山南北的交通往来，在鼓楼下方凿开通道，因上有鼓楼，故楼下的隧道称为鼓楼洞。1936 年扩建长街（今解放路）时拆除，其遗址应在今司门口长江大桥跨线桥处。

（四）湖广漕粮足

金沙洲位于武昌望山门外，西临大江，北靠巡司河。从元代开始，武昌城南靠近古鹦鹉洲的江岸，相继淤起两个沙洲，到明代相对稳定。东边近岸的是金沙洲，西边临江的是白沙洲，江水从南向北从两沙洲间穿过。据同治《江夏县志》记载，金沙洲在城外额公桥（今新桥）西南，头枕江口，与白沙洲相对。金沙洲由于有白沙洲外护，成为良好的天然避风港，因其靠近武昌城，所以成形不久就繁荣兴旺起来，成为著名的商市和港口。

嘉靖年间（1522—1566 年），来洲上定居的商贾、船户和居民有 1028 户，到万历年间（1573—1620 年），这里居住的船户、商户、手工业户有上万家，“百货云集”“商舟聚泊”“有街八道，号称十万户”，其被誉为“四民辐辏”的“东南都会”。

不仅民间商贾云集于此，朝廷的漕粮也在金沙洲交兑。据《汉口丛谈》记载，明神宗万历十一年（1583 年），题准湖广衡、永、荆、岳、长沙漕粮交兑于金沙洲，因而金沙洲附近水面常有“千艘转粟画旗同”的盛况。当时湖广漕粮的年额达 46.5 万石，金沙洲一度成为漕船之云集地，蔚为大观。

明代中叶，随着金沙洲的稳定，又凭借白沙洲的外护作用，开始成为商船停泊地，沿江修有一道长达 25 里的防波堤，堤外停满漕船、盐船和各种客货船，其他泊地无法停靠的大型船舶也都汇集到这里。崇祯十五年（1642 年），由于左良玉 10 万大军进驻金沙洲，金沙洲河街被焚毁一空，港埠也遭到严重破坏。次年张献忠攻打武昌，于是财货“甲于全楚”的汉口和武昌二镇“不数日，荡然矣”。直到清乾隆初期，驻武昌的官员徐惺在洲上新辟肆市，设油、盐、鱼、米诸埠以招揽商贾，金沙洲才逐渐恢复生气。嘉庆后期，随着金沙洲与武昌城江岸水口淤宽，终至连成一片。如今留下陆家街、八铺街、万佛林等历史地名。

（五）商贸武昌关

汉江与长江在武汉的交汇，形成了“江汉朝宗”的水文和地理格局。《尚书·禹贡》中有一句名言：“江、汉朝宗于海。”江指长江，汉指汉水，前者为中国第一大河，后者为长江第一大支流。两江交汇在武汉，奔向大海。正是两江相汇，将武汉地块一分为三，形成武昌、汉阳、汉口三镇鼎立又相互联结的局面。这种联结表现在清初武汉长江、汉水“四关”的设立。

清代，武汉作为水运枢纽，上衔四川、宜昌，下达江浙，吞吐量极大，汉水来往货船众多。武昌塘角、白沙洲鲇鱼套，在康乾时期也是“舟车络绎、熙来攘往”，其盛况远远超过明代。正是顺应这种情况，为收纳税金、综合管理，于康熙五十年（1711 年）准予在武昌白沙洲设武昌厂，即武昌关（明代叫钞关，又称长江关，后又称红关），开额收税为 3.3 万两，并从雍正时期开始，为适应汉口商船贸易日趋繁荣的需要，武昌关又在汉口、汉阳设立 3 座分关。这样在武汉两江四岸设立的“四关”形成犄角之势，使关税增加。到乾隆十八年（1753 年）武昌关（含分关）的关税已达到 53967 两，此外一些盈余银两尚未包括在内。

当时的汉口，在行政管理上隶属于汉阳，而税收大权则掌握在武昌府手中，这就需要关税管理机制的统一。一些文人雅士便依据《尚书·禹贡》“江、汉朝宗”之意，将武昌白沙洲的第一关易名江关；汉口下茶庵为第二关，名汉关；汉阳鹦鹉洲为第三关，名朝关；汉口上茶庵为第四关，名宗关。四关把“江、汉朝宗”所凝聚的地理的、历史的、水文的、交通的、神话的内涵融为一体。四关统称为武昌关，仍归武昌府管理，后改为由武昌、汉阳二府协同管理。嘉庆四年（1799 年），规定武昌关收税额为 12000 两，于此数外再有多余，亦令尽收尽解。至此，每年由武昌关联结三镇征收的正额和盈余银已达六七万两。当年武汉商货集散之盛，“摩肩击毂”。武昌关直到张之洞担任湖广总督时仍存在，但位置移到大堤口，其他三关仅有宗关作为地名流传至今。

（六）千舟聚塘角

清康乾盛世，汉口已崛起为中国四大名镇之一。其水上运输业规模日益扩大，汉口港区的吞吐能力饱和，不能满足需求，于是便将港口作业区扩大到武昌江岸的码头——塘角。塘角位于武昌武胜门外东北 5 里多的地方，这里正处江流转弯处，水流流速减缓，适宜于舟船停泊。明末清初就成为避风良港。

嘉庆年间（1796—1820 年），塘角前面江中浮出一片沙洲，此洲的外护作用使塘角的泊船大量增加。又恰遇汉阳河泊一带的夹江淤塞，原泊于汉阳的盐船全部改泊塘角，加上汉口盐船港区的吞吐能力饱和，也将盐船码头作业扩大到塘角一带。于是人们纷纷在此修筑房舍，开设店铺，未及数年，这里便发展成为商船云集、百货萃集的新兴商埠。

为扩大商船停泊量，在塘角这个地方，开挖了一条弧形人工小河，南起于塘角，向北直抵月亮湾南端，全长10里。因分上、中、下三段，故有上新河、中新河、下新河之称。下新河（其地在今三层楼）的出江口，正对汉口，其码头区用以专泊来自下江的盐船。当时下新河港区规模很大，河中所泊盐船常自河口向内绵延10余里之远。《续汉口丛谈》述："此港用以蚁舟，绵亘数十里，尤以淮南盐船来泊最广。"叶调元在道光十九年（1839年）的除夕之夜目睹了塘角的夜景，留下了这样的诗句："千艘万楫聚塘坳，炮竹声喧沸海潮。水面忽飞星万点，红灯一片出桅梢。"诗人在自注中说："塘角在省城之东。各船停泊，除夕桅船不可胜计。自米厂望之，但见火星万点，出没云端，奇观也。"直到道光二十八年（1848年），陈溥还以赞赏的笔墨勾画出"塘角对汉口，百产绾精华。连樯上灯火，混若蒸朝霞"的繁荣景象。

然而，道光二十九年（1849年）冬天，这里因一盐丁吸食鸦片引起大火。据目击者证述："适有大艑峨峨者四百二十艘，互相牵系，余外又系艘六百余只，十九皆估客船，间或杂有官舫，尾首联络，势若蛇蟠……"由于千船连接，江路阻塞，又遇大风，800多艘船舶和数万商民船户的船只被焚毁一空。此次浩劫，共损失淮南盐船的钱粮银本500余万，于是"群商请退"。清廷因此规定运往两湖地区的淮盐，不准在塘角停泊。从此塘角迅速走向衰落，新河也因废弃而日渐淤塞。如今虽然仅留新河和塘角地名，但它见证了武汉三镇的水运港口历史。

七、兴衰沉浮武昌城

（一）维修黄鹤楼

清代前中期，武昌经历了康乾盛世，社会比较稳定，经济发展，尚文风气渐盛，因此当地政府官员对名胜古迹加强了维修和重建。

始建于三国时的黄鹤楼多次遭到毁坏。明崇祯十六年（1643年），张献忠焚毁黄鹤楼，鹤去亭空，楼随波逝。清顺治十三年（1656 年），御史上官铉对黄鹤楼及周边亭、阁进行了一次粗略的修葺。

康熙三年（1664 年），因火灾楼毁，湖广总督张长庚重建黄鹤楼。楼为三层八面，攒尖重檐，四周开窗，危栏复道，木构雕镂，立于城内高台之上。康熙十三年（1674 年），有补修；康熙四十一年（1702 年），又重建；康熙六十一年（1722 年），继修；乾隆元年（1736 年），大修；嘉庆六年(1801 年)，修葺；同治七年(1868 年)，又建；光绪十年(1884 年)，被焚毁。黄鹤楼在清代两百多年间，康熙三年（1664 年）、康熙二十年（1681 年）、咸丰六年（1856 年）、光绪十年（1884 年）被毁四次，屡毁屡修，只有光绪十年(1884 年)的同治楼被毁后，未见重建，后建了奥略楼。清代黄鹤楼造型和风格为“其形四方，四望如一”。清代最后一座黄鹤楼，俗称为“同治楼”，平面四方，明暗六层，36 度角，48 根柱，360 攒斗拱，72 条流水花脊，造型伟岸、壮观，楼周有碑廊、石照、搁笔亭、白云阁、涌月台等，一直是汉上明珠。

（二）武昌城垣废兴

武昌城垣自明洪武四年（1371 年）江夏侯周德兴拓建后，明代仅湖广巡抚顾璘于嘉靖十四年（1535 年）重修。清代由于武汉军事及政治地位的加强，因而对武昌城垣的修葺极为重视。从顺治年间到同治四年（1865 年），共进行 7 次较大的增修和重修。

顺治十四年至十八年（1657—1661 年），湖广总督祖泽远首次对明代遗留下来的武昌城垣进行增修，城垣规模基本上还是明朝的样子，没有大的拓建，只在北城武胜门和东城大东门前增修了瓮城。此后对武昌城垣重修的时间顺序为：康熙二十四年（1685 年），又修；雍正六年（1728 年），再修；乾隆二十七年（1762 年），同知史湛等修葺；乾隆五十二年（1787 年），知县史均续修；嘉庆六年（1801 年），知县王澎承修；最后一次为同治四年（1865 年），知府黄昌辅续修。此外，同治八年（1869 年），湖北巡抚郭柏荫曾对环城墙的水门进行维修，并改造修建了 9 座排水闸。至此，武昌城围达三千四百三十丈，东西五里，南北六里，城墙高二丈八尺，底厚六丈八尺，顶厚五丈四尺，壮观巍然。

（三）绿营兵哗变

清顺治十三年（1656 年），为强化对武昌的镇戍设防，在武昌城设置绿营兵 3923 名。其中，湖广总督直接指挥的各督标分左、中、右三营，额兵 1792 人，驻武昌府。湖北巡抚直接统领的抚标分设左、右二营，亦驻武昌府，额兵 1169 人。武昌府还有城守营，包括马战兵、步战兵、守城兵共 681 名，另有水师守备营水兵 281 名。

康熙元年（1662 年），为便于驻军的训练，湖广巡抚刘兆麒令辟高观山（蛇山主峰）南麓旧楚王府废墟地为校场并建演武厅（俗称“官厅”），作为练兵演武的校场和举行武科乡试之所。这就是阅马场（今首义广场）地名的由来。

康熙二十七年（1688 年），湖广督标裁兵，先扣 2000 人的兵饷。被裁减士兵忧虑此后生活无着落，请求发给遣散费，湖北巡抚柯永升执意拒绝，使军中内部矛盾激化。六月三十日，抚标亲兵夏逢龙率部众围攻巡抚衙门（旧址在今民主路与胭脂路交叉路口东北角），“变兵露刀，围巡抚署，杀五六人，夺其敕印”。在众变兵的围攻和逼迫下，湖北巡抚柯永升、湖广粮储道兼署布政使叶映榴先后自杀身亡。众推被裁亲兵夏逢龙为首领。夏逢龙自称总统兵马大元帅，占据阅马场官厅，剪辫子，举白旗，撑黄伞，面南而坐，以示威仪。

众士兵也剪除发辫，公开抗清，并迅速占领武昌城。夏逢龙“自称为永王。大元为其军师，守省城”。自率兵攻占汉阳，克应城，一时拥兵数万，声势大振。清廷急忙调兵征剿，南阳总兵史孔华迅速攻占汉阳，夏逢龙留守武昌的部队则献城投降。湖广提督徐治都大败夏逢龙于应城，夏逢龙联巨船 20 艘顺江而下，意图返回武昌，被阻击于城外鲇鱼套，其战舰被焚毁，夏逢龙孤身过武昌不得入，逃到黄州被俘杀。至此兵变被平息。

补记

（一）熊廷弼修堤筑桥

熊廷弼（1569—1625 年），湖广武昌府江夏修贤（今纸坊）人。万历二十六年（1598 年）中进士。万历四十年（1612 年），熊廷弼从南京督学任上免职回到武昌城，住在中和门（今起义门）内紫阳湖旁，建东园，俗称“熊园”。“园横六七里，宛一幽僻乡落，浚小溪九曲，每曲一亭，沿溪奇卉杂植”，过着“归来无事乐无休”的悠闲生活。但他见长堤年久失修，连年大水，“金沙洲及城外尽没，城内编桥而渡”，“江水倒灌，周围二三百里，田禾立尽”，便率先变卖家产，捐助数千金，倡议募捐修建堤闸。在他的带动下，抚、按、府、道以下及盐商、竹木商资助万金，他亲自督修，自金口山后龙床矶以下，至武昌城南金沙洲，共 60 里，加固旧堤，修筑新堤，修建涵闸。《湖北通志》记载：“江堤自龙床矶以下……明大司马熊廷弼筑。”同时，还修筑了其他堤防。这些堤当时被称为“熊公堤”。熊廷弼看到巡司河穿武昌城南而过，河上没有桥梁，民众进城靠乘船过渡，便在保安门外修筑一座三孔石拱桥，长 32 米，宽 5 米，跨巡司河，与南岸八铺街的兴隆街相连，取名新桥。后世为纪念他为人民修堤筑桥的好事，曾把武昌现在的武珞路上段（阅马场至大东门）命名为“熊廷弼路”。现在，江夏区人民为了纪念熊廷弼，在纸坊命名“熊廷弼路”“熊公巷”等纪念地名。

（二）整修学宫与书院

清王朝为了有效统治全中国，在政治上实行高压，驻军全国各地，颁大清律，行保甲法，强令削发改俗。同时又笼络士子，实行尊孔崇儒，沿袭科举制度。清顺治六年（1649 年），清政府开科举士，武昌作为乡试之地，一时间，书生云集，学宫、书院俱兴。当时武昌城内的府学宫和江夏县学，因战乱停办多年，亦迅速恢复开办，仍以“养成贤才，以供朝廷之用”为宗旨，并对府、县学宫进行修葺。

清初，武昌原有的江汉书院始建于明代，是生员准备岁科二试及取得廪、增、附、贡、监等功名者再进一步参加乡试的准备场所，故此当局颇为重视。顺治初年，为扩大院舍规模，布政使黄志遴将设在文昌门内的江汉书院迁到巡道岭（今武汉中学处），修建斋舍，添置图书。乾隆四年（1739 年），总督德沛、巡抚崔纪捐资拓地，修建楼房宿舍，书院山长（即院长）夏力恕监修十贤祠、德教祠。肄业生员（秀才）初定学额 60 名，后增至 240 名，教授“四书”“五经”及前朝先儒著作。

康熙朝的理学名臣之一熊赐履，就是江汉书院所培养出来的学生，他参与编纂了《渊鉴斋御纂朱子全书》，为清朝利用理学以加强思想控制做了许多具体工作。他在康乾盛世官至东阁大学士兼吏部尚书，最后病老告退，朝廷仍聘他做顾问。因此，江汉书院声名远扬，来此求学者乃“十郡之士”，是湖北“当事诸公从来课士肄业之所，一时书院之兴，唯此为盛”。1902 年江汉书院并入经心书院，至此该书院存在时间长达 540 多年。

康熙三十九年（1700 年），在武昌忠孝门胭脂山朱家巷创建勺庭书院，但勺庭书院影响不及江汉书院。1903 年改为武昌府中学堂。

清代的武汉士子在学宫和书院中苦读，多有在科举中成名者。武昌在清嘉庆、咸丰、同治年间出了 1 名探花、2 名榜眼，中进士者更是不乏其人。

（三）武昌民变反税监

万历年间（1573—1620 年），明朝陷入内外交困之中，于是明神宗派遣大批宦官充任矿监、税监搜刮财富。

万历二十四年（1596 年），陈奉到湖广征税，以湖广会城武昌作为征税据点，“恣行威虐”“惨毒备至”。他的爪牙奸淫抢掠，拆毁民房，掘人祖坟，无恶不作，甚至在光天化日之下公开抢劫民物，连湖广地方官吏也在他们的马鞭下呻吟。据说，陈奉在湖广几年，搜刮的金宝财物以万计，交给朝廷的仅十分之一。陈奉的暴行激起湖广各地民变十余起。万历二十九年（1601 年），陈奉在武昌大肆勒索，任意增税，其爪牙乱闯民宅，奸淫民妇。陈奉一伙的强盗行为激怒了武昌人民，自发而起的武昌居民聚集万余人，包围陈奉的征税衙署，湖广地方官吏连忙派兵保护陈奉，双方僵持了好几天。陈奉“以甲士千人自卫”，以武力向武昌居民示威，指使爪牙焚烧民房，致使民怨沸腾，一时“万余人甘与陈奉同死”，陈奉以兵镇压，打死多人。湖广佥事冯应京亦奋起反对，列陈奉十大罪。明神宗听信谗言，将冯应京除名解职。东厂的缇骑来到武昌，企图逮捕冯应京用槛车押送至京师，陈奉则在武昌大肆书写冯应京的“罪状”，“榜之通衢”。所有这些是非颠倒之举，激起了武昌民众的公愤，于是群众聚集数万人再次包围了陈奉的征税衙署，欲杀陈奉而后快。陈奉吓得躲入楚王府中，而陈奉的党羽耿文登等人均被愤怒的群众投入大江。武昌商民处置陈奉爪牙的正义行动，得到了汉口、汉阳两处民众的热情支持。群众抗暴的威力，迫使明神宗不得不将陈奉偷偷召回。

这次反税监斗争以武昌为中心，波及湖广地区 10 多个城市和集镇，持续达数年之久，参加的人数从几十、几百、几千以至数万人不等。斗争的结局是陈奉被召回，党羽被处死。这一斗争打击了明王朝的腐朽统治，加速其末日的来临。

（四）左良玉劫掠武昌城

崇祯十五年（1642 年）以前，武昌城一直掌握在明朝手里，战乱未及，一些“富家巨室，多渡江依栖焉”。这里集中了不少武汉三镇的富裕人家，一派繁荣景象。崇祯十五年（1642 年）以后，战火烧到了长江两岸。武汉三镇遭到明朝将领左良玉的破坏，左良玉因镇压农民起义升任“平贼将军”。

崇祯十五年（1642 年），李自成领导的起义军消灭河南境内明朝官军主力后，南下湖广攻克左良玉镇守的襄阳。李自成以襄阳为襄京，提出“三年免征税”的口号，并发布《剿兵安民檄》，在湖广人民中引起反响。左良玉从襄阳溃退后，东奔承天府（今钟祥），再退到武昌府。李自成一路追击，连克 10 多个城镇，兵逼汉阳，威胁湖广会城武昌。

左良玉退守武汉后，军队缺乏军饷，在汉口掠夺一通后，第二日，左良玉率部“驻于武昌城外金沙洲，洲人受其荼毒，与汉口镇同。二镇故并饶财货，甲于全楚，不数日，荡然矣”。在左良玉军的劫掠下，著名的武昌城外金沙洲商市荡然无存。然而，左良玉及其部下仍不满足，又对武昌城进行掠夺。这年十二月二十四日，（左军）至武昌，向楚王乞二十二万人饷，“王不应，良玉纵兵大掠，火光照江中，宗室士民奔窜山谷……驿传道王扬基夺门出，良玉兵掠其赀，并及其子女”。坐镇武昌的楚王及其宗室和朝廷命官王扬基及其子女在这场浩劫中尚且不能幸免，武昌普通民众的境遇也就可想而知了。

左良玉纵兵劫掠武昌城，武昌的富商大户躲避到江中船上，普通百姓只得抱儿带女寄身在江面的粮船中，即使是这样也没有摆脱被蹂躏的命运。崇祯十六年（1643 年），李自成的一支军队攻克汉川，兵临汉阳，左良玉大恐，慌忙抢劫舟船，既有富裕大户的大船，又有一般的运粮船。船上难民惨罹奇祸，有所谓：“一卒登船，百人请命，刀声人语，鱼乱水飞，可怜哉？”左良玉掳掠了大江两岸的舟船，仓皇逃往九江。

崇祯十六年（1643 年）八月，张献忠领导的起义军在攻占武昌 3 个月后，撤兵南下岳州。左良玉卷土重返武昌，给武汉三镇的许多人加上了“从贼”的罪名，进行屠杀和洗劫，武汉三镇再次陷入血雨腥风之中。

崇祯十七年（1644 年）三月十九日，李自成攻占北京，明朝灭亡。南明福王称帝于南京，晋封左良玉为宁南侯，镇守武昌府城。当时，南明用三楚之粮养左良玉几十万大军，年耗费在百万元以上。

左良玉军屯驻武昌，军纪糜烂，“诸营优倡，舞歌达旦”，他本人则“夜宴僚佐，召营妓十余人行酒”，荒淫无耻，醉生梦死。左良玉军在武汉三镇劫掠历时达一年零八个月之久，还控制了三镇的广大地区，阻碍了武汉三镇的发展。清顺治二年（1645 年），李自成兵败山海关、潼关后，南下湖广，逼近武汉。左良玉以“清君侧”为名，撤离武昌，下行至九江时，穷途末路，呕血而亡。

（五）张献忠在武昌建政权

张献忠是明朝起义军领袖。崇祯十六年（1643 年）五月二十九日，张献忠攻占武昌城后，活捉了楚王朱华奎，并将其关在铁笼之中，然后沉入大江。这沉重打击了武汉地区的腐朽封建统治，并发放楚王府的钱粮，以赈济饥民。

在政权建设上，张献忠正式建立了大西政权，改湖广会城为京城，铸西王之宝；改武昌府为天授府，以周综文为知府；改江夏县为上江县。中央设六部、五府，京城设五城兵马司。张献忠住进了楚王府，在宫前竖起了两面大旗，上书“天下人归，招贤纳士”。武昌城的九座城门都竖起了两面大旗，上书“天下安静，威镇八方”。武昌继元末大起义之后，又一次成为农民起义的政治中心。

开科举，重学校，网罗人才，是大西政权在武昌的重大活动。举行科举考试，录取20人为进士及第，授州、县印官，48人为廪膳生，授府、州、县佐。张献忠任命学道管理学校，还亲临府学勉励士子向学，并从中选拔了几十人充实到地方各级政权中去。当时，担任大西政权教授出的告示，记录了张献忠视察府学的经过，告示曰：“西王以七月十五日幸学，诸生其先期齐集，考古天子幸辟雍仪注，以不负先王。矢其文德，洽此四国至意，勿忽。”打击大户筹集军饷是张献忠在武昌期间所采取的一项措施。当时大户多以舟船停泊江中，或游弋于河池湖汉之中躲避战乱，张献忠分兵三路缴截，获大户之船一千余艘，其中粮食物资充盈，保证了军需，并发款赈济灾民，“诈收人心”。还在武昌及附近地区招了一大批15岁以上、20岁以下的青年参军，成为大西军南下长沙和西上入蜀的主力。

经过上述一系列的安抚措施，张献忠在治理武汉期间，湖广布政司共有21个州县归附了张献忠的大西政权。

崇祯十六年（1643年）八月，左良玉率明朝大军压境而来，张献忠不得已放弃武昌，南下湖南。在撤离时，他焚毁楚王府，并毁掉黄鹤楼。对于武昌城市的发展而言，张献忠的破坏是令人扼腕叹息的。

（六）李自成兵败武昌府

明末农民起义领袖李自成于明崇祯十七年（1644年）攻占北京，建立大顺政权。李自成在清军和吴三桂的攻击下，退出北京至西安、河南。当时，李自成尚有10万军队。顺治二年（1645年）正月，李自成撤出西安向湖广转进，开始部署各路大顺军主力合营，沿长江东进，夺取南京等地区作为抗清基地。这次军事大转移，不仅有大顺军，还有跟随的百姓，因此行动迟缓。到了三月中下旬，东移的大顺军已经形成“下走蕲、黄，上犯荆、岳”的趋势。李自成大败左良玉部将马进忠等部于荆河口后，渡江至簰洲，此时武昌即将陷入三面包围之中。驻守武昌的左良玉于三月下旬撤离武昌城东下，李自成乘虚就势占领武昌。

李自成进驻武昌后，暂驻老营于此，改“江夏县为瑞符县，并设立县令”。李自成在武昌休整 20 日左右，令大顺军以武汉水陆两路东进，继前锋出发之后，李自成率部分军队于四月二十日之前离开武昌东下。

武昌府城既在长江南岸，又是兵家必争之地，所以，李自成率兵东下时即驻老营于此，以大将刘宗敏戍之，滨江集舰船 500 余艘阻敌。清军追击而至，“围武昌数匝”，刘宗敏派军两次出城迎战，均大败而回，被迫筑垒阻敌，又被清军屡破。刘宗敏因伤不能阵前冲杀，便负责保护老营，后老营被破，他也被俘。

武昌城之战不仅使大顺军损失了大将，而且还牺牲了大批眷属，留在武昌江面的几百只战船也被清军夺走，这就使清军更迅速地沿江东下追击李自成及其前锋军队。李自成在富池口及九江上游被清军前后夹击，遭到毁灭性打击。

李自成在九江附近战败后，仅剩大约万余人的一支小部队，被清军八旗劲旅围追不舍，激战后李自成率少数亲随突围至九宫山区，遭到当地乡勇伏击，于清顺治二年（1645 年）五月上旬死于湖广武昌府通山县九宫山北麓，即今湖北省通山县九宫山北麓。清朝英亲王阿济格率兵占领武昌府，从此武汉三镇归于清朝统治。

（七）武昌遗存胜迹

❶ 武昌城门

明代武昌城垣建于洪武四年至十八年（1371—1385 年），共辟九座城门，如今只留存唯一的一座——起义门。起义门初名新南门，因位于武昌城池东南而得名（位于今首义路南端和起义街北端）。1535 年，维修武昌城垣时，更名为中和门。1911 年 10 月 10 日，辛亥革命武昌首义占领此城门。为纪念武昌首义胜利和首义志士功勋，于 1912 年命名为起义门。同年，北洋军阀段祺瑞督鄂，为消除武昌首义的影响，拆毁城楼，破坏起义门匾额，只剩下城门。1981 年，武汉市人民政府重建，叶剑英题写起义门匾额。

❷ 武昌城墙

明代武昌城垣伟岸壮观，从 1371 年建城垣，历经清朝，至 1929 年全部拆毁，共 558 年。如今这座宏伟的武昌城垣虽然消失，但仍有旧址遗迹可资观览。除了历史照片中可见武昌城垣的面貌外，还有武胜门附近一处原始城墙（残壁）尚存，为武昌区文物保护单位。起义门东侧重修的约百米长的城墙，还有民间收藏的武昌城铭文城砖，均是明代武昌城墙文化的历史见证。

❸ 楚王妃梳妆台

梳妆台位于楚王府后宫，为楚王府妃嫔梳妆处。楚王府于洪武四年（1371 年）兴工，洪武十二年（1379 年）建成。有承运殿、圜堂、存心殿，殿后有前、中、后三宫，梳妆台在后宫，是楚王宫内的一处楼台。因是楚王府妃嫔每日梳妆打扮的地方，故名梳妆台。

梳妆台下有金鱼池，是楚王及妃嫔观鱼处，四周有假山、小亭。金鱼池在清代雍正年间尚存，时江苏人顾寿开写《金鱼池》曰："梳妆台下金鱼池，藩府观鱼此处宜。借问赤鱼犹有否，无心钓者偶得之。"至 20 世纪 80 年代，仅存小亭，由武昌区人民政府立梳妆台碑，供游人凭吊。此亭位于彭刘杨路湖北省水产局职工宿舍区内。

❹ 楚望台与封建亭

楚望台又名楚王台，位于武昌城区东南角梅亭山，与起义门（中和门）毗邻。元朝至正二十四年（1364 年），朱元璋亲自率军西征武昌陈理（陈友谅之子），陈理势穷力竭而降。驻军武昌梅亭山侧黄龙寺的朱元璋正在接受陈理投降而踌躇满志之时，后宫传来喜讯，明太祖又得一子，即第六子朱桢。高兴的明太祖当即决定，“子长，以楚封之”。洪武三年（1370 年），朱桢受封楚王。洪武十四年（1381 年），朱桢就藩武昌，在梅亭山建台。台为长方形，占地面积 4200 平方米，为楚王登台遥望南京，表达对父母思念之情的地方，故称楚望台。同时筑亭，名为封建亭。据《武昌要览》记载，封建亭内刻有一方分封御制碑。此碑文字虽然经风化，但至 1925 年时，被剥蚀而不完整的碑刻字迹仍然依稀可辨。2010 年复建封建亭，亭中复立御制碑，供人观赏。

❺ 李时珍与楚王府良医所

楚王府里的历代楚王为了填补心灵空虚，一方面修建庙宇求神灵赐福，一方面为了延年益寿、长生不老，除炼丹外还网罗名医治病消灾。由于湖北名医李时珍治好了楚恭王儿子的病，楚恭王便留李时珍任职楚王府奉祠所的奉祠正，主管郊庙祭祀，兼管楚王府的良医所。李时珍在楚王府任职期间（1551—1556 年），经常到蛇山采药，并把江夏（今武昌）汉阳门外观音阁作为义诊所，为贫民治病。2004 年，在现武昌区黄鹤楼街办事处方圆 30 米左右的范围内（后长街南段东侧），从四口废弃的古水井底出土 10 件完整的明代陶器药罐和 12 件附药陶罐残片、熬药铁炉碎片及中药丸状物，还有大明内务府瓷碗残片及楚王府铭文井砖等。从出土的遗物来看，此地可能是李时珍任职的良医所遗址。

1556 年，李时珍离开楚王府，进入京师太医院。在太医院仅一年，李时珍就回到湖北，写出了中国医药学巨著《本草纲目》。

（八）明代武昌禅林胜迹

❶ 尼众丛林莲溪寺

莲溪寺位于武昌区中和门外古绿瓦窑盘龙山，即今傅家坡涂家岭，现为尼众丛林。莲溪寺创建的年代有唐代和明代两种说法。据 1921 年所立《武昌莲溪寺记》石碑记载："莲溪寺者，武昌附郭东南之胜境也……自唐、宋以来称曰盘龙山莲溪寺者久矣。"据此，应为唐代所建。又有一说是明代所建，《江夏县志》称："莲溪寺明建清修，光绪中再修。"寺内有光绪二十一年（1895 年）所立石碑两方，亦称"创自前朝""创自先朝"，故有明建清修之说。但近几年出土一块残碑，碑载耶律鼎衡、耶律开三的亲属捐土地给莲溪寺，请寺僧豁然代为看管耶律氏坟墓。这块残碑证明在元代已有莲溪寺。

据《武汉通史》记载，莲溪寺是武汉市目前唯一一座佛教尼众丛林。明末全部被毁，清康熙年间由法融长老在现址重建，咸丰六年（1856 年）又毁于战火，仅存石碑于荒基山场。旋有正方和尚搭盖茅庵，供奉香火。光绪十五年（1889 年），从四川来的医僧道明和尚再次重建。他拿出自己的积蓄二千余金，并四方化缘，募得水田、山坊等资产，重建山门、佛殿，寺中有墨玉观音等稀世之宝。民国始办有全国闻名的华严大学。

❷ 佛教净土龙华寺

龙华寺位于武昌蛇山东麓，始建于明成化二年（1466 年）。寺庙依山傍水，有山门楼、天王殿、大雄宝殿、禅堂、钟鼓楼、地藏殿、罗汉堂、斋堂、客堂、僧房几十间，整个建筑宏伟壮观。《官场现形记》中描述，龙华寺坐落在宾阳门内，乃是个极大的丛林，后因战火被毁。清光绪年间重修，时湖北崇阳人付燮鼎有竹枝词咏：笙歌消歇楚王孙，划绿龙华古寺门。夜月城楼谁奏笛，满湖芦苇暗销魂。

1926 年，龙华寺历经了武昌围城的战火。至 1984 年，龙华寺只剩下天王殿，其他殿堂建筑均不存，寺庙文物兔儿石、猫儿石也不知所终。可喜的是，仍保存在寺内的两块明代记事碑弥足珍贵，成为镇寺之宝。另外，寺后有“小石泉”“小罗浮”“梅岭”等石刻。1994 年，在后山坡修建了大雄宝殿，尼众有了正规的道场。

（九）明代伊斯兰教胜迹

❶ 武昌最早的回民聚居地

忽必烈至元十一年（1274 年），武昌归元朝统治，元世祖忽必烈选择一些穆斯林到武昌充任地方官员，其随员及家人定居武昌者甚多。元至正二十四年（1364 年），朱元璋攻占武昌，一批回族将领被朱元璋派来武昌驻守，其家属亦落籍武昌，在南湖长虹桥一带形成武昌早期回民聚居点。随后大批明朝有功绩的穆斯林来到武昌定居。据回族马、定、王三姓族谱记载，明初马姓祖先马俊随征有功，于宣德六年（1431 年）调任湖广都司，勋封怀远侯而定居在武昌；定姓的祖先宝禄公因辅佐明太祖，于洪武十三年（1380 年）分藩来楚，授武昌指挥，晋升将军；王姓祖先于洪武十四年（1381 年）任武昌楚王府中营保驾指挥兼理兵马司，落籍武昌。

❷ 清真寺与御制碑

明王朝建立后，一批回族将士辗转迁至武昌居住。由于回族人的宗教生活需要，他们在住地望泽门（望山门）辕门口修建了武汉地区的第一座清真寺，即辕门口清真寺，又名清净寺。因在武昌城蛇山之南，群众俗称山前寺。寺前立有明洪武八年（1375 年）御制石碑一块，相传碑文是明朝皇帝的敕令。

清代初年，总督衙门修建在清真寺对面，总督出巡，每次都必须放炮。鼓、炮之声喧闹，教民几次欲易地营建，无奈工程浩大，难以迁徙。历任总督因清真寺与其对峙，也多次欲搬走清真寺，但因财力有限，未能行动。若干年后，道府决心移建，拨款在保安街金龙巷按原建筑风格重建清真寺。该寺占地面积3326平方米，砖木结构，寺内大殿呈六角形，后面有小房、客厅。此寺因靠近金龙巷，故名金龙巷清真寺，又因为此寺是从辕门口搬迁至此地，故群众仍称此寺为山前寺。清同治元年（1862年）又重新修建。清光绪二十年（1894年）在寺前立石碑一块，上刻康熙皇帝颂扬伊斯兰教碑文（现存起义门清真寺）。1938年，金龙巷清真寺遭日机轰炸。武昌沦陷后期，清真寺遭日军拆毁。

（十）最早到武昌的外国人

❶ 最早到武昌的传教士

明崇祯十年(1637年)，葡萄牙籍耶稣会神父何大化来到湖北传教，建堂于武昌汉阳门蛇山脚下，受洗300余人。崇祯十六年（1643年），张献忠率起义军攻打武昌时，何大化卖掉房产，逃往福建，教徒遂消失。清顺治十八年（1661年），法国籍耶稣会神父穆迪我来到武昌重新建堂，4年之间发展教徒2200余人。康熙二十四年（1685年），意大利籍方济各会会士伊堂仁，受罗马教廷派遣来湖北视察，在武昌短暂停留，此后方济各会便有少量会士来到武昌传教。但雍正二年(1724年)，在清廷锁国的政策下，天主教徒被驱逐。上述最早到武昌的传教士，在明末清初拉开了一场西方宗教文化东渐的序幕。

❷ 最早推介武昌的使者

17世纪初期，一位叫尼古拉·斯帕塔鲁·米列斯库的罗马尼亚人，在俄国任外交官。1675年，米列斯库作为俄国使节出使中国，次年5月抵达北京，9月离华，在中国逗留3个半月，并于1678年写出《中国漫记》一书。米列斯库在书中描述湖广省时写道：“其领域之大小、风景之秀丽和物产之丰富都不亚于其他省份。该省大部分地区为平原，省名为‘湖广’，意即‘湖泊广阔’。大江把全省分为南北两半。古代此地为楚国疆域，国王强悍有力，其权威甚至超过皇帝。中国人骄傲地称此地为‘鱼米之乡’，也称它为‘中国的粮仓’，因为这里各种水果和粮食应有尽有。所以中国人有一句谚语：‘江西的粮食够全国吃一顿午饭，湖广的粮食够全中国吃一天。’”

《中国漫记》中涉及湖北的部分重点叙述了武昌、汉阳等几个府。书中记载：“本省最大的城市、省会是武汉府（Vuhang），这是个很大的城市，因其宏伟的建筑而名扬全国，有一座宫殿尤其豪华，大明朝一位皇帝曾居于此。此外，还有 5 座雄伟的庙宇。城市位于大江之边，河道遍布全城，可以行舟，郊区更是水网密布。这里的土地十分肥沃，山区有上好的水晶石矿，有茶树，特别是他们会用芦苇及其叶子造纸。这个府城下辖 9 个小城镇。城里有一座天主教堂。”可以说，《中国漫记》的作者米列斯库是沟通中西方文化推介武昌的第一位使者。

（十一）武昌八景

明代编修的武昌地方志，多用四字句陈列其景物，以示武昌亦为名胜之区。明嘉靖《湖广图经志书》也列出了武昌八景，并请佥事黄润玉题诗以为传扬。从八景命名和黄润玉题诗中，我们可以领略到明代武昌古城的优美风景和太平景象。

庾楼醉月

庾公楼外月澄波，有客开尊款素娥。
清夜不妨轮未满，雅怀端在酒微酡。
盈亏万古等一瞬，欢乐百年能几何。
欲问免灵求药诀，广寒凉影邈山河。

鄂渚吟风

鄂阳清渚鲁湖阴，荆沔人才此豁襟。
言志岂无鲁点趣，咏归应契伯淳心。
熙熙春服多雩乐，望望南冠绝楚音。
我本浴沂童冠者，不堪回首白头吟。

鹄岭栖霞

黄鹄山人养性灵，霞居僻近吕仙亭。
朝暾绚采丹开鼎，夕照回光锦作屏。
炼药有关通月窟，寻真无路扣云扃。
夜声忽听琼林音，知是乘风过洞庭。

鹦洲听雨

黄鹤楼前鹦鹉洲，寻常阴雨四时秋。
萧萧竹屋羁人思，滴滴蓬苹贾客愁。
绿暗垂杨官渡口，青迷芳草钓溪头。
祢衡赋罢才堪惜，江水哀鸣日夜流。

东山览胜

夏汭城东景最妍，画图远近对山川。
胭脂雨过翠如洗，锦绣春深花欲燃。
书院碑铭方朔记，梵王宫殿大洪禅。
嗟予事异黄丞相，十载重来思惘然。

南浦观鱼

南浦渔舟小似梭，纵横随意戏鸥波。
桃花春雨鲟鳇嫩，菰米秋风雁鹜多。

欸乃时形山谷咏，沧浪孰继屈原歌。
看来好景堪描处，数叶黄芦学一蓑。

黄鹤怀仙

当年文祎息尘机，谁筑华楼向翠微。
陈迹已随黄鹤去，幻踪空睹白云飞。
蓬瀛海上知何在，刘阮山中事总非。
一日谪仙题咏后，荒台苍壁几余晖。

赤矶慨古

慨昔曹瞒窃帝符，胸吞刘蜀气凌吴。
投鞭自托填江汉，执炬谁期火舳舻。
丧乱百年三国志，风流千载二乔图。
悠悠往事川东注，赤壁秋风水又枯。

第四章
晚清时期

一、武昌销烟夺先声

清朝的统治从乾隆后期开始日趋衰败。清政府以“天朝上国”自居，骄傲自大，闭关锁国。闭关政策阻碍了湖北武汉商品经济的发展，湖北地区逐渐发展缓慢，经济停滞落后，鸦片开始泛滥。鸦片的泛滥不仅使中国的白银外流，国库入不敷出，而且极大地摧残了民众的身心健康。

1837 年 2 月，林则徐被任命为湖广总督，来到武汉。1838 年，他写了著名的《筹议严禁鸦片章程折》，力主严禁鸦片。在以武汉为中心的湖广地区，林则徐雷厉风行地开展了声势浩大的禁烟运动。一时间，武汉三镇的禁烟运动轰轰烈烈，如火如荼。在短短的 3 个月之内，武汉三镇禁烟局共缴获烟土 8200 余两，烟膏 800 余两，烟枪 6760 余杆。林则徐命人将烟土、烟膏过秤，烟具编号，造册登记，入库管理。

烟土、烟具被大批收缴之后，林则徐在武昌率领湖北巡抚及州县官员亲自验明，先用刀劈烟具，再用火烧烟土、烟枪。即使一些残膏余烟，也伴以桐油，再行烧透，将灰投入江中。道光十八年九月初十日（1838 年 10 月 27 日），林则徐和湖北巡抚、布政使张岳崧亲赴校场，带着部署“查验搜缴鸦片烟枪一千七百五十四杆，并烟斗、烟具，俱槌碎焚毁，又秤验所获烟土烟膏共一万六千七百六十八两，江夏（武昌）获者先投江心，汉阳获者暂贮藩库”。据《纸园笔记》所载：“武昌、汉阳所缴出烟土，及搜获烟枪斗之具堆聚如山，付之一炬。”

为了使吸食鸦片的人员在自首后戒烟，林则徐还亲自收集和研究药方，“久经采访各种医方，配制药料，于禁戒吸烟之时，即施药以疗之”。当时，除官制断烟药外，武昌、汉口各药店都配有戒烟药，“无家不有，无日不售”，以至戒烟药涨价数倍，供不应求。在短期内，不少吸食者戒烟后身体康复，从事正业，负担减轻，家庭和睦。林则徐在给朝廷的奏章中说道：“并有耆民妇女，在路边叩头称谢。据云，其夫男久患烟瘾，今幸服药断绝，身体渐强等语。是其父子家人，平日所不能断者。”

林则徐的湖广禁烟，是中国历史上第一次认真彻底的群众禁烟运动，是更大规模的虎门销烟的先声，拉开了中国人民近代禁烟斗争的序幕。1838 年底，道光帝命林则徐入京，委为钦差大臣，赴广州禁烟。

二、太平军三占武昌

（一）宗教传入武昌

基督教在历史的发展长河中，曾被演化为三大流派，即天主教、东正教和新教。新教又分为循道会、伦敦会、圣公会、行道会等教派，中国人对新教则统称基督教。

天主教远在明代就传入武昌，但信教者不多。鸦片战争后的 1842 年，中国被迫签订第一个不平等条约《南京条约》，此时的意大利方济各会会士李文秀（1839 年被罗马教廷任命为湖广教区主教）因乘机在汉阳筹建修院被驱逐，便设法在武昌候补街官寓中租房办修院，后购得前后数进房屋院落，悄悄改建为修院及个人住所。1844 年，因当时的武昌并非通商口岸，不允许外人传教，故修院被武昌地方官查封。李文秀先后潜藏于武昌、汉口、天门等地，以待时机。1846 年，清廷被迫开禁天主教，李文秀传教活动由秘密转为公开。当时有一廪生控告李文秀煽惑民心，扰乱治安，官府便将李文秀捉拿归案。李文秀至大堂，昂立不跪，并向案官说："我在人前，人应向我下跪，你不向我下跪，我岂能向你屈膝？"地方官怕中外交涉，便把李文秀软禁起来，后李文秀逃脱出来，于 1848 年逃至香港。

1862 年，时任湖北主教的意大利人明位笃将主教公署、座堂从应城迁至武昌花园山，并于 1880 年在花园山修建了规模恢宏的主教公署。1884 年，意大利人江成德继任湖北主教，于次年修建武昌花园山大修院。该院楼上有房间 30 套，并设图书馆，陈列中外书籍万余卷。1887 年，江成德在武昌昙华林建立嘉诺撒仁爱修女会武昌圣堂。1889 年，江成德在花园山主教公署一侧修建新的主教座堂，即圣家大堂。同年，又在武昌沙湖嘴建董文学纪念堂。1893 年，江成德接收数名贞女，委托嘉诺撒仁爱修女会代为培训，计划成立教区修女会。1894 年，在花园山大教堂下首办婴孩院一所，收容男孤儿。1896 年，在花园山大教堂右侧创办文学书院，开设英语、法语学校，后加设英文打字班。同时，在昙华林红衣修女会内开办孤女院一所。上述天主教开教堂、设学校、办医院、济孤儿等活动，逐渐在武昌形成了以花园山为主的意大利教区。

与上述天主教相比，新教传入武昌要晚得多，但新教各教会的传教方式及宗教礼仪比较灵活开放，得到武汉各阶层的认同，因此它后来居上，教会实力及社会影响都超过了天主教。

1864 年，英国基督教伦敦会牧师杨格非在武昌戈甲营主持兴建基督教崇真堂，附设义塾男学堂；后来，又在昙华林开办了武昌仁济医院。1897 年，伦敦会的富士德女士在武昌昙华林举办了懿训书院，形成了以武昌昙华林戈甲营为主的英国教区。

1868 年，美国圣公会传教士来到武昌，在昙华林购地兴建了武昌圣诞堂。1871 年，又创办了一所圣公会男童寄宿学校（即文华书院的前身），为湖北最早最大的基督教教会学校。到了 1876 年，圣公会已在武昌设教堂 3 座，男女学校各一所，以及医疗室、诊所多处，形成了以昙华林正街为主的美国教区。

1890 年，瑞典行道会韩宗盛在武昌螃蟹甲南麓设立瑞典行道会华中总会，建有教堂、学校、诊所、办公楼和住宅，形成了以螃蟹甲为主的瑞典教区。1938 年，夏定川主教将瑞典驻武汉领事馆从汉口迁到瑞典教区。

以上基督教三个教会和天主教会在武昌昙华林形成了四大教区，昙华林被时人称之为“小租界”。西方教会虽然进行文化殖民，但其教会学校成为西学传入武昌的文化桥梁。

（二）太平军三克武昌城

在 19 世纪中期尖锐的社会阶级矛盾中，屡遭封建科举制度打击而无出头之日的贫困知识分子洪秀全从西方传教士那里借来了上帝，同时又以中国封建社会中“神道设教”的方式创立了拜上帝会，并在 1851 年 1 月于广西金田起义，建立了太平天国政权。至 1864 年太平天国灭亡，这场运动历时 14 年，席卷 18 个省，洪秀全共攻克大小城镇 600 多座，沉重地打击了清代封建王朝。

武汉是太平军前期多次占领的重要城市，是太平天国在长江中游的战略据点。太平军前后在武汉屯兵 1000 多天，其中三克武昌城，成为太平天国战史上有名的大战，震惊中外。

❶ 首克武昌酝酿建都

1851年，洪秀全领导太平军于广西金田村起义，穿越湖南，北击湖北，于1852年12月23日兵临武汉三镇。一路大军进围武昌实施佯攻，另一路大军则由洪秀全率领，先后攻克汉阳、汉口。

12月24日，太平军典水匠（职同将军）唐正才等计划，以铁索连接大船铺设跨江浮桥两座。“上由鹦鹉洲至白沙洲，下由南岸嘴至大堤口”，两座浮桥一夜而成，“人来马往，履如坦途”。12月29日，又搭汉水浮桥一座。至此，武汉三镇联为一体，便利太平军往来运送物资。太平军并在文昌门滨江一带开挖三孔地道至城墙下，将炸药放置地道中，完成了进攻武昌的准备。

1853年1月12日黎明时分，太平军跨越浮桥登岸，引爆地道火药，炸塌文昌门城墙，太平军先头部队迅速入城，随后又攻破汉阳门。太平军大队人马从突破口入城，经激烈巷战，全歼清军6000余人。湖北巡抚常大淳、提督双福、布政使梁星源、按察使瑞元、总兵王锦绣等文武官员在战乱中丧命。

1月16日，太平军自汉阳晴川阁至武昌汉阳门再架一座浮桥（位置相当于今武汉长江大桥处）。次日，洪秀全及其他诸王从汉口经浮桥转驻武昌。

武昌为太平军起义以来攻克的第一座省城。自武昌被攻克后，太平天国便将建都立业的问题正式提了出来。当时有西入四川、北上河南、立足武昌、东下南京四种设想，其最终目的是直捣北京，另立新朝。对此，太平军领导层有过激烈争论。正是由于太平军在进军和建都问题上举棋不定，意见不一，所以太平军在武昌逗留了28天。在此期间所采取的一系列行动和措施，都显示出太平军有在武昌建都的意图。

其一，从军事战略布防看，太平军在大力扩军的同时，又在武昌城外的东、南、北三面均构筑长墙，在城东长春观一线建造营垒，挖掘深沟，在蛇山上建起瞭望楼，似乎都是一种永久性的防御工事，不似急欲舍武昌而它往。

其二，从社会变革的施政看，可以说是图谋建都的一次预演。太平军入城后，“官兵不留，百姓勿伤”，并释放狱中人犯；镇压攻击太平军和制造混乱者，并清除内部奸细，从而稳定人心和社会秩序。太平天国改革的主要措施如下：

编列类似军事组织的男女馆。将城中百姓分别集中于男馆、女馆，“二十五人编列一馆，每人给红布腰牌，有贼一人看管”。当时的女馆就设在长街火巷（今大成路对面），所以《武昌纪事》一书中有“城中妇女更迁往火巷归馆”的记载。这种分馆居住的办法，使男女老幼都担负起挑水、劈柴、运粮及各种战勤服务。

设立天国圣库和天国进贡公所。圣库设在长街汪姓绸店，纳存珍宝；进贡公所则发动民间进贡金银财物。

进行科举考试。相传洪秀全在武昌举行过一次科考，兴国州的刘某考中了状元，还在武昌司门口贴出了状元榜，并让他向民众讲道理，控诉清朝罪行。

在武昌阅马场搭高台讲道理，宣讲洪秀全拜上帝会教义、男女平等和诛妖灭清等天国主张。当时，此举遭到台下汉阳一儒生的反驳，结果该儒生被太平军处死。据说，洪秀全组织太平军在小龟山等处讲过道理，“令民人蓄发，束冠巾”。

独尊拜上帝会教义，反孔焚书。“雷打火烧孔子庙，大成至圣尽归天。”武昌府学宫的牌位和各庙宇中观音的莲座、关帝的大刀以及各种字画、礼器或砸或烧。“凡一切孔孟诸子百家妖书邪说者尽行焚除，皆不准买卖藏读也，否则问罪也。”

当时武昌城内“书卷飘零满街隅”，有一首诗是这样说的：“搜得藏书放担挑，行过厕溷随手抛。抛之不及用火烧，烧之不及用水浇。”同时，太平军大量散发自己依据拜上帝会教义编印的各种书籍。

其三，从太平军的规制和行动看，太平军在武昌时，天王洪秀全占据湖北巡抚署，改抚署为天朝殿，以黄纸贴大门首，上书“天朝门”，大堂也被改称为“天朝殿”。此外，东王杨秀清驻藩署，北王韦昌辉驻臬署，翼王石达开驻学政署，幼西王萧有和驻督署，各在门首贴纸上书某王府，大堂改为某王殿。当时的诸王府互为拱卫，俨然有在武昌建都之意。特别是从后宫建立上，明显表示出洪秀全立都武昌的意向。《武昌纪事》一书曾有洪秀全命令太平军将民女集中到阅马场选妃的记载。《贼情汇纂》记述：“首逆妃嫔在武昌选四十人。”一本 100 多年前的《旅游漫草》手稿云：“男籍为军，女另会一处，选其艳者纳为妃。”事实上，洪秀全在武昌已按照封建皇帝的规制营建了后宫。

凡此种种，都透露出洪秀全是有过建都武昌的意图，并多少采取了一些行动措施的。但是这一主张为杨秀清所否定，其“专意金陵”的方针获胜，洪秀全只好放弃立都武昌的主张，于 1853 年 2 月 9 日离开武昌，东往南京。

❷ 再克武昌功败垂成

1853 年 3 月，太平天国定都南京。至此，太平天国有了比较稳定的根据地和一个与清廷相对峙的政权。为了统一全国，北击幽燕，太平军组织了两路大军进行北伐和西征。

1853 年 5 月，西征军 1000 多艘战船溯江西上，先后攻克安庆、九江、武穴、黄州诸城。10 月 20 日占领汉阳、汉口后，又在武昌武胜门、汉阳门架云梯攻打武昌城，因清军戒备森严而未克。这时，因扬州方面战事紧张，太平军欲调西征军回援，于是对武昌暂停进攻，并于 11

月 6 日撤出汉口、汉阳，退守黄州。由于扬州作战胜利，太平军回师西征。

1854 年 2 月 12 日，湖广总督吴文镕为阻击太平军，从武昌率军援赴黄州抵达堵城。是夜，太平军分两路夹击吴营，破 13 座营垒，吴文镕投塘自杀。

太平军于 2 月 16 日第三次攻占汉阳、汉口，又分兵一部至武昌城外，围而不攻，其主力则在武昌外围发动进攻。5 月，除恩施等少数州县外，湖北 9 府 60 多个州县的大部分被太平军所占领，随后太平军转兵围攻武昌城。

1854 年 6 月 26 日，太平军从武昌城北塘角、城南鲇鱼套分别进攻武胜门和保安门。同时派陈玉成率精兵 500 人为先锋，绕过武昌梁子湖，以 300 人从正面摆开攻城阵势吸引清军。陈玉成借夜色朦胧，自带 200 人从城东宾阳门（今大东门）和中和门（今起义门）之间用绳梯攀爬登城。清军惊散，洞开城门溃逃。太平军第二次占领了武昌城。是役，太平军击毙布政使岳兴阿、按察使曹懋、粮道李谷卿。巡抚青麟夺路逃脱，后被清廷处斩。

太平军攻占武昌后，在城郊各高地修营垒、筑高墙、建瞭望楼，于长江、汉水中置木筏营垒、设水闸，夹岸建筑碉堡，多置木桩和十字竹签，有固守的计划。同时，太平军在湖北地区建立地方政权，由黄再兴担任湖北行政长官，主持全省民政，省下设郡县。当年 9 月中旬，在武昌城举行乡试，杨启福、张汉勋为正副掌考官。考试不以四书五经命题，而以太平天国文献为命题范围和答案依据，同时打破八股文的束缚，不限格式。考生也不受门第、性别限制，无论出身，均视才录取。全省中试者有 800 余人，由太平天国地方官择优发给路费赴天京（今南京）参加京试。

1854 年 10 月 12 日，曾国藩率湘军自金口沿长江三路并进，发起对武昌太平军的进攻。水师分前后两队，前队直抵鹦鹉洲，后队紧跟放火，焚毁太平军战船 200 多艘；陆路攻打青菱湖边和沿江的太平军营垒。太平军汉关、白沙洲营垒先后失陷，鲇鱼套火药船被烧，并引起爆炸，300 多条战船被焚毁。太平军面对占据优势的湘军，进行了顽强的抵抗，但两天的苦战连连失利，指挥罗际隆战死洪山，殿前丞相孟文慰也以身殉职。

10 月 14 日，镇守武昌的太平军国宗、提督军务石凤魁和地官副丞相黄再兴乘夜将部队撤出，武昌失陷。在撤离武昌时，太平军 1000 多艘战船在汉江遭湘军火攻，损失殆尽。不久，石凤魁、黄再兴被东王杨秀清召回天京，因失城罪被处死。

❸ 三克武昌重创清军

湘军在武汉大败太平军后顺江而下，攻占湖北广济（今武穴）田家镇要塞，直扑九江。洪秀全为了阻止曾国藩“肃清江西，直捣金陵”的计划，接连调兵遣将抗击清军。1855 年 1 月 29 日，太平军在江西湖口之战中大败湘军水师，开始扭转战局，由战略退却转入反攻。2 月 23 日，太平军第四次攻克汉阳、汉口。

同年 4 月 3 日，太平军经过充分准备后，分水陆两路对武昌城发动总攻击。长江以南的太平军进击武昌城东的青山镇、塘角，急攻武昌北门——武胜门。长江以北的太平军战船从汉口、汉阳驶向武昌城南白沙洲，猛攻湘军的水师，形成对武昌城的南北夹击之势。战至中午，太平军夺取了汉阳门，击毙武昌知府多山。傍晚，湖北巡抚陶恩培投紫阳湖而死。太平军第三次攻占武昌城。

太平军攻克武昌后，力图固守，在武昌进行了 626 天的保卫战，大体经历坚守待援、攻势防御、弃守突围三个阶段。

第一阶段为坚守待援（1855年4月中旬—12月底）。太平军为固守武昌，在城东、南、北三面环筑土墙，在城东紫金山、小龟山、双峰山建炮垒、列巨炮，在城北塘角筑土垒，在城南保安门、中和门外挖掘长6里、宽深各3丈的壕堑，在白沙洲沿江设大营列炮百余尊。太平军在汉阳、汉口也建造了防御工事，在长江上搭浮桥，使武汉三镇联为一体，形成“夹江为营”的防御体系。

1855年4月中旬，清廷为争夺武昌，任命官文为湖广总督，督办湖北军务，负责进攻汉阳。胡林翼被任命为湖北巡抚，将大营设在金口。曾国藩在湖南新造战船，装备水师，开赴武昌，并将湘军悍将罗泽南调往武昌战场。朝廷又令两广总督叶名琛赶购600尊洋炮，送到胡林翼军营，以加强对武昌的攻势。同年5月，武昌已处于湘军包围之中。镇守武昌的太平军守将韦俊为打破清军包围，在白沙洲、八铺街沿江击退胡林翼军队的数次进攻，并多次开城出战，攻击清军金口、沌口、蔡甸等军营，迫敌后撤。从10月起，韦俊在武昌采取守势，坚守待援。

第二阶段为攻势防御（1856年1月—9月）。1856年2月—3月，湘军环攻武昌，大小战斗上百次，但败多胜少。武昌城中的太平军虽处在被包围的劣势之中，仍屡战强敌。4月，胡林翼在断绝武昌太平军粮道的同时，以罗泽南湘军为东路军，自率水、陆军为中路军，大举进攻。胡林翼先后攻占八铺街、塘角营垒，又破坏了望山门外石垒。太平军则派3000人潜出城门，成功袭击胡林翼背后，打乱了其部署。4月6日，罗泽南率军从洪山向武昌城发起攻击，先后攻陷了小龟山、紫金山、鹰嘴阁等太平军营垒，迫临武昌城下。太平军在城墙下掘好突门，当罗军逼近时，太平军上万人从突门杀出，击溃罗军，并直捣洪山大营。罗泽南大举反击，直犯武昌城下。城上太平军炮矢齐发，击中罗泽南左额，不久毙命。罗泽南之死使各路清军士气低落。此后，胡林翼对武昌采取“长期围困、断绝资粮、等待时机”的策略。

1856 年 6 月，太平军翼王石达开奉令驰援武昌，于 8 月 13 日、15 日直扑胡林翼大营。16 日，武昌城中的韦俊率军出战，分六路攻打洪山清军。18 日，石达开进驻鲁巷。28 日，石达开军、韦俊军、洪仁政军分水陆七八路与清军大战于鲁巷、青山、塘角，前后历经 20 多战，死伤大量清军，太平军亦损失上万人，未解武昌之围。

第三阶段为弃守突围（1856 年 9 月 5 日—12 月 19 日）。1856 年 9 月 5 日，在武昌督师的石达开听到太平天国领导集团发生内讧，东王杨秀清和北王韦昌辉先后被杀，奉诏弃武昌军务，星夜驰回天京。这削弱了武昌的防守能力，牵动了武昌的战局。另一方面，武昌粮食奇缺，再加上在武昌的守将韦俊是韦昌辉之弟，天京内讧消息传来，其守城信心动摇，多次领军突围，均未得手。此时的胡林翼军乘机加强进攻，韦俊、洪仁政在援军不至的情况下，于 1865 年 12 月 19 日不攻自走，打开武昌城门，分 7 路齐出，将部队拉出武昌。同时，太平军也从汉阳撤兵。武昌、汉阳撤兵时，太平军损失约万人。胡林翼进入武昌城，此后武昌便一直处于清廷统治之下。

（三）清廷修缮武昌

❶ 文化重建中的武昌

在太平军与清军的战火中，武昌城遭到重创。当时，“武昌城中，民物凋敝，官场尽如乞丐，非三五年长养抚育，其气不苏”。特别是经过太平天国焚书毁庙以及种种极端措施之后，武昌地区的传统文化受到了毁灭性的打击。因此在剿灭太平军之后，官方除了在政治上、经济上恢复各种封建旧秩序外，文化重建工作在同治年间亦大规模展开，而且是驻武昌督抚长达 20 年的重点经营所在。

❷ 同治年间黄鹤楼的兴毁

清康熙四十一年（1702 年）重建的黄鹤楼，历经 150 多年，毁于咸丰六年（1856 年）的战火。清同治七年（1868 年）秋末，湖广总督李瀚章偕武昌府知府黄昌辅主持重建黄鹤楼，雇工千余名，耗银 3 万多两，花了 10 个月时间，于次年夏季建成。因新楼建于同治年，故称同治楼。同治楼以石垒墩，楼为三层，有 48 根粗达六七尺以上的大柱头、72 条流水花脊和 360 攒斗拱，高宽各为 20 多米。为了与名楼相匹配，又决定安装巨大铜顶。铜顶的上部为葫芦形，下部为荷叶形托盘，整个高度 3 米，底径 1.8 米，壁厚 35 毫米。铜顶的葫芦形部分就像戏曲舞台上八仙中铁拐李背的葫芦，由顶尖、小头和大头组成。与历代屡毁屡建的黄鹤楼比较，这是同治楼的突出特点。同治楼竣工后，又利用余材修建了太白堂、一览亭、涌月台、留云阁、白龙池等文化古迹。

但同治黄鹤楼建成后不到 20 年就被一场大火烧毁了。清光绪十年八月初四日（1884 年 9 月 22 日）傍晚，武昌汉阳门外董家坡民房起火，时值大风，附近芦苇一齐燃烧，火势延及黄鹤楼，同治楼被焚毁于大火之中，烧得只留下了一个铜顶。从此江波渺渺，楼形渺然，唯有同治黄鹤楼的照片和铜顶供人们观赏。

❸ 清末的文庙学宫

太平天国时期，太平军对武昌的学宫加以破坏，因此清军夺回武昌后，也以修复学宫、开科取士为要务，重建武昌文庙和学宫。

武昌文庙，亦称圣庙、文圣庙、孔圣庙，原为祭孔活动圣地。因庙里设儒学，故又有学宫之称。县文庙称县学，府文庙称府学。

至清末，坐落在武昌城内的文庙有两座：一是武昌府的文庙（府学），在玉带街（今大成路），遗址在今武汉市第十中学；一是江夏县的文庙（县学），遗址在菊湾东街黉巷（今称红巷）。

武昌府文庙的第一道转墙向南，东西侧各开一门，门楣上分别刻有“道冠古今”（东门）和“德配天地”（西门）。围墙正面上半截为石栏杆，称为内泮。两端各竖丈余高的石碑，上刻“官员人等在此下马”。墙外有两三丈的走道，道前有一围着石栏杆的方池，称为泮池。

进第一道门过场地是第二道围墙，有正门，但不常开，需本府有人中状元时才开，称之为“状元门”。门内有圆池，池上有桥，池后为场，场上有两个石雕，分东西排列。场后为大成门，琉璃瓦盖。入大成门，是一片百余方丈的用石板铺成的场地。祭孔活动仪式常在此举行。场后为大成殿，两翼为长廊式厢房，分称东庑、西庑。殿内有一大厅为崇圣祠，中立石碑，上刻孔子全身站像。第三进为明伦堂，内立圣训墙一面，木制，上有圣训词，从右至左竖排。

大成殿设神龛多座，木制，红底金字，镶以金色雕花。正面最高大者，为孔子神龛，上书“大成至圣先师孔子之神位”，其余 6 龛分列两侧。东侧第一、第二龛为“复圣颜子之神位”“宗圣曾子之神位”，西侧第一、第二龛为“亚圣孟子之神位”“述圣子思之神位”，合称“四配”。另两龛，东供闵子骞、冉伯牛、仲弓、宰我、子贡，西供冉有、季路、子游、子夏、子张，合称“十哲”。大成殿外两侧的东庑、西庑内，各有一排约 6 尺高的白石灰砖台，上供孔子的学生数十名及汉唐以来的先贤。屈原、宋玉、令尹子文、张居正、袁宗道等另立比贤祠。

文庙内设儒学，分大学与二学。主持大学者称教谕，主持二学者称训导。教谕由翰林或举人充任，训导由举人充任，其主要职能是负责丁祭、圣诞祭及儒学的活动。

（四）经心书院的创建

在重建武昌府县学宫的同时，清廷着人恢复和修葺各类书院。这一时期，比较引人注目的是经心书院的创建。

经心书院是清同治八年（1869 年）张之洞任湖北学政时所建，院舍设在武昌三道街文昌阁，翌年迁于文昌门附近的火星堂。清同治十二年（1873 年），学政洪钧捐廉添斋舍。清光绪十七年（1891 年），学政赵尚辅捐廉，将书院迁回三道街原址。学生斋舍计有 4 栋，每栋 20 间，院后山上有天文台。书院每年有 80 个入学名额，均由学政分年在考取的秀才或廪生、增生中挑选而来。

书院设有年假和旬假。年假结束，学生到齐后，便举行开学典礼，湖广总督则按选定的开学时间莅院赐训，藩臬、道台及武昌府县知事们都到场，然后举行谒圣典礼。此后每逢朔日，亦集学生举行谒圣典礼。这项礼节，是书院教育制度中的一部分，颇具特色。其课程设置，按封建旧制，注重古学，学科分为注解、史论、诗赋、杂著四种，每人可选学一种或两种，各科设有分数，不作班级教学，学生可随时提问，注重个人自由学习。

清光绪二十五年(1899 年)，张之洞废除旧的学习科目，改为天文、舆地、兵法、算学四种。此前，1897 年已改过一次学习科目，并改个人研习为班组上课。

经心书院从 1869 年开办起至 1903 年结束，总计有 34 年的历史。在这期间，书院侧重学习传统文化、注重学生自由学习的计有 18 年。改章后，书院分科学习西学、注重班级讲授的计有 16 年。在这两个历史时期，培养出的人才甚多，如周树模是翰林，钱佩青、姚晋圻、傅守廉等是进士。尤其是湖北武汉教育界经心书院的学生有很多，形成所谓经心派，在晚清和民初影响较大。

（五）武昌贡院的修复

武昌城内的贡院，亦称试院，是清代专为湖北乡试所设，为科举制度的产物。武昌贡院（遗址在今湖北省武昌实验中学）相传始建于明洪武年间，初时规模甚小，加以扩充后自成一区。东沿得胜桥至戈甲营口，西从菊湾东街至簧巷（今红巷），南抵青龙巷，北依凤凰山。据清乾隆年间编修的《江夏县志·贡院图》记载，贡院坐北朝南，有三座门楼，系木栅构成，门柱高两丈多。三座门楼中，第一门题“辟门吁俊”，第二门题“文运天开”，第三门题“朱衣点首”。咸丰年间，因武昌为清军与太平军争夺的战场，贡院亦被兵燹损毁。为恢复科考举士，湖北官员修复了贡院，大门横悬曾国藩所书“惟楚有材”。据湖北省武昌实验中学校史介绍，在贡院街（今楚材街）路口，建有一座高约 3.5 米、宽约 8 米的四柱三门双层飞檐翘角琉璃瓦的木制牌楼，北面书“惟楚有材”，南面书“辟门吁俊”，为红底斗大金字。相传这 8 个字也为曾国藩所书写（1958 年因门楼失修倾覆）。贡院在举行乡试时使用，平时关闭，只有少数人员看守。清代每 3 年一次的乡试在贡院举行，主考官由朝廷委任。当年五月，礼部提名呈请皇帝审委后即称某省大主考、二主考（一正一副）。他们原为翰林院的寡头翰林（即无官职品级的），加“钦差大臣”衔后，职位高于省级官员。湖北大主考一行人等规定在文昌门外江边上岸。事前，制台率领抚台、藩台、臬台、知府、知县等省城七品以上文武官员在文昌门附近江边（今武昌造船厂大门外江边）的接官亭（为六角形亭阁，解放初拆除）迎候。礼毕，宾主同入官亭旁的皇华馆，制台设宴为主考一行人洗尘。随后，在当地官员的簇拥下，一路车马、一路鞭炮鼓乐地送主考人员入贡院下榻。

一切安排停当，制台离开贡院时，即按上谕规定令人在贡院正门上加封，不许任何官员出入。直至开考前夕，制台亲临贡院启封开门，但不进院会见主考，以避嫌疑。

乡试每三年举行一次，通常于农历八月初九、十二、十五日分别进行三场考试。按各省情况的不同，乡试一般于九月放榜。放榜的前一天，众主考人员齐集衡鉴堂或至公堂开始写榜。写榜的同时，另由书吏填写《题名录》。

发榜后，大主考会同制台举行鹿鸣宴，为新科举人粘花（挂大红花）。乡试至此结束。制台设宴为大主考官员饯行后，即送行到接官亭，人员、仪式与迎接时相同。3 年一次的乡试工作至此全部完毕，贡院又重新关闭，等下一科乡试时再开门。

（六）科举考试的恢复

从隋代开始有 1000 多年历史的科举考试制度，一直沿袭到晚清。进入近代以来，在太平天国占领武汉期间，清政府推行的科考难以在武汉地区实施。太平天国失败后，湖北当局又加以恢复。武汉地区的士子通过参加乡试、会试、殿试获取功名，以求仕进。1866 年任湖北学政的张之洞在武昌水陆街学政衙门视事，在 4 年任期中，除创建经心书院外，为恢复科举考试，对各府、州、县考取的贡生加以复查，合格者定为生员（即秀才）；还主持考试，一次是岁考，即对所属府州县的生员进行考核，一次为科试，即乡试之前的初试，选拔合格者参加乡试。

湖北地区的乡试在省城武昌贡院举行，由于清政府在太平天国后力图中兴，参考学额有所增多，中举和中进士的人也相应增多。1875—1904 年间的乡试，每科应考的多则一万人，少亦六七千人。就最后一科清光绪二十九年（1903 年）癸卯正科来说，入围参加乡试的人达一万零六百人，中举名额 64 人，副榜 9 人。据《武汉通史》记载，1889 年湖北士子在会试中考取进士的有 14 人，人数在全国各省中占第四位。

三、施新政中外瞩目

武昌有条张之洞路，这条路位于紫阳湖北边，由多条路段组成，

1936 年道路改造时即命名为“张之洞路”，以纪念张之洞的督鄂之功。“文革”爆发时，各地兴起改名之风，张之洞路更名为“紫阳路”。40 多年后的武昌首义百年纪念前夕，此路恢复旧名，张之洞仿佛又从这条路上走进我们的生活。

1898 年 11 月 25 日，张之洞在武昌汉阳门码头登岸，抵达湖广总督任所。这是他第二次来到湖广会城武昌，上一次还是李鸿章任湖广总督的时候，他在武昌水陆街学政衙门视事 4 年。张之洞主持两湖大政达 18 年之久，“效西法图富强”，推行洋务新政，促进了武汉城市近代化和城市地位的崛起。就武昌地区而言，张之洞在此建树颇多，备受瞩目。

（一）兴实业，开创武昌工业近代化

武昌在历史上有众多的传统手工业，但始终没有孕育出以机器生产为标志的工业。张之洞督鄂后，致力于推进振兴实业的计划，大手笔开拓了武昌近代工业。

（二）创办湖北纺织四局

1890 年，张之洞在武昌文昌门外筹建湖北织布局，有布机 1000 台，工人 3000 人左右。1894 年，张之洞又在文昌门外增设湖北纺纱局，有纱锭 5 万多枚，工人 1600 人左右，其中主要招用女工。又因湖北产丝颇多，张之洞于武昌望山门外办起了湖北缫丝局，缫车 208 台，工人 470 人，都是女工。1898 年，张之洞又在平湖门外创设湖北制麻局，有制麻机 175 台，工人 400 多人。上述四局，总面积 16000 平方米，经六七年建成。当时武昌的纱锭总数占全国华商纱锭总数的 26%，武昌所拥有的纺织机器设备数量居全国第二，成为中国中部最大的纺织工业中心。

（三）建设官商合办民用工厂

张之洞于 1902 年起将湖北纺织四局招商承办，把官方企业股金转化为工业贷款后，又积累资金，在武昌办起了一批官办或官商合办的民用工厂，有武昌白沙洲造纸厂、南湖制皮厂、下新河毡呢厂等 14 家企业。其中，湖北毡呢厂生产的羊毛呢获 1911 年世界博览会金牌奖。

（四）支持民营工业的发展

在官办近代工厂的带动以及对民营工业的奖掖和支持下，武昌也出现了私营近代工厂。武昌最早的民族工业为邹永煊接办的亚新地学社，其主要业务是机制印刷中外地图。其次有白沙洲耀华玻璃厂、武昌发电厂、鼎升恒榨油厂、湖北广艺公司、白沙洲伞厂等 10 家工厂，其他单纯手工作坊则未计入。

这些工厂的创建，使武昌的经济朝着近代化发展，工业资产阶级也在武昌形成了一定的势力，这与后来的辛亥革命中武昌成为首义之区不无关系。

（五）办教育，建设文教昌明之区

出于洋务运动的需要，张之洞深感人才缺乏，便大力兴建书院、学堂，培育人才。当时湖北教育风气流于空疏，缺乏实学，因此张之洞提倡尚实精神，引进新学，推行“中学为体，西学为用”。他把省城武昌作为兴办教育事业的重中之重，其在教育方面的创举大体经历两个阶段。

第一阶段为两湖书院等的创建。1890 年到 1901 年，可称为书院时期。这一时期他改建了武昌原有的江汉书院和经心书院，着重新建了两湖书院、自强学堂以及部分新式学堂。

两湖书院创建于 1890 年（旧址在今武昌实验小学、武汉市第四十五中学、武汉音乐学院一带）。书院从湖北、湖南挑选出类拔萃和卓有才识的秀才各 100 名，另收茶商子弟 40 名，课程分经、史、文、理四门，另设算学和经济为兼习课。当时在书院任教的皆为当时国内名流，如地理学家和书法家杨守敬，近代教育家、数学家和翻译家华蘅芳，浙江进士、音韵学家沈勇植等。两湖书院因此成为清末全国两大书院（另一个是广州广雅书院）之一。近代革命志士唐才常、辛亥起义的战时总司令黄兴，均出自两湖书院。1903 年，两湖书院改为文高等学堂，后又改称两湖总师范学堂。1906 年，张之洞又在此创办两湖总师范学堂附属小学堂，著名诗人闻一多是该小学堂的毕业生。

1893 年，张之洞在武昌大朝街口创办自强学堂，开设方言、格致、商务、算学等课程。学堂专为培养对外贸易方面的人才而创建，后来方言学科调整为英、法、德、俄、日五门外语。该学堂的学生在校学习四年，其中一年是去外国参观和实习。这种制度是中国近现代以来的许多外语院校所不及的，它标志着湖北完全意义上的新式学堂从此正式诞生，时舆论谓“京外所设学堂已历数年，办有成效者，以湖北自强学堂、上海南洋公学为最”。1902 年，自强学堂迁建东厂口，更名方言学堂，1911 年停办。1913 年，该校舍改建为国立武昌高等师范学校。自强学堂也是武汉大学的前身。

第二阶段为推行新学制，以学校代书院。从 1902 年开始，张之洞依照清廷的政令，在全省推行新学制，把道、府书院改为中学，县州书院改为高等小学。在这次改制中，武昌的封建传统教育体制开始瓦解，逐步代以具有近代教育色彩的新体制。

文高等学堂是武汉最早出现的一所近代高级中等学校。该校由两湖书院改建，一年后改为两湖总师范学堂。文高等学堂选择两湖、经心、江汉书院优等学生入学，学制五年（其中包括出国留学一年），学科则有经学、中外史学、中外地理学、算术、中西公共之学、理化学、法律学、财政学、兵事学等。学生同时学习中西方文化知识，但西学内容明显增多。学校学制、分班教学及留学等都具有革新的性质。

中等学堂和专业学校则有文普通中学，宋教仁、董必武、石瑛、黄侃等毕业于该学堂。另开设有武普通中学、农业学堂、工业学堂、铁路学堂、军医学堂、测绘学堂、陆军小学堂等。其中，1898 年在武昌设立的湖北农务学堂，张之洞亲临开学典礼，勉励学生说："手脑并用，知行合一。"课程设置照搬美国模式，教学内容也是来自美国的最新农牧业技术。学堂不仅从美国聘请教师，而且从美国购买新式农具和优良的农作物种子，并拥有 2000 多亩作物实验农场。至 1910 年，武昌陆续开办的中等学堂和专业学校有 14 所。

师范学堂除两湖总师范学堂外，还有支那师范学堂、女子师范学堂、省师范学堂，同时又设立工业、农业、商业教员讲习所，以及理化、博物等专业的学堂等，还有 9 所师范学堂讲习所。

小学则有五路（东、西、南、北、中）高等小学堂，地质学家李四光是东路高等小学堂第一届毕业生，郭泰祺（后曾任国民政府外交部次长）、王世杰（后曾任武汉大学校长）是西路高等小学堂的学生。到 1907 年，武昌陆续开办高等、初等和女子小学堂 60 所。

张之洞在武昌亲自或在其主持下创建的各类学堂总计达 105 所之多，这些学堂大都设在武昌城内外。当时武昌名校林立，堪称全国教育界的模范，各地来考察者络绎不绝。

（六）练新军，建立近代武昌军事区

湖广会城武昌，历来为区域性的政治中心、军事中心，张之洞虽为文人，却比较知兵，热心经武，因此，练新军成为武汉乃至湖北洋务运动重要的一部分。训练新军，旨在以西方资本主义国家的新式武器装备和建制、操练方法训练一支近代化的军队，以强化垂危的清朝封建统治，同时也增强了张之洞个人的军事实力。

1896 年，张之洞返任湖广总督，带回洋操护军三营（前营、后营、工程营），后又聘募洋员、分司训练，军制参仿德、日两国。同时，还选派黎元洪等将弁赴日本考察陆军编制，以资效仿。

1899 年，除原有洋操护军外，又续编一营，合计为四营。此后，湖北新军进一步扩军编练，废戈矛土枪，淘汰老弱之兵和兵痞，由经过军校培训的学生担任指挥官。士兵文化水平较高，秀才从军成为这支队伍特有的现象。经过几年训练，湖北新军的战斗力大为提高。1906 年秋，一场大规模的军事演习在河南彰德举行，由袁世凯担任总指挥。这次演习集中了全国各路新军的精锐部队，湖北新军表现优秀，指挥官黎元洪在这次演习中引起了人们的关注。毕业于北洋水师学堂的黎元洪负责湖北新军训练，因出色的军事才能在湖北新军中颇有威望。

1908 年，清政府派王英等对湖北新军进行考核，湖北新军被钦定为第八镇，辖步兵第十五、十六协，马、炮队均为第八标，工程、辎重队均为第八营，驻防武昌城内外。另有第二十一混成协，协统为黎元洪，设司令部于黄土坡，所辖步、马、炮等标营驻武昌、汉阳及京广铁路沿线。至 1911 年，湖北新军总兵力为 1.5 万人。

除编练新军外，张之洞还加强了水师建设。从 1891 年至 1896 年，张之洞从外省调来兵轮 3 艘，特制炮船 4 艘，从日本购回载重 750 吨的炮舰 6 艘、载重 980 吨的鱼雷艇 4 艘，总计 17 艘战舰。另购舢板 75 艘，招募兵勇 840 人，编入第三营，在武昌城外江边设营房，练习水陆战法，参加城市巡防。上述兵轮以武昌江边为基地，活动于武汉三镇、长江中游。经过张之洞整训的湖北新军与袁世凯的新建陆军，成为当时清政府纵横南北的劲旅。尤其需要提到的是，当时新军中有许多知识分子，也有革命者潜入，士兵成立社团，阅读进步书刊，议论时政，逐渐形成革命潜流。有时这些士兵发生事端，被长官查知或查处，但张之洞当时并没有根除，而是睁一只眼闭一只眼，在一定程度上允许其事实上的存在，从而使新军成为孕育辛亥革命的温床。

（七）重商战，推进武昌商业对外开放

汉口开埠后，商业日新月异。相对汉口而言，武昌商业规模不足。张之洞为振兴武昌商业，倾注了很大的精力。

辟武昌为自开商埠。鉴于修建粤汉铁路，武昌作为起点站，商业必当兴盛。外国人早已注意到这一点，并蠢蠢欲动。张之洞认为，如果把粤汉码头附近的地方辟为租界，有损国防和本地权益，但又认为对外通商势在必行。

1900 年，张之洞奏请将武昌城北 10 里外沿江地方，作为自开口岸，“庶不失管理地方之权”。可在武昌通商、修驳岸、造马路，设由中国人管辖的巡捕房（警察局）、工部局（市政管理机构），设渡江轮船，以期与汉口相媲美。为建设武昌，张之洞建立了商场局，委派布政司、道府官员分头经办，绘制了武昌开埠全图，规划了商业区地价，规定华人准予购地建房，外国人只能承租，同时规划了道路详图。虽然张之洞建设武昌商业区的计划未及实现就被调离武昌，但他实行的一系列对外开放的举措是武昌从封闭市镇转化为外向型通商城市的开端。如今，这里已发展成为徐东商圈贸易中心，张之洞奠基的作用功不可没。

创建两湖劝业场。这是张之洞重视商品推销的又一举措。1902 年，他在武昌兰陵街（今解放路）创建两湖劝业场。该场规模很大，与当时的京、津劝业场成三足鼎立之势。两湖劝业场既是商品展览馆，又是百货齐全的大商场。

在两湖劝业场内设三大主题展馆：一为内品展馆，陈列湖北省内各州县和武汉三镇的工业、手工业制造品；二为外品展馆，陈列外国各种机械货物；三为两湖天然产品展馆，陈列湖南、湖北天然土产、五金矿

产、煤炭及谷物、果品、茶业、棉麻、油漆、竹木、药材、皮革、骨角毛羽等。又设南北两场，每场有门面 79 间，共计 158 间，场前场后又摆摊 42 处。凡入场经营者，完纳租金，标明定价，公平交易。张之洞之举开武昌商品博览风气之先河，有力地促进了武昌的商业发展，拓展了武汉三镇的商品市场。

完善金融体制。从 1892 年至 1898 年，张之洞在武昌先后创办湖北银元局、官钱局、铜币局，从制造发行银元、铜元到发行纸币，推进了商品交易和华洋贸易的发展。同时，张之洞还允许私营金融机构的存在。如当时的武昌，有曹祥泰等 39 家钱庄、谦益等 20 家钱铺兼银炉房、裕丰等 20 家当铺，还有公估局和老万年金号等，从而在武昌逐步形成了官办和私营共存的近代金融体制，既有官方的铜币局、银元局、官钱局，也有民间的钱庄、票号、银炉、当铺等，它们成为商业发展的有力支柱。

兴城市，修堤筑路扩展城区。张之洞驻节省城武昌，对武昌市政建设殚精竭虑，所做的市政工程不胜枚举，对近代城市的管理和公共设施的建设也都有所贡献。

修筑武昌沿江大堤。城南望山门外白沙洲至金口 60 里，旧堤为道光年间所建，但年久失修，仅有堤形可见，不能防水。城北武胜门外新河至青山有 30 里旧堤，每年夏天江水灌入，数十万亩良田尽成湖荡。1899 年，张之洞开始修建武昌新河至青山的武青堤，定堤防之高为 1 丈至 1 丈 7 尺，堤面一律宽 2 丈。此堤建成后，又修武昌白沙洲至金口的武金堤。因武金堤原有旧堤已不能挡水，易导致水患，所以另外改作新堤。新堤绵亘 50 余里，堤高 1 丈余，堤面一律宽 2 丈，沿江石驳岸增修加高，使内水可泄，外水不入。武昌城南、城北大堤的建成，不仅防洪，而且以堤代路，成为车马通行的路堤，便利了交通运输，又涸出了大量土地。百年沧桑，如今两道堤防仍发挥着武昌城区的交通和防洪功能。

治理湖泊修建水闸。武昌城北的沙湖和东湖原本通长江，但水道年久失修，淤塞不畅，雨季湖水上溢导致内涝，周围农田房舍常被淹没。于是张之洞便组织民工修缮湖堤，疏通排水管网，并在东湖西北面另辟水道，导水入江，择地修建武丰闸等水闸。张之洞又在城南巡司河上修建武泰闸，修此闸时，张之洞每旬必亲往查看工程一次。闸建成后，张之洞亲书题名“武泰闸”。武泰闸为钢筋水泥结构，闸门可调节水位，避免内涝。闸面宽 10 余米，成为巡司河上的一座路桥，解决了当时武昌南大门的交通难题。

发展武昌城内交通。武昌城内交通的进出主要障碍在于蛇山的横亘。城区以蛇山为界，山南为商业区，山北为居民区，由于蛇山横亘城中，交通不便，车马不能通行。当时的武昌长街（今解放路）与民主路的连通道路，只有司门口处的蛇山鼓楼洞一条通道。山南山北的来往行人常常翻山或绕行通过，诸多不便。1904 年，时任总兵的张彪率 3000 名士兵在蛇山中部凿石开洞，打通蛇山，使山南的方言街（今武珞路）与山北的民主路联成一体，由黎元洪题名“武昌路”（武昌路隧道俗称“新鼓楼洞”）。与此同时，张之洞还连续几年翻修街巷道路，武昌城内的主干道长街铺上了条石，修成 10 里长的条石路面，与长街相连接的主要街巷也得到了整治和填平，并陆续实现了条石铺路。

扩展武昌新城区。武昌城区在城墙之内，城墙总长度 3500 丈，城区总面积约 5 平方公里，且城内有“九湖十三山”，其发展空间十分有限，附近的郊区也不大。随着兴实业、办学堂，武昌城区的人口迅速增加，流动人口增长，又推动着城市的发展。因此，这也促进城市布局和发展走向上发生变化。由于武青堤、武金堤和武泰闸、武丰闸的修建大大减轻了水患，又涸出大量土地，也为武昌城区向武泰闸地区和徐家棚地区的扩展创造了条件。张之洞在发展新城区时，虽然没有总体规划，但总体来看是呈扁形向城外发展。在武昌城西平湖门一带形成了由湖北纺织四局构成的近代工业区，并沿江向徐家棚延伸，成为武昌对外开放的自开商埠区；在城东则向洪山方向发展，修建了大东门至洪山的马路。考虑到粤汉铁路修建后，武昌城东将建火车站，武昌城的城墙似乎对城市的扩展构成了障碍，于是张之洞在武昌增辟通湘门（旧址在今武昌火车站附近），以利城内外民众出入。同时，张之洞令从大东门至通湘门地区开发闲置土地，建设一条有千家商埠的街道，取名千家街。在城南武泰闸和巡司河地区，一些兵营、学校、企业走出城内，在这里兴建营房、学校和工厂。

建警局与公共设施。1902 年，张之洞裁撤保甲，仿西法，建立武昌警察总局，下设区局，人员分警察、清道夫，聘请外国人进行训练，以强化城市治安和城市管理。后又设立武昌电报局（1886 年）、武昌邮局（1897 年）、武昌电话局（1902 年）等公共设施。

四、救亡图存振中华

“世间无物抵春愁，合向苍冥一哭休。四万万人齐下泪，天涯何处是神州。”1895 年，丧权辱国的《马关条约》签订后，晚清著名政治家、思想家谭嗣同难以抑制心头的怒火与悲愤，写下了这首饱含血泪的诗篇。

列强入侵，山河破碎，人民在苦难中无助地挣扎，有志之士有心杀贼，无力回天，这正是晚清中国社会的真实写照。

在中国一步步沦为半殖民地半封建社会、中华民族面临亡国灭种的危机之时，以孙中山为代表的革命党人发动了辛亥革命武昌首义，拉开了推翻清王朝统治的序幕，推动了中国长达两千多年的专制帝制的结束和中华民国的建立。

（一）唐才常血洒紫阳湖

1900 年，以汉口为中心的自立军武装起事，是由著名维新人士唐才常领导、林圭（维新人士）和傅慈祥（兴中会成员）等参与的武装起义。这是戊戌变法后、辛亥革命前，资产阶级改良派和资产阶级革命派的一次短暂联合，拉开了两湖地区民主革命的序幕。

1900 年八国联军攻打北京时，一批维新爱国人士在上海紧急集会，共 80 多人参加，号召国人关注政治变革，实现宪政，为建立 20 世纪最文明的国家而努力。唐才常发起成立“中国国会”，为起事做准备。

当唐才常活动于沪上之时，林圭、傅慈祥则着力在武汉做军事发难的准备。他们在汉口英租界成立自立军总机关，总统 7 军：前军驻安徽大通，秦力山、吴禄贞统之；后军驻安庆，田邦璇统之；左军驻常德，陈犹龙统之；右军驻新堤（洪湖），沈荩统之；中军驻汉口，林圭、傅慈祥统之；另设亲军和先锋营于武汉，由唐才常直接指挥，并节制各军。自立军有主力 2 万人，并有 10 万会党作后盾，图谋恢复光绪皇帝帝位，建立宪政国家，自立国会。同年 8 月 22 日，正当唐才常执戈待举之时，张之洞已抢先一步，与英国驻汉领事联手查封自立军机关，唐才常、林圭、傅慈祥等 20 余名自立军的领袖被捕，并于当日深夜被斩首于武昌紫阳湖畔。33 岁的唐才常临刑前对着武昌的天空大呼：“天不成我大事！天不成我大事！”其死前的呐喊，气概凛然。章太炎曾作唐才常画像，赞云：“黄鹤夜鸣，歼兹明懿。文昌之胾，赤睛犹视。”自注：“才常死后，枭首武昌文昌门。”又云：“才常目赤色。”

唐才常等人被斩首的同时，在汉口、沔阳新堤被捕杀的党人上千余人。至此，酝酿已久的起义还没来得及发动就被清政府镇压了，20 世纪中国的第一场革命血液洒在张之洞统治下的武昌及汉口、汉阳。发生在武汉的自立军武装起义，它既是 19 世纪末戊戌变法的继续，又是 20 世纪辛亥革命行将爆发的征兆。

（二）花园山闪现革命曙光

自立军用鲜血换来的教训，使革命与改良决分两途，资产阶级革命派取代维新派开始走上历史舞台，担负起领导全国“救亡图存”的使命。这一历史使命似乎注定要由湖广人来完成。

在 19 世纪和 20 世纪之交，武汉出现了一个不同于封建士人的近代知识分子群体，他们或曾在国外留学，或为国内新学堂的学生，是武汉地区新兴的社会力量。在这个知识分子群体中产生了最早的资产阶级革命派，留学生们在亲历了西方资本主义世界后，接受了资本主义民主思想。其中有许多留学生回国后成为资产阶级革命的骨干力量，从而使反清斗争从传统形态发展为近代民主革命。

最早点燃武汉排满革命之火的人物是吴禄贞。1898 年，他被张之洞派到日本陆军士官学校，1900 年升入该校骑兵科学习。吴禄贞到日本不久，便结识了孙中山先生，并投身到民主革命运动之中，与傅慈祥等人一起加入孙中山领导的兴中会。1900 年，吴禄贞秘密回国，参与自立军起义，在安徽大通孤军奋战七昼夜。起义失败后，吴禄贞重返日本，继续学习。1902 年，吴禄贞学成回国，曾任湖北将弁学堂武普通学堂及护军全军总教司，开始联络军、学界进步青年。

1903 年，吴禄贞、李廉方、胡瑛、蓝天蔚、万声扬、李书城、张难先及武汉当地学生朱和中、贺之才等人在武昌花园山李廉方寓所（孙茂森花园）组成秘密机关，共商反清革命，并在新军中做了一些宣传工作。

花园山这一秘密机构没有名称，也没有成文的纲领，还不是一个正式的革命组织，只是革命组织的萌芽状态，但尚未孕育成熟，就被湖北当局以派出洋留学的手段，将其中的骨干分子调离了武汉，因此被无形瓦解。但在花园山聚会中受到革命启迪的进步青年，成为武汉地区革命的火种，一直在燃烧。特别是花园山聚会所提出的“革命非运动军队不可，运动军队非亲身加入行伍不可”这一创造性的指导思想，为后来武昌首义的成功奠定了坚实的基础。

（三）科学补习所横空出世

科学补习所的最初发起人是参加花园山聚会的张难先和胡瑛等人。他们认同并落实了花园山聚会提出的“革命非运动军队不可，运动军队非亲身加入行伍不可”的策略，投身湖北新军第八镇工程营当兵。他们向士兵散发《猛回头》《孙逸仙》《黄帝魂》《革命军》等进步书籍，渐渐争取到一些同志。到1904年6月，他们与同营的朱元成、陈从新、雷天壮、刘静庵和学界的吕大森、欧阳瑞骅、曹亚伯等12人发起组织机关，在武昌斗级营的同庆酒楼开筹备会，决定成立科学补习所。科学补习所名义上的宗旨是“研究科学”，实际上的宗旨是“革命排满”。7月3日，科学补习所正式成立，吕大森任所长，胡瑛为干事，曹亚伯任宣传委员，时功璧任财政委员，宋教仁任文书，康建唐任庶务。胡瑛、宋教仁、曹亚伯等都是湖南华兴会的会员，两个革命组织血脉相连。

七八月间，黄兴自沪返湘途经武汉，科学补习所开会欢迎。黄兴告知他们长沙起义计划，科学补习所成员一致赞成，并当即表示届时响应。之后科学补习所开始了响应长沙起义的准备工作，印制了军用票30万张，以备起义时两省之用，同时派会员赴各地联络会党，准备枪械。10月28日，正当一切按计划积极进行之时，华兴会长沙起义在24日事泄，因事先得到黄兴来电，科学补习所人员全部转移，当夜军警围所搜查，一无所获。不过经此挫折，科学补习所的活动就停止了。

科学补习所是武汉地区第一个反清革命团体，虽然只存在了三四个月，但对湖北的革命运动有着十分深刻的影响。科学补习所的成员大多是下层知识分子，他们特别重视军队，并且能够直接投身到军队中从事宣传和组织工作。这种身体力行发动新军工作的精神，后来一直被革命党人保持下去，并得到了发扬。从此，开辟了湖北革命运动的新模式，初步形成了湖北革命运动的特色。

（四）日知会案震动朝野

收藏在湖北博物馆的日知会纪念碑见证了武昌百年前日知会案的历史。日知会原为美国基督教中华圣公会议设的日知会阅报室，位于武昌候补街高家巷。

1905 年，原科学补习所成员刘静庵从新军退伍后，任日知会阅览室司理，继续从事反清革命活动。1906 年 3 月，刘静庵联络军内外进步知识分子成立湖北革命团体，以日知会为名，由刘静庵任总干事，各学堂、军营设有代表，积极发展会员。不久梁耀汉成立的群学社成员全体加入日知会，使日知会进一步壮大。

刘静庵假借日知会名号加以掩护，每周举行讨论会“谋革命以救国”，并借日知会阅报室陈列的中外报章宣传革命思想，更借教会刊物《文华学界》直接发表反清言论。同时，把梁耀汉、吴贡三等在黄州成立的鸠译书舍作为日知会的印刷机构，翻印进步书刊，以策动革命。“凡运动革命之出版品……每于夜间或士兵出勤之时，由营中同志秘置革命小册子于各兵士之床……各兵士每每读《猛回头》《警世钟》诸书，即奉为至宝，私藏不露。”毫无疑问，反清革命思想正是通过书报等传播媒介，在有文化的新军中渗透。日知会做了一次大胆而卓有成效的尝试。

1905 年冬，余诚任同盟会湖北分会会长，受命回到湖北主持会务。1906 年 1 月余诚回到武汉，同刘静庵合作，以日知会会址为活动基地发展同盟会成员。同年夏，孙中山派乔义生陪同法国人欧几罗到武昌考察，把日知会作为同盟会的组织来看待。12 月，萍浏醴起义发动时，孙中山派胡瑛、朱子成等返鄂会晤刘静庵，商量响应事宜。

1907 年 1 月 13 日，由于叛徒出卖，刘静庵、张难先、梁耀汉等 9 位日知会领袖被捕，史称“丙午之狱”，也就是震惊朝野中外的日知会案。东京《大江七日报》1907 年第 1 期迅速刊载了有关此事的报道。

“丙午之狱”发生后，为营救刘静庵等人，时任美国圣公会鄂湘皖赣教区主教的吴德施与湖北省巡警道冯启钧多次交涉，又与驻汉美总领事、驻华美公使以及华盛顿外交部数次通话，为刘静庵等人辩护，在北京的美公使也出面与清政府交涉。

围绕着日知会案的审判和交涉，遂成为武汉各界关注的焦点，无形中为反清革命做了宣传。随着罪状的公布，刘静庵等人的革命主张不胫而走，广为传播。

日知会案审理两年，原定刘静庵等 9 人于 1907 年 12 月全部斩首。清政府迫于外交压力，乃电鄂“从缓办理”。第二年 5 月改判刘静庵永久监禁，其他人均判为有期徒刑。

1911 年 6 月，刘静庵因伤病摧残，在湖北模范监狱中赍志而殁，年仅 36 岁。刘静庵这位民主革命先驱，仿佛黑暗中呼唤黎明的一颗星星，成为武汉 20 世纪初最响亮的名字之一。

1981 年 9 月，刘静庵被中华人民共和国国务院追认为革命烈士。

（五）革命团体相继建立

张之洞主抓的日知会案是湖北革命党人从未经历的最大挫折，似乎卡断了湖北革命发展的脉络，使湖北革命处于最低潮。这个低潮延续了近两年的时间。直到 1908 年 11 月光绪皇帝、慈禧太后相继去世，革命党人普遍认识到这是千载难逢的亡清契机，武汉地区各种革命小团体竞相成立。据统计，武汉地区的革命团体有近30个，成员少则几人，多则百十人，活动也很秘密。他们积极在新军中发展成员，经过瓦解、分化、组合，终于演变为武汉地区两个分途并进的革命组织——文学社和共进会。

以蒋翊武为首的文学社和以孙武为首的共进会，他们制定了以运动军队为主、不轻易发难的方针，并亲自加入行伍，在新军内部发动新军起义，影响和带动具有爱国思想的新军下级军官和士兵走上革命道路。许多优秀青年纷纷加入革命组织，从而推动了越来越多的新军革命化。在约1.5万名的湖北新军中，拥护和参加革命组织的约占三分之一，持中立和观望态度的占三分之一多，而反对革命或被长官控制的队伍只有约3000人，其中有些被裹挟而听命于长官，一旦战局变化随时可以“反水”或脱逃，并不是顽固的死敌。一支在革命党人领导下的武装力量，一直在等待时机的成熟。1909—1911年，“拒债保路”运动风起云涌，在武汉资产阶级革命派发展革命力量的时候，资产阶级立宪派也走向政治舞台。1909年秋，正值清政府准备立宪之时，湖广总督陈夔龙奏调汤化龙回鄂，筹备自治事宜。不久，汤化龙被举为湖北省谘议局议长。汤化龙主持的谘议局在清廷许可的范围内进行了一些湖北地方自治活动和省政商讨活动。湖北省谘议局于1909年、1910年共办理提案、议案约70件，在一定程度上反映了民意，并传出一些要求改革的呼声。在请求速开国会运动中，汤化龙充当了一名比较激进的角色，他发表演说，谴责清政府。

湖北谘议局和立宪派也是清末保路运动的发动者。1911年，清政府派端方担任督办粤汉铁路、川汉铁路的大臣，由盛宣怀和英、德、法等国银行秘密签订《湖广铁路借款合同》，规定借款总额600万英镑，年息五厘，九五折扣，以两湖百货税厘、监斤加价等款520万两作抵押，并聘用国外工程师负责工程的修建。《湖广铁路借款合同》被披露后，武汉工商各界群起反对。湖北成立商办铁路协会，主张铁路商办，从社会名流到工农士兵都踊跃入会，解囊捐款。湖北陆军特别小学堂的学生千余人集资 1 万多元，武昌金牛帮土工团的泥木工匠 3000 多人，将公款 7000 串认股，16 家泥木作坊工人各认股 1 元。至 1911 年初，到账所筹股款已达 200 多万元。从 1909 年至 1910 年，湖北商办铁路协会先后三次派代表进京请愿，汤化龙也亲自赴京争取铁路商办，均被清政府拒绝。

1911 年 5 月 9 日，清政府正式宣布铁路干线收归国有，取消商办，此举实质是将铁路修筑权连同铁路控制权一并出卖给外国人，理所当然地遭到国人的反对。湖北谘议局在红楼召开大会，强烈反对铁路国有政策，散发“拒债保路”传单，派出宣讲员在街头演说，掀起高潮。6 月，留日学生代表江元吉（同盟会成员）在数千人的大会上，用刀子割下自己左膀上的一块肉，用血在白布上写下“流血争路，路亡流血；路有国存，存路救国”16 个大字，被制成铜版，遍载于全国报刊，影响极大。同年 9 月，新军第二十九标党人陶勋成参加保路会议，演讲时力数清廷无道，媚外辱国、强收民股，等于抢劫。说到愤激时，自断左手食指，以表反抗决心。党人张振武、纪雪昉还赋诗一首：“三百年来痛虏氛，誓当歼贼出人群。拔刀断指意何激，再见军前南雾云。”

湖北谘议局和立宪派发动“拒债保路”运动，客观上推动了人民反清情绪的滋长，从而在另一个侧面营造了革命爆发的城市背景。

（六）革命重心移到武汉

1911 年春，同盟会领导的广州黄花岗起义失败后，遂将革命重心向武汉转移，谭人凤、居正、宋教仁等同盟会中的部分领导人开始在武汉酝酿起义，黄兴也将南方起义的枪口转向中部。

1911 年 5 月 3 日，居正与孙武、刘公、焦达峰、杨时杰等两湖革命团体领导人在武昌胭脂巷 24 号共进会机关召开紧急会议。会上决定武汉首先起义，湖南即日响应；反之湖南首义，武汉则同日响应。

1911 年 6 月，四川保路运动演变成大规模的武装冲突，四川陷入混乱之中。9 月初，清政府紧急调集湖北新军入川，武昌驻军力量削弱。酝酿已久的革命党人看准这一时机，准备起义。9 月 24 日，湖北两大革命组织文学社和共进会正式实现联合，组建领导起义的总指挥部，推蒋翊武为临时总指挥，孙武为参谋长，刘公等 20 人为政治筹备员，刘复基等 29 人为军事筹备员。在武昌小朝街 85 号原文学社总部设立军事筹备处和汉口俄租界宝善里 14 号的原共进会机关设立政治筹备处，分别负责制定起义计划、文告、旗帜、印章等，积极做好起义的准备工作。

革命重心移至武汉和武汉革命时机的成熟，武汉革命力量的联合及革命指挥系统的形成，使武昌首义成待发之箭，一触即发。

五、辛亥首义第一枪

（一）首义的爆发与胜利

因为革命起义的准备工作在比较仓促的状况下进行，所以行动不严密，导致了意想不到的偶发事件，从而打乱了预定的部署，给起义带来了不利局面。

原定于 10 月 6 日（农历八月十五日中秋节）起事，因革命党人的活动被湖北当局察觉，遂延期至 10 月 11 日。

10 月 9 日，孙武等人在汉口俄租界宝善里 14 号机关配制炸弹，不慎引起爆炸，起义计划也因此暴露。与其坐以待毙，不如奋起反抗，革命党人蒋翊武、孙武决定提前冒险发难。

这是一次悲壮的起义，原定计划被打乱，起义日期再次改变。蒋翊武下达了9日晚12时以南湖炮响为号起事的命令。但武昌城已经戒严，起义命令没能按时送达城外的南湖炮队。就在9日午夜，敌军搜查小朝街起义总部机关，刘复基、彭楚藩等人被捕，蒋翊武翻墙脱险，远遁至京山。与此同时，清政府还搜查了武昌分水岭、黄土坡、胭脂巷等机关，先后逮捕杨洪胜等32名革命党人。当晚，湖广总督瑞澂组织军政要员连夜会审，因彭、刘、杨3人宁死不屈，没有透露他们所知道的南湖炮响各营出击的秘密计划，致使瑞澂自以为“弭患于初萌，定乱于俄顷”，有点沾沾自喜，还向朝廷报喜请功。可以说彭、刘、杨三烈士的生命坚守，维护了一场伟大的起义，值得我们永远铭记。

10日凌晨2时至7时，彭楚藩、刘复基、杨洪胜三志士惨遭杀害后，文华照相馆的鲍绍轩闻讯赶至现场，拍摄了三烈士的就义照片。这一天，武汉三镇处在恐怖氛围中，反动当局继续按照查获名册滥捕革命者，许多革命同志及亲属被投进监狱。但是，这种屠杀并不能绞杀革命，而是一针催化剂，终将引起革命的爆发。

“三烈士在前，我继其后。”10月10日，是一个注定被载入史册的日子。这一天，起义领导机构虽然遭到破坏，但总指挥部下达的起义命令已把各标营革命党人的行动统率起来，各标营的党代表依旧按照原来的部署执行命令，秘密串联同志，准备当晚起义。这种自发的行动几乎是不约而同，革命的主动性支配着这千钧一发的时刻。

10日晚7时左右，在武胜门外的塘角，革命党人李鹏升以纵火为号，率辎重队、工程队、马队等一起起义，向武昌城内进发。与此同时，城内黄土坡工程八营的程正瀛打响了首义的第一枪，这一声枪响，立即点燃了武昌首义埋葬清王朝的烽火。由革命党人代表熊秉坤鸣笛集合队伍，攻占楚望台军械库。此时，武昌城内外新军各标营有两三千人响应起义，先后会师楚望台，推吴兆麟为临时总指挥，向湖广总督署发起猛烈进攻。当炮队向总督署开炮时，湖广总督瑞澂打穿总督署后面的围墙，从长江坐船逃走。起义部队经过一夜浴血奋战，一举占领武昌全城，革命军的九角十八星旗，飘扬在武昌城头的上空。1911 年——农历辛亥年，延续几千年的封建帝制在 10 月 10 日这一天敲响了丧钟。

（二）革命浪潮与清朝覆亡

武昌首义成功后，汉阳、汉口相继光复，革命政权在三镇确立。

10 月 11 日，湖北军政府在武昌诞生，这是辛亥革命中建立的第一个资产阶级地方共和政府。这时，著名革命领袖孙中山远在海外，黄兴在香港，义军推举黎元洪担任中华民国湖北军政府都督，宣布国号为“中华民国”，并陆续发出《布告全国电》等，历数清廷种种罪行，号召全国起而响应，推翻清政府，同时颁布《中华民国鄂州约法》。约法以法律形式，确定了人民的自由民主权利，成为以后南京临时政府颁布的临时约法蓝本。

清廷为了扑灭武昌起义烈火，迅速调动北洋军向武汉逼近。10 月 18 日，阳夏保卫战拉开序幕。10 天后，同盟会领袖黄兴到达武昌，出任战时总司令，与清军在汉口、汉阳进行激战。虽然汉口、汉阳相继失守，但拖住了清军主力，为全国各省响应起义和独立赢得了时间，创造了条件。从起义爆发到阳夏保卫战的一个半月之内，全国有 14 个省宣布脱离清王朝的统治。清王朝的崩溃，专制帝制的覆亡，已经成为不可逆转的大势。

1912 年 1 月 1 日，孙中山在南京宣誓就任中华民国临时大总统，中华民国临时政府成立。

1912 年 2 月 12 日，隆裕太后以宣统皇帝的名义发布诏书宣布清帝退位，统治中国长达 200 多年的清王朝走到了终点。

补记

（一）东湖九女墩的传说

九女墩在武昌东湖边上。传说太平军夺取武昌后，军中有获得解放的妇女参加太平军运动。清军攻打武昌时，大肆屠杀太平军，有 9 位女战士遇害。乡人敬慕她们的义烈，把她们的尸骸葬在这里。本应称坟，因避免清廷破坏，故改称墩。关于九女的牺牲细节有两种说法，比较多的说法是 9 名武昌妇女当了太平军女战士后，参加保卫武昌城的战斗。在敌强我弱的形势下，武昌被攻陷了。这 9 名女战士撤出武昌城后，继续在武昌近郊打击敌人。敌人对她们日捕夜搜，她们拿着带血的长矛迎战敌军，一步步退到东湖边上，宁死不屈，牺牲在湖水之中。还有一种说法是 1855 年太平军坚守武昌保卫战时，兴国（今阳新）组织敢死队，其中有妇女参加，号称“兴国军”。他们奋勇冲杀，一举解了武昌之围，留下“兴国军包打洪山”的佳话。后来，清军反扑，伤亡惨重。当时兴国军女战士奋力杀敌，寡不敌众，一步步退到东湖边上，最后 9 人战死湖中。人们为了纪念她们，把她们牺牲的地方叫九女墩。

九女墩虽无史书记载，九女姓名也无史书文献稽考，但关于九女的传闻却历久不衰，这绝不是杜撰的，太平天国运动中妇女解放的大量史实是九女墩传说的基础。

（二）张之洞逸事

一说，诨名为“梁疯子”的梁鼎芬被张之洞任命为提学使。梁鼎芬作息时间混乱，一旦睡着便不容易叫醒。他到总督府参见张之洞时，常常行轿途中便鼾声大作，及至总督府仍未醒来。张之洞每逢此便令人将他扶到花厅雅室里让他睡个够，一直等他醒来才跟他谈话。

一说，张之洞非常迷信，卢汉铁路修通后，张之洞乘专车由京至汉。车行至武胜关时，张之洞不肯坐火车，而要自己翻越武胜关的高山，然后到山那边再坐上火车。原来武胜关处火车必须穿过山洞，而张之洞认为“之洞进洞”是很不吉利的。他的手下无奈，也只得陪着总督弃车而翻山。

一说，张之洞对学生非常好，一时间武汉有“官怕学生”之说，而张之洞对于出国留洋的学生更是优礼，凡出国必设宴送行，凡回国必设宴接风。一次，一个总督衙门的挑水夫挑水进门时，张之洞正在设宴招待回国学生。总督府里的人对挑水夫说：“总督正在为洋学生接风哩。”那挑水夫说：“那学生正是我的儿子哩。”

一说，武昌横街头一带历来是文化街，有许多旧书店、古玩店以及装裱字画店等。有一天，一家裱画店的门板壁上贴出一幅《三矮奇闻》的水彩画，画上画的是当时武昌的三个矮子，其中之一是张之洞。这幅画一时间轰动三镇，人们争相前去观看。有人告知张之洞，张之洞却置之一笑，说那不过是文人骚客的笔墨游戏而已。过后，让手下一幕僚将画买了下来。

一说，张之洞因出身官宦之家，故从不知生活艰难。他为人好客，喜欢大摆家宴，又好赏赐手下，同时还喜欢玩赏古董字画。虽然他日常生活不奢侈，但因他的这些喜好，一年下来家里往往入不敷出。年关时家人无奈，只好去典当。由于每年都当物，以至当地当铺形成规矩：凡是总督衙门拿来的皮箱，每口箱子当二百元，不必打开看箱内有什么东西，只需数清箱数即付钱。开春后，总督府必然会用银两赎回皮箱，并付一笔不小的利息，当铺当然乐得赚钱。

一说，张之洞的孙子从日本学成回国，张之洞设家宴为之接风。其孙子骑高头大马，腰挎日本银白长军刀，欢迎者皆举手敬礼。张之洞孙子抽刀出鞘，举起来以答礼时，没想到座下马匹受惊吓，一跃而起，张之洞的孙子不意跌下马来，军刀正好刺穿他的腹部，不治而死。一场喜事变成悲事。张之洞因孙子的猝死而痛心万分，当时百官同哀挽。追悼大会上所送挽联极多，所有挽联张之洞都一一过目，其中一个低级小官所写“马蹄踏碎老人心”一句，被张之洞认为最好。次日，这小官便升了职。这件事在武汉流传甚广，影响也最大，好多人一提张之洞都不禁提及此事。

一说，张之洞以高价在北京买了一个古鼎。该鼎古色古香，价值连城，张之洞自然得意非凡。以张之洞的性情，回到武汉后，必然要大摆筵席，示鼎于人。果然如此。只是张之洞在请他的僚属欣赏古鼎时，还专门在鼎中插了一枝梅花，并且注入了一点水。料想不到欣赏古鼎的人还未散，鼎下竟然有水流了出来，满座皆惊。经过仔细检查后，众人发现张之洞用重金买下的这个鼎并非铜铸，而是用硬纸壳糊的。

（三）辛亥革命遗韵

❶ 谁最早提议在武昌起事？

1910 年 11 月，东京革命党人在经世学社集会，讨论回国起义的地点。很多人认为应该在边陲省份发难，唯有一人提出起义地点非武汉莫属。此人便是共进会代表、武昌起义后任湖北军政府内务部部长的杨时杰。

杨时杰说：“武汉乃国中九省通衢、南北枢纽之地；有兵工厂，且楚望台储蓄军械；有新练陆军及多数军校出身的将才；还有官钱局、造币厂、汉口商场尤为无上饷源。”他认为，在武汉起事，成功则可震动全国，即使不能一举成事，也可以背城一战，以张革命党人的声势。

❷ 谁打响辛亥武昌起义的第一枪？

究竟是谁打响辛亥首义第一枪，较为常见的一个说法是熊秉坤，熊秉坤也因打响宣告首义的第一枪而被尊为“熊一枪”。

但是经过考证，历史学家冯天瑜得出结论：打响武昌首义第一枪的是湖北鄂州人程正瀛，但熊秉坤功不可没。

据冯天瑜教授介绍，熊秉坤本人所写《前清工兵八营革命实录》一文记载了起义当天的情形。武昌首义当天，清军工程第八营二排长陶启胜查铺至第五棚时，发现该棚正目（班长）金兆龙荷枪实弹，就准备强行夺枪。金兆龙眼见事情败露，大声疾呼：“众同志再不动手更待何时！”程正瀛开枪射击，陶启胜带伤逃走，后死于家中。于是人声沸腾，枪弹如雨。

冯天瑜据此认为，该文是熊秉坤最早回忆首义情形的文字，较为可信。他同时也指出，熊秉坤在武昌首义中所做的组织发动和指挥工作，也足以光耀史册。

❸ “首义之旗”：十八星旗

十八星旗，全称铁血十八星旗，又称铁血旗、九角旗、九角十八星旗等，是武昌起义后湖北军政府宣告成立时的旗帜。

1907 年，共进会在日本东京成立，十八星旗是共进会的标志。旗帜长宽比例为 8:5，由红、黄、黑三色组成，红底与黑九角象征“血”与“铁”，即革命须有铁血精神；黑九角内外两圈各 9 颗共 18 颗圆星，代表关内汉族的 18 个行省，寓意国家统一，前途光明。

武昌起义成功后，革命党人将十八星旗高挂在武昌汉阳门城头钟楼楼顶，后人称之为“首义之旗”。

❹ “辛亥革命”是谁取的名？

1911 年 10 月 10 日，辛亥革命在武昌爆发，揭开了中国历史新的篇章。自此，“武昌首义”“共和成立”“民国肇生”“辛亥之役”等名词使用较多，但是都未见“辛亥革命”的说法。

从现有材料看，“辛亥革命”较早出自从湖南省立第一师范学校毕业不久的毛泽东笔下。1919 年 8 月，他发表于《湘江评论》中的著名政论《民众的大联合》一文最早使用了“辛亥革命”一词。

1921 年 10 月 10 日，梁启超发表《辛亥革命之意义与十年双十节之乐观》的演讲。第一次国共合作初始，陈独秀撰写了《辛亥革命与国民党》一文。于是，“辛亥革命”渐成专有名词。

❺ 谁最早提出“武昌首义”这一说法？

“武汉首义”或“武昌首义”的正式提法，较早见于孙中山 1912 年 1 月 1 日发布的《中华民国临时大总统宣言书》。宣言书中说：“武汉首义，十数行省先后独立。”其后孙中山在多种公文中均提到“武汉首义”“武汉之旗以之为全国之首义尚矣”等。当年 4 月，他到武汉访问，又多次在讲话时提出“武汉首义”和“武昌首义”。

1912 年 9 月 28 日，中华民国参议院全票通过决议，把武昌起义日定为中华民国国庆日。同年 10 月 10 日，在武昌举行了首义周年纪念活动。

第五章
民国时期

一、武昌设立鄂督府

1911 年 10 月 10 日武昌起义，一夜血战，取得了辛亥革命的伟大胜利。革命成功以后，即在武昌建立了湖北军政府，由都督任军政府首脑，宣布废除宣统年号，定国号为中华民国，颁布了《中华民国鄂州约法》《布告全国电》等文告，这些均以湖北军政府和黎元洪的名义发布。10 月 18 日，阳夏保卫战（又称阳夏战争）正式打响，黄兴抵达汉口前线督战，设临时总司令部于汉口满春茶园。后汉口、汉阳相继失守，起义军退守武昌。经交战双方协商，暂时停战议和。

1912 年 4 月 1 日，孙中山先生正式解除临时大总统职务。8 天后，他应副总统、湖北都督黎元洪的邀请，从上海乘船抵达武汉。

4 月 9 日，武汉刚下过一场大雨，天气初晴。这天，长江两岸旌旗飘扬，人头攒动，三镇人民人人都想争睹这位伟人的风采，大家都引颈东望，既喜悦又焦急。

时过正午，湖北派去迎接孙中山的“联鲸”“湖鹗”号轮船鼓浪而来。当轮船驶进汉口港时，江上的所有船舰汽笛齐鸣，孙中山先生站在舵房高处向岸上的人群挥手致意。随孙中山同来的还有夫人，儿子孙科，女儿孙媛、孙婉，以及随员宋子文、胡汉民、汪精卫、景耀月、程明超等。

孙中山后换“裕川”号轮船过江到达武昌，再乘马车入汉阳门（今司门口铁桥处）、过长街（今解放路），向位于阅马场的都督府（今辛亥革命武昌起义纪念馆）进发。这时，武昌彩旗翻飞，万人空巷，市民全都聚集在长街两旁，夹道欢迎这位蜚声国内外的革命伟人。

此时，黎元洪早已在都督府大门前等候。孙中山下车后，黎氏上前问候，两人手牵手步入会议厅，随后在都督府老园摄影留念。共进晚餐后，黎元洪派高级武官护送孙中山一行到黄土坡盐署特设行辕休息。

（一）中山先生拿小橘子给我吃

4 月 10 日上午 10 时，孙中山在都督府发表了题为《共和与自由之真谛》的长篇演说，演说论及共和与国民、机关之间的关系，以及他本人辞去大总统的原因。

“当年四十五岁的中山先生，身着铁灰色的西装，精力充沛，红光满面，脚步矫健，频频向大家招手致意，接着发表了催人奋进的演讲。”时任黎都督卫队营营长的傅希奕在《见到中山先生的片断回忆》中深情回忆道，“中山先生……同我亲切握手，并拿两个小橘子给我吃。先生还问了我在武昌首义中的举事经过……当时我心情非常激动，满腔热血沸腾，只感到一股股暖流全身流遍……”

当晚，傅希奕陪孙中山去黄土坡下榻，还做了红烧甲鱼、清蒸鲫鱼作宵夜。

（二）萌发以隧道联络三镇的设想

10 日下午 3 时，孙中山偕同随员经南楼、官钱局，出平湖门，纵览长江，遥望汉阳，兴致极好。挤在城头上、江岸边的群众频频鼓掌欢迎。

黄鹤楼当时已毁，孙中山由汉阳门登上了黄鹄矶，还跟游人讲话，表示同大家一道畅叙，为平生一大快事！随后，孙中山还登上奥略楼，在观察了龟山、蛇山隔江对峙的形势后，他沉思良久，若有所得，对随从人员说："天予我取，可用之以道，使地尽其利。"此时，他萌发了以隧道联络三镇的设想。

从清末到民国初期，孙中山对武汉城市发展规划曾有多次论述。他在《建国方略》中对武汉在经济上的战略优势有极高的评价，曾提到武汉城市功能，认为"武汉将来立计划，必须定一规模，略如纽约、伦敦之大"。中山先生还结合全国性的规划，对武汉的建设和发展提出了一整套设想。

（三）巡视汉口先生痛心不已

《孙中山先生莅武汉视察》一文记载："11 日，中山先生视察汉阳各厂，凭吊汉阳战场后……登轮向汉口武胜路码头驶去。登岸后，受到商会、商团，以及自由党、社会党等 15 个团体代表的欢迎，换乘马车经存仁巷沿后城马路（今中山大道）至歆生路（今江汉路）转英租界，一路上残垣断壁，一片荒凉。中山先生对此痛心不已。"

"车队到达英租界泰熙茶栈（今沿江大道上海路口附近），中山先生向汉口各界代表发表演说，认为当时团体太多，党派杂乱，意见分歧，力量分散，推进政治改革，难有成效，最好集中组织一个大的政党。他希望大家一道找出一个有效监督政府革新政治的办法。"

（四）宣讲三民主义，主张迁都武昌

"4 月 12 日是孙中山先生莅汉视察的第四天。同盟会湖北支部召开大会，欢迎总理孙中山、协理黎元洪。"

孙中山在会上宣讲三民主义，后来又谈到首都问题。他认为，"当时北京、上海都易受帝国主义威胁……武昌居长江中游、汉水入江之交，西通巴蜀，北控秦晋，南接潇湘，东连吴会，确为天下根本重地。无论和内、御外，都便于指挥调度……辛亥首义，全国响应，证明其主客观条件均甚为优越，因此，民国新都，应该建在武昌。”

12 日夜，在临别宴会上，孙中山再次向黎元洪提出建设汉阳兵工厂。此外，汉口市场被清军焚毁，应由商会派代表赴京要求赔偿，还要请中央政府帮助建设，恢复繁盛。

13 日，孙中山离汉去上海。临行前，孙中山致书各欢迎团体，表示感谢。孙中山一行登上专轮后，汽笛长鸣，船上岸上，送行的人举帽挥巾，久久东望。

二、北洋军屯兵武昌

（一）北洋军阀祸鄂

1912 年 1 月，虽然中华民国成立了，但中国并没有实现真正的共和。在民国的外壳下，中国半殖民地半封建社会的性质未曾改变。

在武汉，黎元洪的出山为当时革命局势的稳定起过一定的积极作用，但在南北议和中他已倾向于袁世凯。南京临时政府成立时，黎元洪凭借首义都督的资本被选为副总统，一面和革命党人打交道，一面又与手握重兵的袁世凯暗中勾结。在革命党人和袁世凯的角逐中，黎元洪成了双方都要争取的对象。1912 年 4 月 1 日，孙中山正式解除临时大总统的职务，袁世凯终于挟实力而窃国，登上了临时大总统的宝座，并把首都迁往北京，进而以软硬兼施的手段对革命派进行剿灭。黎元洪在广植党羽、安插亲信的同时，还将一些对自己有威胁的革命者，或送出国留学，或以进京重用为名，请袁世凯将之调到北京委以闲职；而对大量的革命党人，则是以裁军为手段，将其遣送回籍。黎元洪还无视《中华民国临时约法》中规定的言论自由，查封《大江报》《民心报》《震旦公报》《中华民国公报》《自由日报》《大汉报》等，杀害进步编辑凌大同和余慈舫。

接着，黎元洪就开始进行一系列排挤、打击革命党人的阴谋活动。他利用革命党人之间的矛盾，撤销蒋翊武战时总司令一职，调其为都督府高等顾问。1913 年，以孙中山、黄兴为代表的资产阶级革命派发动二次革命，进行武装倒袁。黄兴在反袁中主张谋图武汉，以号召全国。湖北革命党人詹大悲等积极响应，利用合法方式，在汉口召开国民大会，在武昌召开公民大会。5 月，詹大悲、刘艺舟等以国民大会名义，在汉口大舞台集会，弹劾袁世凯、赵秉钧。黎元洪立即派兵禁止，并命令警察厅以后如果遇有与政府为难者，一律干涉，不惜使用武力，同时宣布禁止集会结社。

当江西都督李烈钧准备起兵讨袁时，黎元洪派黎天才和石星川等率部赴鄂东策应袁军作战，又以汉口镇守使杜锡钧担任北洋兵粮台，为之供应军需，使湖北成为袁世凯镇压二次革命的兵站和后勤基地。

6 月 9 日，湖北革命党人组织湖北群众进行讨袁活动，准备发动起义。黎元洪获悉后，于 6 月 24 日派兵包围了由国民党人主办的中华民国公报社，查封国民党汉口交通部，将百余名革命者杀害。

二次革命失败后，黎元洪执行袁世凯铲除“乱党”的指令，取消了国民党在湖北各地的支部、分部，限令政、学、商各界焚毁所领的国民党徽章、证书。湖北省议会将国民党议员詹大悲、梁钟汉、赵鹏飞等除名。至此，国民党势力在湖北不仅受到沉重打击，而且已无公开存在的可能。

1913 年 8 月，武昌都督府高悬袁世凯手书的“民国柱石”大匾，都督府大门外也挂着袁世凯手书的“中华民国副总统府”的长匾。黎元洪在南北战事中“策划战守，呕心沥血”，又平掉“武汉暴徒盈千累万”。

对此，袁世凯除了送匾之外，还送来了一等文虎章和一大笔奖金。

在送匾 3 个月后，袁又用“霸王请客”的办法，把黎元洪调到北京就任徒有其名的副总统，将其控制起来。

黎元洪入京时，湖北都督由段祺瑞兼署。大约 3 个月之后，袁世凯又派段芝贵出任湖北都督。通过这一“请出来”“派出去”的办法，袁世凯把湖北牢牢控制在手中。1915 年，袁世凯任王占元为壮威将军，督理湖北军务。

袁世凯在 83 天的皇帝梦破灭后忧愤暴卒，黎元洪继任总统，段祺瑞为国务总理。黎元洪任命王占元为湖北督军。1916 年，湖北省长范守佑去世，王占元又兼任湖北省长，从而一手把持湖北军政大权。王占元大量任用山东人，形成“鲁人治鄂”的局面。

王占元坐镇武昌督署，在湖北巧取豪夺，以扣发军饷、倒卖铜元、垄断军需生产等手段，掠夺了约 7000 万元的不义之财。他还在湖北、天津和山东等地购置地皮，投资工厂、银行，富极一时。

（二）民族工业的复兴

武昌民族资本主义工业由于在武昌起义、阳夏战争中工厂关停，遭受很大损失。1912 年中华民国成立后，湖北军政府便着手恢复生产，于 1913 年将湖北纺织四局交给应昌、楚兴纺织公司经营，当时共有纱锭 9 万枚，到 1920 年累计盈利达白银 250 万两。

1914 年第一次世界大战爆发，帝国主义国家忙于战争，无暇东顾，相对放松了对中国的商品和资本输出。在这种特殊的历史环境中，武昌再度兴起建厂热潮。

从 1915 年到 1916 年，武汉工商界著名人士李紫云、刘季五等在武昌武胜门外筹办武昌第一纱厂，1919 年纱厂正式投入生产。武昌第一纱厂后发展有 1200 台布机、8.8 万枚纱锭，成为武汉最大的纺织厂，所产“醒狮”牌16支纱颇有时誉。

裕华纱厂筹建于1919年，由汉口纱帮负责人孙志堂任总经理，张松樵任经理。1920年改为裕华纺织股份有限公司，由徐荣廷任董事长，经理仍为张松樵，公司于1922年开工生产，有纱锭约4万枚、布机500台。

震寰纱厂于1919年由刘子敬、刘逸行、刘季五（分别担任主任董事、专任董事、总务董事）等筹建，1922年5月开工。至1923年，有纱锭2万多枚。1926年，增设布厂，有布机250台。

除纱厂外，其他工业也有一定发展，如造纸、制革、化工、米面加工等企业应运而生。1914年，武昌电灯公司成立，集资达45万元。

但是，民族资本主义工业的好景不长，随着第一次世界大战结束，帝国主义卷土重来，它们加紧对中国人民的压榨，也桎梏着中国民族工业的发展，如日本纱厂所产棉纱在中国的倾销，给武昌地区的棉纺厂以沉重打击。

（三）“五四”风云涌江城

1919年，在北京发端的五四运动以彻底反帝反封建的新姿态登上中国政治舞台，揭开了中国工人阶级领导的新民主主义革命的序幕。“五四”前夕，武汉人民就关注巴黎和会的动态，同时以愤激的心情筹备袁世凯接受日本提出的“二十一条”的国耻纪念活动。当五四运动爆发时，武汉涌起巨大的革命洪流。

斗争的风暴首先在武昌粮道街的私立武昌中华大学（简称“中华大学”）卷起。武汉学界的先进分子，如中华大学中学部主任恽代英、武昌高等师范学校学生陈潭秋、中华大学学生林育南、武昌高级商校学生李求实、勺庭中学学生李书渠等早就酝酿在国耻纪念日时采取行动。5月6日，恽代英与林育南商讨后，写下了题为《四年五月七日之事》的传单。5 月 7 日，武汉各学校放假一天，以示不忘国耻。中华大学在这天召开运动大会，以鼓励尚武精神、振扬国威。正当运动会上人声鼎沸之际，南下的北京学生代表来了，向大家介绍了北京五四运动的情况。第二天，运动会便成了声援北京学生爱国行动的群众集会。

北京、天津学生赴汉代表罗少卿、张益宣等在武汉各校连续发表演说，推动武汉学联和北京、天津学生联合行动，并推举代表参加全国学联。

在青年学生爱国精神的感召下，武昌商界也开展了抵制外货、提倡国货的运动。5 月 19 日下午，由裕顺昌货号发起，160 余人在西社街集会，响应国货运动号召。次日，汉口洋广杂货帮商人因本帮售卖洋货最多，决定将所有洋货开单盘存，卖完后不再添购。21 日，恽代英等组织学生成立“提倡国货团”。学联的代表还往武昌劝业场以及汉口模范大工场等处宣传提倡国货。5 月 24 日，武昌造币厂、修理厂的工人和一部分商铺的店员、店长于下午 6 时在洗马池街开会，商讨抵制日货行动。武昌外语学校的学生还将日本平顶硬壳草帽剜去帽顶，堆在校门口，过路人有戴这类草帽的，见此情形，都将草帽毁弃。

武汉青年学生的爱国行动，遭到了北洋政府的残酷镇压。

6 月 1 日，武汉各大中学校门口军警林立，武昌各街市巡警遍布，交通几乎中断。当学生冲出学校沿途演讲时，遭到巡警的阻拦殴打、刀砍枪杀。私立法政专门学校学生李克振等 8 人在北城角演讲时被捕，另中华大学、文华大学、启黄中学均有学生被捕。武昌高等师范学校学生陈开泰被刺刀戳穿右大腿，还有一些学生被殴打受伤。总计被捕者几十人，负伤者十几人。这就是轰动全国的六一惨案，也是武汉大学历史上第一个六一惨案。

反动派的倒行逆施，并没有使武汉人民屈服。相反，学生罢课、商人罢市，各社会团体也都群起响应，以各种方式表示支持。特别是武汉律师公会积极伸张正义，为民请命。武汉律师公会副会长施洋四处奔走，营救被捕学生，并致书当局，控诉反动军警的暴行，要求惩办元凶。

在“五四”之后，宣传马克思主义的进步刊物陆续创办。其中，由恽代英等主办的《互助》在1920年10月创刊。另有《武汉星期评论》，由恽代英、黄负生、刘子通、李书渠等创办，在传播马克思主义方面发挥了重要作用。

（四）武汉共产党早期组织成立

随着十月革命影响的扩大和新文化运动的深入，武汉地区形成了一支以董必武、陈潭秋、恽代英、李汉俊等为代表的、为数不多却锐气方新的、具有初步共产主义思想的知识分子队伍。

1920年秋，在武昌抚院街97号（今民主路下段——从胭脂路到小东门的一段）董必武、张国恩寓所，召开了武汉共产党早期组织成立会议。参加者有董必武、陈潭秋、包惠僧、张国恩等，还有工人出身的郑凯卿（文华书院工人）。会上由刘伯垂报告了上海共产党早期组织成立经过及组织状况，讨论了从上海带回来的中国共产党纲领草案，规定了每周开一次会的组织生活制度，并推选包惠僧为书记，张国恩负责管理财务。会议还决定租赁武昌多公祠5号为党组织机关部。机关部门口挂刘伯垂律师事务所招牌，以作掩护。

武汉共产党早期组织建立后，开展了学习马克思主义的活动。他们每周开会一次，由参加者交流读书心得。所读的书籍有《共产党宣言》《〈资本论〉浅说》《马克思传略》，考茨基著的《唯物主义历史观》、李季译的《社会主义史》等，还有《新青年》《共产党》等进步刊物，以及利群书社经营的书刊。

1920 年秋，董必武、陈潭秋、恽代英、林育南、刘子通、黄负生、施洋等人还建立了一个公开的马克思学说研究会。研究会每两周开会一次，研究各种理论和实际问题。在武汉共产党早期组织的领导下，以武汉中学为基地，筹建了社会主义青年团。到 1922 年 4 月，武汉地区大中学校有团员 30 余人，并与上海、北京等地的团组织取得了联系。

为了推动工人运动的发展，共产党早期组织成员用了一个月的时间调查了武汉工人的状况，写成了《武昌五局工人状况》《汉口苦力状况》两篇调查报告，发表在《新青年》上。包惠僧写了《武汉劳工状况及其活动》，发表于上海《民国日报》副刊上。此外，党组织还指导了人力车工人的罢工活动。

武汉共产党早期组织的建立，是武汉地区革命发展史上的重大事件，它使马克思主义传播到武汉，并开始和武汉地区的工人运动相结合，是武汉地区长期以来探索救国救民真理的先进分子终于迈向无产阶级革命道路的标志。1921 年夏，董必武、陈潭秋作为武汉共产党早期组织的代表，赴上海参加中共一大会议。

1921 年 10 月，包惠僧到达武汉，成立了中共武汉地方委员会，由包惠僧任书记，黄负生（负责宣传）、陈潭秋（负责组织）为委员，机关设在武昌黄土坡下街 27 号。

1922 年夏，中共武汉地方委员会扩大为武汉地方执行委员会兼武汉区执行委员会，又在武昌、汉口、汉阳、江岸、徐家棚等地建立了几个党小组。到了 1923 年 2 月，武汉地区有党员 50 多人。在此前后，武汉党组织还派党员到湖北各地建立县委、特支、支部和小组。

1921 年 8 月，中国共产党为了公开领导工人运动，在上海设立中国劳动组合书记部。1921 年 10 月，中国劳动组合书记部武汉分部在武昌黄土坡16号成立，由包惠僧兼任主任，并派李书渠到徐家棚开展工人运动。李书渠在武昌徐家棚办起了粤汉铁路工人补习学校。

武汉党组织还在武汉中学、共进中学、崇实中学、湖北女子师范学校和武昌高师附小等学校中建立了社会主义青年团，把一大批优秀青年聚在党的周围，使之成为一支充满革命活力的青年先锋队。

武汉党组织建立后，先后领导了1921年、1922年的粤汉铁路工人的两次罢工和汉阳铁厂罢工、汉口人力车夫大罢工等。1923年2月，京汉铁路工人大罢工将中国第一次工人运动高潮推向顶点。武汉党组织在领导罢工的斗争中，还建立和发展了工会组织。同时，武汉党组织还领导了湖北女师学潮，赶走了封建顽固势力在教育战线的代表——女师校长王式玉。

（五）北洋军武昌兵变

王占元为了巩固其在湖北的地盘，不断扩军黩武，加强实力。为了满足军需，他大量增加税收，发行湖北官票。但王占元并未将聚敛的军费发至部队，常常大额克扣军饷，有些部队欠饷达七八个月之久。长期欠饷使官兵矛盾激化，最终以兵变的形式爆发出来。

1921年6月4日，宜昌第二十一混成旅的一个团发动兵变，变兵于7日被带到省城，安置在南湖，预备遣散。当时王占元部第二师有老兵团即将被裁撤，老兵心生不满，与变兵商议决定于7日夜里同时起事。8日凌晨，2200多名士兵会合于阅马场，然后割断电话局总线，砸坏电灯公司机器，使全城陷进一片漆黑。他们接着在武昌放火抢劫商店，连造币厂、官钱局也未能幸免，被洗劫一空。变兵甚至闯入省议会大楼和王占元的督军署等。城内外枪声四起，火光烛天。

这一次武昌省城骇人听闻的兵变，使公私财产损失数千万元，57人被打死，300余户房屋被焚。

8 日下午，王占元传令变兵退役、缴枪，保证发足欠饷，每人给 20 元遣散费，劫来财物不加追究，准予携回家中，同时以火车免费遣送回乡。

变兵在缴枪后，陆续在汉口刘家庙上车，当晚 11 时开车。车至横店孝感之间，王占元预先派湖北第四混成旅旅长刘佐龙率兵设伏，并架起 6 挺机枪，待车至时，伪称备有饮食，诱变兵下车后进行扫射，毙杀一千七八百人。

兵变造成武汉社会的动乱，充分暴露了王占元统治的残暴，也给湖北自治运动以口实。在兵变后，以“驱王”为目标的湖北自治运动再度高涨。

兵变发生后不久，主张“鄂人治鄂”的湖北旅京同乡会就致电国务院，指控王占元纵兵扰民，激成剧变，要求“立予罢斥，归案讯办”，并派代表到总统府、国务院多次请愿，但未能说服北洋政府罢黜王占元。

于是以李书城、孔庚、蒋作宾为代表的另一部分湖北政界、军界民主人士，决定以武力驱王。但湖北自黎元洪及段祺瑞、段芝贵督鄂裁军后，本省人士均未掌握军队，手中无兵，于是李书城等人转而联合湖南督军赵恒惕和四川督军刘湘，利用湘、川兵力以倒王。湘军援鄂，发动强攻，在鄂南大挫王占元军，一步步逼近武汉。

王占元在走投无路之时，于 8 月 6 日致电北京政府，宣布辞职。8 月 11 日，王占元乘军舰离鄂。而在 8 月 9 日，北京政府已准许王占元的辞职请求，任命吴佩孚为两湖巡阅使，萧耀南为湖北督军。

这种动乱的政局，预示着辛亥革命的失败和旧民主主义革命的终结。北洋军阀的武人专政，粉碎了中国资产阶级革命派的“共和国”的旧梦。

三、北伐军武昌鏖战

（一）北伐军围攻武昌城

1924 年，国民党第一次全国代表大会召开，在中国共产党的帮助下，孙中山改组了国民党，实行“联俄、联共、扶助农工”三大政策，实现了第一次国共合作。在此基础上，1926 年 7 月 9 日，广州国民政府举行了北伐誓师典礼，北伐战争在“打倒列强、除军阀”的口号声中正式开始。北伐军兵分三路，主攻两湖。北洋军阀吴佩孚深知北伐军战斗力强，他在湖南阻击北伐军失败后，立即将主力撤至湖北，企图利用粤汉铁路上的几道屏障阻挡北伐军。然而，以叶挺独立团为先锋的北伐军势如破竹，连克汀泗桥和贺胜桥，于 8 月 31 日兵临武昌城下。吴佩孚调集重兵防守武汉，并依仗武昌城墙与北伐军鏖战。

9 月 3 日凌晨 3 时，北伐军开始攻城。第一军第二师进占紫金山、忠孝门防地一角；第四军第十师进至宾阳门城门；第七军二路向望山门、中和门、保安门进攻。各处因敌人炮火猛烈，战至 7 时，北伐军撤出战斗。

在进攻武昌城的同时，北伐军展开对汉阳、汉口的进攻。9 月 6 日，北伐军攻克汉阳；7 日，攻占汉口。至此，武汉三镇已有两镇被攻占，吴佩孚逃至河南信阳，留下两万多部队死守武昌。

9 月 5 日凌晨 3 时，第二次攻城开始。各军组织奋勇队为先锋。叶挺以第一营为奋勇攻城队（先锋队），第二营为拥进队（后续队），第三营和特别大队为预备队，进行了两次夜袭。凌晨，第一营在营长曹渊的带领下，乘夜色朦胧突进到通湘门下，并架起长梯，登上城墙，和敌人在城垛上展开肉搏。因敌人凭城固守，火力倾泻，爬城勇士伤亡很大。在这次爬城战中，曹渊亲率奋勇攻城队第一组先登，但未成功。这时，夜色渐退，即将破晓，爬城更困难了。曹渊向团长叶挺写一份紧急报告：“天已露晓，进城无望，我营仅剩下十余人，但革命军人有进无退。如何处理，请指示！曹渊。”此时，敌人的枪弹如雨点般落在小山包上。曹渊在疾书“渊”字最后一笔时，头部中弹，手中的笔一震，拖了四五寸长，随后猝然倒下，壮烈牺牲。

由于强攻不易得手，同时欲抽调部分兵力赴江西作战，9 月 14 日，北伐军决定对武昌城实行封锁围困。同时，还以飞机轰炸城内战略目标，并组织工兵对武昌城墙进行爆破。国民革命军总政治部还对困守的敌人展开政治攻势，瓦解敌军，并印制传单，用飞机撒在武昌城内，号召人民支援革命军。

被围的武昌城，断绝了粮食和副食品的来源，十几万居民陷入困境，饥困交迫的广大市民坚决要求城中守军放人出城谋食。经守军与北伐军谈判，北伐军出自对人民生命安危的关切，同意武昌人民出城。10 月 3 日至 6 日，双方同意开放汉阳门，共放出妇孺数万人。

10 月 10 日凌晨 2 时，北伐军发动对武昌城的总攻。各路士兵奋勇抢登，并相继从保安门、中和门、小东门攻入城内，再从保安门、望山门、文昌门、平湖门等处搜索前进。至早晨 7 点半，北伐军占领武昌全城，生俘守将刘玉春、陈嘉谟。

北伐军围攻武昌城前后共 41 天，最后以北伐军全胜而结束，北伐军总计俘敌万余人，其中军官 740 名，缴获了不少大炮、步枪、水机枪及堆积如山的土机枪、炮弹。北伐军在武昌围城中，死伤亦达 1000 多人。

北伐军攻占武汉，标志着北洋军阀在湖北黑暗统治的结束，改变了当时的政治格局，打击了英国在长江流域的势力，推动了革命形势向前发展。武汉人民以各种方式庆祝北伐军取得的伟大革命胜利。北伐先遣队、战功卓著的叶挺独立团，被称为“铁军”中的“铁军”，叶挺也被誉为“北伐名将”。

（二）武汉国民政府成立

北伐军进入武汉后，国民党中央政治委员会于 1926 年 11 月 26 日正式决定迁都武汉。12 月 7 日，国民党中央通电全国，宣布中央党部及国民政府迁至武昌。12 月 10 日，宋庆龄、宋子文、孙科、徐谦、陈友仁、鲍罗廷等一行人到武汉，受到了武汉各界的热烈欢迎。11 日，武汉举行了 30 余万人的集会，庆祝迁都武汉。13 日，在蒋介石、张静江等没来的情况下，中国国民党中央执行委员会暨国民政府委员会临时联席会议在武昌成立。临时联席会议以徐谦为主席、鲍罗廷为顾问，代行国民党中央和国民政府最高职权。随后，国民政府迁往汉口南洋大楼办公。

从 1926 年 12 月 17 日到 1927 年 3 月底，临时联席会议在南洋大楼召开了 24 次会议。1927 年 3 月 10 日至 17 日，国民党二届三中全会召开，徐谦、孙科、陈友仁、宋子文、宋庆龄、邓演达、吴玉章、董必武、林伯渠、恽代英、毛泽东、何香凝、汪精卫、谭延闿等 30 多人参加会议。会议就坚持孙中山的“三大政策”、限制蒋介石的军政独裁、关于中国革命的前途等问题进行了讨论，通过了多项决议案。这次会议决定，以汉口、武昌、汉阳为京兆区，定名武汉，为临时首都，这是武汉三镇统为一市的开始。

武汉建市，是在轰轰烈烈的大革命高潮中由国共合作时期的武汉国民政府领导建立的，见证了国共合作的历史。是年 3 月 20 日，武汉国民政府正式成立，初在武昌原清政府督署（旧址在今武昌造船厂）办公，后迁往汉口华商总会。

在第一次国共合作时期，1927 年 4 月中旬，中共中央从上海迁至武汉。中共中央曾在武昌办公，多次在武昌召开中央政治局会议和政治局常务会议，作出了许多重大决策。时任中共中央农委书记的毛泽东住在武昌都府堤，中共中央军委办事处也进驻武昌中和里（今乾福巷）。当时，在武昌开办了国民党中央军事政治学校和农民运动讲习所，中国共产党第五次全国代表大会在武昌召开，湖北农委、工人纠察队也相继成立，整个武昌城处于“打倒军阀，打倒列强”的革命氛围之中。不久，蒋介石发动四一二反革命政变，汪精卫也发动七一五“分共”，使红色的武汉三镇笼罩着白色恐怖，轰轰烈烈的大革命失败了。武汉国民政府于当年 9 月 20 日正式撤销。

四、红色记忆都府堤

在武昌北城角有一条老街叫都府堤，因清时在司湖（今武昌公园处）筑堤，堤近督府衙门故名。这条街仅 500 多米长，却在第一次国共合作时期发生了很多大事，一是中央农民运动讲习所在此开办，二是中共五大在此召开，毛泽东和陈潭秋曾居住在此，所以都府堤被称为红色革命摇篮。

彭湃于 1924 年 6 月首先提出创办农民运动讲习所，并在广州举办了 6 届，其中第六届由毛泽东主办。到武汉后，中国共产党决定继续举办农民运动讲习所，由国民党中央农民部部长邓演达、中共中央农委书记毛泽东及国民党中央农民部秘书陈克文担任常务委员。毛泽东为实际负责人，他四处奔走进行各项筹备，并到湘鄂赣三省考察交涉，联系生源。开办地点定在都府堤附近红巷的省商科高级中学，这里原为张之洞创办的北路高等小学堂。北伐军攻入武昌后，学校并入武昌中山大学。之所以选在这里，是因为此地距武昌高师附小较近，而当时的武昌高师附小是湖北革命运动的指挥机关。

1927年3月7日，农民运动讲习所正式上课了。教师不乏著名的革命家和理论家，他们中有恽代英、李立三、瞿秋白、郭沫若、彭湃、方志敏、于树德、李达、邓初民、何翼人等。毛泽东主讲农民问题和农村教育等。来自全国17个省的800多名学员通过学习，革命觉悟很快提高，他们中的许多人后来到农村开展农民运动，长期从事农民运动工作。

1927年1月，毛泽东到湘潭、湘乡、衡山、醴陵、长沙等5县实地考察了农民运动情况，为期一月，行程约700公里，于2月12日赶回武昌。2月下旬，杨开慧带着5岁的毛岸英、3岁的毛岸青、母亲及保姆陈玉英来到了都府堤41号。都府堤这栋民宅共有十来间房，除了毛泽东一家外，还先后住过蔡和森、向警予、郭亮、彭湃、夏明翰、罗哲，以及毛泽东的弟弟毛泽民、毛泽覃等。

都府堤成了毛泽东短暂而幸福的家。家虽简陋，文房四宝是不能少的。在这里，他挥笔撰写了《湖南农民运动考察报告》。毛泽东居住期间，灯总是亮到深夜，杨开慧为他端茶研墨，还整理并抄写文件。半个月后，这篇文章发表在中共湖南省委机关刊物《战士》上，接着汉口长江书店以《湖南农民革命》为书名出版了小册子。瞿秋白在序言中说："中国革命家都要代表三万万九千万农民说话做事，到战线去奋斗，毛泽东不过开始罢了。"

都府堤41号斜对面是武昌高师附小，陈潭秋、董必武等一群湖北人在那里活动，毛泽东经常去串门，还在那里参加了中共五大的开幕式。八七会议后，毛泽东作为中央特派员到湘赣边发动秋收起义，杨开慧也携家人回到家乡长沙板仓。毛泽东与妻儿聚少离多，都府堤是他们人生中最幸福的一段时光。

都府堤20号是一所学校，为武昌高师第一附小。新中国成立后很长时间当地人都把它叫作“陈潭秋小学”，后被辟为“陈潭秋烈士纪念馆”。1927年4月27日，中共五大开幕式就在这里举行。

陈潭秋是中共一大代表，湖北黄冈人，毕业于武昌高等师范学校。1921年秋，中共湖北武汉机关在武昌黄土坡下街27号黄负生家设立。新闻记者出身的包惠僧任书记，以教师身份做掩护的陈潭秋任组织部部长，黄负生任宣传部部长，兼武汉地区党刊《武汉星期评论》主编。1922年，毛泽东在这里住过约半个月，发出过“湖南有个蔡和森，湖北有个黄负生”的感叹。京汉铁路工人大罢工失败之后，黄土坡机关被迫关闭，陈潭秋到安源路矿和刘少奇、李立三等一起开展工人运动。1922年秋至1923年春和1924年夏至1927年夏，陈潭秋曾两度在武昌高师第一附小执教，与董必武等一起开展活动，使这里成为湖北革命运动的指挥机关。有了这样的原因，加之学校场地较大、地方僻静，才选择在这里召开中共五大。

在武汉召开中共五大是一年前就由共产国际确定的。中共全党范围内讨论共产国际决议已为大会的召开做好了思想准备，瞿秋白、李立三等召集在汉的中央委员进行了半个多月的会前筹备。正是因为筹备充分，这次会议有来自全国11个省区的中共组织及共青团代表80多名，另外还有外国来宾和国民党中央代表以及工农青妇代表。

中共五大是在四一二反革命政变之后，国民党右派在广州、南京、无锡等地接连发动反革命政变的紧急关头召开的。当时，周恩来、聂荣臻等在上海应对四一二大屠杀，不能分身前来武汉。中共第四届中央执行委员李大钊于4月28日被奉系军阀杀害，李大钊的遇害，全国震惊，中共在武昌举行万人追悼大会。这就是中共五大召开的时代背景。

中共五大的召开时间尽管处在四一二反革命政变发生的紧急关头，但由于武汉国民政府还没有公开叛变，因此中共五大还是按时召开了。

在风雨操场司令台上，“国共两党合作到底，争取非资本主义前途”的横幅十分醒目，写着“CCP”（中国共产党）的红色长方形中共党旗和国民党党旗，还有马克思、列宁、孙中山的炭精画像都布置在台上。开会时，主席团成员坐在台下，跟80多名代表面对面，台上只有负责记录的工作人员，他们面前搁一铃铛，代表发言超时就摇动以告之。

在当时错综复杂的形势下，这次会议是半公开的，会场警卫由国民革命军司令部教导营担任。这个营的干部战士大多倾向革命，其中有许多共产党员。当天，营长韩浚率领100多名战士警惕地守卫在会场周围，保证了大会的顺利进行。

因为当时汉口较武昌更为安全，同时大多数代表居住在汉口，乘坐轮渡过江开会不方便，因此27日大会开幕之后，28日休会一天，29日移至汉口济生三马路黄陂会馆召开会议。5月9日结束会议，中共五大总共跨时13天。

在这次代表大会上，毛泽东曾向大会提出迅速开展农民土地改革、武装农民、建立农村革命政权的提案，却被陈独秀拒绝，根本未提交大会讨论。

大会选出了由31名中央委员和14名候补委员组成的中共第五届中央委员会，通过了《中国共产党第五次全国代表大会宣言》等一系列文件。同时，大会还选举产生了中央监察委员会。这是党的历史上第一个中央纪律检查机构。中央监察委员会的产生，是党的组织建设和制度建设的重大创新，对党的纪律检查工作的发展具有重要意义。

五、拆墙筑路扩城区

（一）武昌建市及演变

民国时期，武昌建制变动频繁，是行政体制最不稳定的时期。在建制中最突出之处，是武昌形成了市制，武昌无论单独设市，还是三镇合一，都对武昌城市的发展产生了积极的影响。

1911 年 10 月 10 日，辛亥革命武昌首义爆发。第二天，在武昌阅马场红楼组建了以黎元洪为都督的湖北军政府，取代了湖广总督署、湖北巡抚和三司。1912 年，中华民国成立后，原江夏县、汉阳县、夏口厅仍保留了下来。1913 年，中华民国确立省、道、县的三级行政区划。湖北省下初设江汉道等三道，原江夏县、汉阳县、夏口厅属江汉道。汉阳府、武昌府裁撤，江夏县易名武昌县，汉阳县名保存，夏口厅易名夏口县。晚清时期武汉的两县（江夏、汉阳）一厅（夏口），变为武昌、汉阳、江夏三县并立。但在三县中，省级机关如都督府、省政府等均设在武昌。

1926 年 10 月，北伐军攻克武昌，标志着北洋直系军阀在武汉的统治结束。广州国民政府批准成立的湖北政务委员会，在武汉设置了两个市级行政建制——汉口市政委员会和武昌市政厅。是年 12 月，武昌市政厅成立，其区域以旧警察厅所辖范围为限，直属省政府，市长由国民政府任命。1927 年 1 月 21 日，举行武昌市政厅成立暨市长就职宣誓典礼大会，黄昌谷宣誓就职市长，国民党中央执行委员徐谦授印。市政厅下设秘书处、财政局、工务局、公安局、教育局、卫生局、土地局等机构。1927 年，广州国民政府迁移武汉，为武汉国民政府。武汉成为大革命的中心，遂将汉口、武昌、汉阳三镇合组为京兆区，定名武汉，作为临时首都。

1926 年 12 月，根据国民政府行政院指令，划武昌城区为普通市。因地方财力薄弱等原因，直到 1931 年才成立武昌市筹备处。1935 年 1 月，改武昌市筹备处为武昌市政处，管理武昌市政。1937 年初，成立武昌市，隶属湖北省。武昌市行政区计划分为 8 个镇：城内为中正镇、大朝街镇、宾阳镇、粮道街镇、胡林翼镇、积玉桥镇，城郊为金白洲镇、徐家棚镇。

1938年10月底，武昌沦陷。1940年，伪湖北省政府在武昌城区设武昌市政处（1945年1月撤销）。

1945年9月初，国民政府行政院决定设武昌市。湖北特设武昌市政筹备处，着手筹建。1946年10月，正式成立武昌市政府。市政府分七科五室，为民政、财政、教育、社会、卫生、地政、工防七科和秘书、户政、人事、会计、统计五室，并有体育场、救济院等附属机构。1947年，有职员、雇员76～92人。武昌市有参议会，1947年成立时有参议员30人。

武昌市所辖范围，东从舒家街至晒湖，西至长江，南至南湖机场，北抵徐家棚。全市总面积42.78平方公里，辖中正、邻湖、长春、雄楚、首义、武胜等6个城区和武泰、挹江2个郊区，计82保1334甲。

（二）拆城筑路扩城区

1926年10月，由于武昌行政区划级别的提高、近代交通所带来的广泛经济联系、新式工商业的发展和武昌人口的剧增，这一切都显示着再也不能把武昌束缚于城墙之内了。于是，湖北政务委员会作出了拆除武昌城墙的决定。拆城墙工作于1927年开始，直到1929年底结束。除保留起义门及其附近的一段城墙外，城垣基本被拆完。明代武昌城垣从1371年开始扩建，至1929年全部拆除，共存世558年。

武昌相关部门在拆除武昌城垣的同时，又着手实施城市道路的开辟和改造工程。

扩修重建武昌路。武昌路位于蛇山中部，是张之洞开凿蛇山洞修建的连接山前山后的一条马路。此洞因在武昌路段之内，故俗称“武昌洞”和“新鼓楼洞”。1912年1月，洞内整修，用旧城砖衬砌洞拱，工程于 1913 年竣工。洞口两端外侧的拱顶正中，嵌有黎元洪所题“武昌路”三个大字的石刻。1916 年因洞内中段砖拱脱落坍塌，阻碍了交通。1927 年，在拆除武昌城垣的同时，修复已崩毁的武昌洞，改砖拱为钢筋混凝土洞。洞长 78 米，高 5.6 米，宽 7.7 米，可通行汽车。武昌洞修复工程于 1928 年 9 月开工，1929 年 4 月竣工，为武汉市最早使用钢筋混凝土修建隧道的一项工程。

开山修筑胭脂路。武昌路扩建工程竣工后，交通向北延伸，又为胭脂山所阻。于是 1933 年底实施开辟胭脂山修筑道路这一项工程，并以山名命名此路为“胭脂路”。此工程于 1935 年 6 月破土动工，9 月开始爆破山石，年底竣工。此路南起抚院街（今民主路），北至粮道街，全长 280 米，宽 10 米，为混凝土车行道，两侧水泥人行道各宽 1.2 米。这是武昌最早修建的一条水泥路面的道路。

扩建汉阳门正街道路（又称汉司马路，从汉阳门江边至当时省政府左侧的青龙巷口，即今民主路汉阳门码头到司门口段）。此道是武昌东西横向的交通要道，原街宽约 6.6 米，终年泥泞，车马塞途。1928 年 8 月开工后，中间经多次变故，至 1929 年 4 月才全部竣工。包括汉阳门外沿江马路一部分在内，车马道路基筑约 40 厘米厚，上铺两层柏油，并同时用砖砌出排水明沟约 1173.5 米。这是武汉市修筑的第一条柏油路。

建桥并扩宽中正路（今解放路）。这项工程是武昌干道建设的重要工程。中正路俗称“长街”，由司门口南楼（俗称“鼓楼”）前街、芝麻岭、兰陵街、望山门正街组成，是一条纵贯城南的古街。连通蛇山南北的鼓楼洞开凿于明末，使中正路与山北司门口相连，清同治年间又以城砖砌内墙与拱顶。原贯穿鼓楼洞的道路及洞内通道仅宽 4 ~ 5 米，因此 1935 年武昌市政处决定扩宽中正路，挖开鼓楼洞并修建南楼拱桥（俗称“蛇山桥”），以解决中正路过往人车剧增所带来的交通拥挤问题。蛇山桥原址位于今司门口解放路长江大桥铁路跨线桥处，桥长 201 米，两边设置雕花栏杆。1935 年底蛇山桥破土动工，1936 年竣工。这是武汉最早的钢筋混凝土过街人行拱桥，1955 年修建长江大桥时被拆除。中正路于 1936 年 1 月动工兴修，全长 316 米，宽 11.5 ~ 12 米，北段司门口经高家巷抵箍桶街为新辟路段。工程竣工后，司门口至望山门的 2100 米路段为水泥路，司门口至高家巷的 405 米路段为柏油路，高家巷至箍桶街的 611 米路段为碎石路。该路段扩宽工程于 1936 年秋竣工。同时，市政处又在巡司河上架设钢筋水泥桥，名中正桥。

开辟环城马路。1927 年至 1929 年拆除武昌旧城墙时，以城基和城墙土填没城壕作为路基。1936 年 7 月，在原城墙基址上开辟环城马路，定名为中山路。这条环城马路基本上围绕武昌旧城的北、东、西南三面修筑。整个环城马路（大堤口至武泰闸）长 6340 米，平均宽 10 米，为黄泥碎石路面。第一段从大堤口至沙湖巷，长 900 米，宽 10 ~ 30 米，招标建造，于1936年10月17日开工，1937年3月31日竣工。与此同时，又完成了从阅马场经大东门至街道口长 4900 米、宽 6 米的道路扩宽工程和从临江大道首段至紫阳路中段的道路扩建工程，后者被命名为张之洞路。

城区出入公路和近郊公路的修建工程亦同步进行。1926 年至 1928 年，武昌至金口公路建成通车；1927 年，商人郑显卿等筹资修建的武昌至豹澥公路（全长 35 公里）通车；1930 年至 1936 年，武昌至郑家店、武昌至油坊岭、武昌至东湖、武昌至白浒山、武昌经苏家墩至全家源（去江西）、武昌经龚家铺至界上（去湖南）等 6 条郊区公路陆续建成通车。1927 年至 1934 年，还修建了武昌至咸宁、武昌经大冶至江西等进出城区的公路。

城区内外的道路修成后，人们来往便捷，带动了商贸发展。特别是中正路的扩宽，使上至望山门、下到积玉桥的街道两旁，一个个字号林立，一座座二至三层的营业楼房拔地而起，古老的商业街呈现近代商贸特色。当年的曹祥泰杂货店、维新百货、刘有余药堂等老字号商铺建成了四至五层中西结合的楼房，宽敞的营业厅、电灯照明及近代经营管理方式，无疑为其他商家提供了参考。同时，商贸的发展也推动着城区的扩展。由于老城区地狭人稠、地价昂贵，新式工厂只得往郊外地价低廉、交通便利之处发展。这一时期，武胜门至徐家棚沿江一带成为近代工厂的集中地，大东门至洪山一带以及徐家棚车站、武昌车站一带成为店铺林立的商贸集中之地。武昌工商业的发展使武昌城区北面向长江下游拓展，东部向洪山、街道口延伸，南部向铁路沿线推进，扩大了城区范围。

六、抗战中心移武汉

（一）国共携手共同抗战

抗日战争爆发后，1937 年底至 1938 年秋，武汉成为全国抗战的中心，国共两党携手合作，共同抗战。

1937 年 12 月 5 日，蒋介石把抗战最高统帅部——国民政府军事委员会迁到武昌，在国立武汉大学坐镇指挥武汉大会战。蒋介石、宋美龄寓居半山庐那栋青砖黑瓦的两层楼房，并于 1938 年在武汉大学开办了国民党高级军官训练团，蒋介石任团长，并检阅军官。

1938 年 1 月，国民政府军事委员会在武昌公布了一批抗战不力将领的判决名单，其中韩复榘等被判处死刑，其他 30 多人被处分。蒋介石的这些措施体现了国民政府全面抗战初期的态度，也达到了整饬军纪、增强抗战决心的目的。

为应对抗战局面，1938 年 3 月 29 日至 4 月 1 日，国民党在武昌举行临时全国代表大会，大会制定了《抗战建国纲领》(以下简称《纲领》)，并发表了《中国国民党临时全国代表大会宣言》。《纲领》确定了抗战与建国同时并举的方针，标志着国民党在七七事变后政治上的进步和政策上的转变，对当时抗战形势表现出了适应性，发挥了积极作用。但《纲领》中没有提出坚决将日本帝国主义驱逐出中国的主张，也没有提出召开国民大会、制定宪法、组织有抗战党派参加的政府等事项。

1937 年 10 月，成立八路军驻汉办事处。同年 12 月 18 日，王明、周恩来、秦邦宪、邓颖超抵汉，开始了在武汉的战时生活。12 月 23 日，中央代表团和长江局召开第一次联席会议，决定合并为一个组织，对外称“中共中央代表团”，对内称“中共中央长江局”，以王明为书记，周恩来为副书记。周恩来在武汉期间为巩固和发展全民族团结抗战的统一战线和保卫大武汉付出了艰辛的努力，在成立中共中央长江局、组建新四军、将南京的八路军驻京办事处并入八路军驻汉办事处、接待外国友人、创办《新华日报》、协助国民党军队进行武汉会战等方面，作出了突出贡献。

（二）冼星海的抗战歌咏运动

1937 年 10 月初，冼星海随上海救亡演剧二队抵达武汉。此后，在长达一年的时间里，这位人民音乐家就在武汉三镇及附近地区奔走高歌，积极投身抗战救亡事业，成为武汉救亡歌咏运动的领军人物。冼星海和他的战友们带着他们的抗战歌曲来到这里，并先后创作了《保卫大武汉》《救亡对口曲》《到敌人后方去》《在太行山上》《游击军》《江南三月》等著名的抗战歌曲。这些歌曲不仅是激励抗战将士的前进号角，而且是中国近代新音乐发展的重要里程碑。

1938 年 1 月，中华全国歌咏协会在汉口成立，冼星海、张曙、沙梅、任光、盛家伦、王云阶、林路、曾昭正、李行夫等被推选为理事。在冼星海、张曙等人的努力下，武汉的歌咏团、合唱队像雨后春笋般建立起来。他们还主办歌咏训练班，培养了大批救亡歌咏骨干，推动了武汉抗战歌咏活动的发展。

1938 年 4 月 1 日，国民政府军事委员会政治部第三厅在武昌昙华林成立，负责抗战宣传工作。郭沫若任第三厅的首任厅长，冼星海担任其下第六处音乐科的主任。这个机构自建立到 1940 年 8 月改组期间，实际上一直掌握在中国共产党手中。在中国共产党的积极推动下，第三厅成立以后，武汉的抗战宣传工作迈上了一个新的台阶，冼星海的歌咏救亡运动也获得了更大的舞台。1938 年 4 月 7 日至 13 日，在第三厅的直接主持和领导下，武汉各界举办了抗战扩大宣传周活动。宣传周的第三天为歌咏宣传日，由冼星海、张曙任指挥，武汉的星海、量才、汉光等 100 多个歌咏队的 3000 多名队员在汉口中山公园体育场举行盛大的广场歌咏活动，齐声高唱《义勇军进行曲》《大刀进行曲》《牺牲已到最后关头》《救国军歌》等歌曲。“工农兵学商，一起来救亡！”“大刀向鬼子们的头上砍去！”这些歌声响彻云霄。同年 8 月 9 日举行“保卫大武汉”歌咏大游行，冼星海指挥武昌的歌咏团体高唱救亡歌曲进入武昌市区。当时，整个武昌城都沸腾起来了，满城响起“誓死保卫大武汉”的口号声。接着，冼星海带领这支打着成千火炬的歌咏大军，组成一支万人的歌咏队伍，以军乐队为先导，从武昌汉阳门码头登船奔赴汉口，浩浩荡荡向闹市区进发。

冼星海在组织抗日救亡歌咏活动的同时，还参加了由金山导演的抗战电影《最后一滴血》的拍摄。冼星海在电影中扮演一个农民，并且影片里的插曲《江南三月》也由他谱曲。电影在武昌东湖边拍摄。

1938 年 11 月，冼星海辗转到达延安，半年后创作了慷慨激昂的

《黄河大合唱》。一位外国记者曾这样评论："中国正充满着过去难以想象的奋发图存的激情，这个拥有黄河的民族是不可能被征服的。"

（三）日军轰炸留创伤

1937 年 8 月 20 日 5 时，武昌裕华纱厂的电动警报器第一次拉响警报，第二天日机就开始轰炸武汉。南京陷落后，武汉成为全国抗战的中心。随着国民政府的迁入，日军飞机也追踪而至，轮番轰炸武汉，在一年零两个月的时间里共突袭 72 次，给武汉人民造成惨烈创伤。其中日机轰炸武昌的惨状触目惊心，留下的伤痛至今不能忘却。

1938 年 3 月 27 日下午 2 时，日军 40 余架飞机分批侵入武汉上空，在徐家棚及南湖附近投弹 140 余枚，炸毁民房 60 间，炸死居民 110 余人，炸伤 114 人。在死伤的居民中，以妇孺居多。

7 月 12 日 12 时 40 分，日机轰炸了武昌市区中心东厂口、胭脂路、粮道街和小东门外等人口密集的地区，投弹 50 余枚，死伤 500 余人。省立医院和美国教会学校也被炸毁，死伤 100 余人。

7 月 19 日，日机大肆轰炸武汉三镇，投弹 200 多枚，武昌徐家棚车站及附近居民损失惨重。此次轰炸共造成 1000 余人伤亡，民房被毁 500 栋以上。

进入 8 月，日机轰炸活动更为猖獗。1 日上午 9 时，日机分三批共 85 架在武昌陶家巷、平阅路、金龙巷等处投弹，被炸情形极为惨烈。11 日，70 余架日机分三批轰炸武汉三镇，投弹 200 余枚，居民死伤 800 余人。18 日，72 架日机再次袭击武昌、汉口，投弹 350 多枚，死伤居民 700 余人，毁坏房屋 400 余栋。在水陆街的武昌艺术专科学校被夷为平地，位于文昌门外的湖北织布局被炸毁。

10 月 23 日上午 10 时，满载难民的两列火车由武昌站开往南方。当行至纸坊站时，3 架日机凌空投下炸弹，并且机上的日军用机枪扫射车厢。顿时，车站浓烟滚滚，尸横遍野，惨不忍睹。

从 1937 年 8 月敌机突袭开始，仅武昌就被炸 34 次，日军投弹 1148 枚，炸死 853 人，炸伤 1583 人，炸毁房屋 1100 余栋，炸死牲畜 5572 头。一些公私企业也因此停工停产。像位于曾家巷的第一纱厂，在敌机轰炸下损失十之有八。武胜门、黄土坡、大朝街被炸得最为严重，被炸面积达 1.3 平方公里。

日本侵略军的大轰炸，给武昌人民造成了深重的灾难，欠下武昌人民大笔血债。

1938 年 10 月 25 日是武汉沦陷日。自 2004 年起，每年 10 月 25 日 16 时拉响防空警报，这已被写入《武汉市人民防空条例》，以志不忘国耻。

七、战时武昌成中枢

（一）工厂学校大西迁

从卢沟桥事变至武汉沦陷前夕，是武汉经济从短暂繁荣到迅速萎缩的时期。

1936 年底，武昌共有民营工厂 58 家，资本总额 588.66 万元，年产值 2342.92 元，另有公营工厂 8 家。这些工厂涉及水电、纺织、机器、电气、木材、交通等行业，此外还有小型手工业作坊。商业商户总数达 6647 户，其中现代银行 5 家，还有老式钱庄、票号等。

随着经济发展，武昌城市建设的规模日益扩大。至全面抗战爆发前夕，武昌人口达 31 万人。但好景不长，随着战火的蔓延，武汉不断遭受敌机轰炸，人员和财产损失巨大。

为了保卫大武汉和提升大后方的经济，国民政府决定将武汉的工厂、学校西迁。

湖北省建设厅自 1938 年 8 月起，将设在武昌的湖北织布局、纺纱局、制麻局、缫丝局、白沙洲造纸厂、航务处修船厂等工厂的机器和材料 6000 余吨分别运往陕西、四川、鄂西。汉口市政府下属工厂的机器和材料也拆运至宜昌。武昌市政处下属的武昌电厂在拆运一小部分机器、仪表后，余者于撤退的前一天（10 月 24 日）被全部炸毁。当时武汉的民营企业为避免机器设备落入敌手，纷纷把工厂迁往内地。除第一纱厂因与英商合同纠纷未迁外，裕华、震寰等纱厂也都西迁。武汉西迁工厂总计达 223 家。

除了工业西迁外，还有文化西迁，二者成为整个战时大西迁的重要部分。湖北政府于 1938 年 2 月着手准备高等院校与图书档案的搬迁。以国立武汉大学迁往四川乐山为开端，教会所办华中大学、私立武昌中华大学、私立武昌文华图书馆学专科学校、武昌艺术专科学校、医药技士专门学校以及湖北省立农业专科学校等高校陆续向西迁移。1938 年 8 月，由全省几十所中等学校合并组建的湖北省立联合中等以上学校（简称“湖北联中”）也从武昌西撤宜昌，再迁恩施。从 1938 年 7 月至 1941 年 3 月，湖北省图书馆历时两年零八个月进行西迁。湖北省图书馆此次迁移，其规模之大、书籍之多、路线之长、历时之久，堪称全国省级公共图书馆之最。虽经历千辛万苦，却损失极小，完整保存了大量图书，为文化抗战等作出了巨大贡献。1938 年 11 月，湖北省政府迁往恩施。

在这场大撤退中，除大中专学校的师生、文化艺术工作者及新闻出版工作者外，还有 1 万多名工程技术人员和工人疏散到中国西部的战略后方。

（二）中日武汉大会战

南京陷落后，国民政府筹划迁都重庆，在此之前，作为华中重镇的武汉成了临时首都。近百万中国军队集结在武汉外围，沿长江两岸展开布防，一场大规模会战迫在眉睫。花园口的决堤迫使日军改变了进攻武汉的路线，但并未打乱日军的整个战略部署。

1938 年 4 月 29 日是日本裕仁天皇的生日，也是日本最隆重的节日——天长节。这天，39 架日本战机从芜湖起飞，悄悄逼近艳阳高照的武汉。这批日本空军王牌飞行员准备用辉煌的战果向天皇献礼，但他们没有想到，年轻的中国空军和苏联援华航空队早已严阵以待。

这场激烈的空战令武汉街头的市民拍手称快。因为两小时后，裕仁天皇收到当天最扫兴的贺礼——21 架日本战机在武汉上空被击落。空战中，中国飞行员陈怀民打光了所有弹药，驾着中弹的战机与敌机同归于尽。为了纪念这位以身殉国的空军英雄，汉口江边的南小路后来改名为陈怀民路。

空战的失利，使日军高层恼羞成怒，竟然不顾国际法，下令动用各种具有巨大杀伤力的化学武器，妄图尽快赢得战争。日本学者粟屋宪太郎等人编纂的《十五年战争机密资料集——毒气战相关资料》，记载了华中派遣司令部 1938 年 11 月上报陆军次官山胁正隆的有关进攻武汉期间的化学战实施报告："实施总次数不下 375 次，其中约八成成功，两成效果不够理想。"

1938 年 6 月下旬，日军几乎集中了最精锐的兵力，在武汉外围发动进攻。

长江两岸被战火吞没。6 月 26 日，马当要塞失守。7 月 5 日，日军攻占湖口要塞。7 月 26 日，日军占领了九江。9 月 1 日，日军攻下了广济。但是日军遇到了最顽强的抵抗，每前进一步都要付出血的代价。

日军的正规军、后备兵源迅速耗尽，大量训练素质差的补充兵进入军队。此时的日本已经全民皆兵，甚至连未成年人都未能幸免。日本法西斯几乎到了疯狂的边缘。

全面抗战爆发后不到一年，日本先后6次发行国债，黄金储备从288万吨骤降至8万吨。同时，日本的战略资源迅速耗尽，甚至连学校教学使用的教练步枪也不得不收回发放给军队使用。

此时中国人民的抗日热情正一浪高过一浪。1938年7月7日，正值全面抗战爆发一周年，国民政府军事委员会政治部第三厅在武汉发起献金运动。各界群众不分老幼、不分贫富，都踊跃加入捐献行列。参加献金的社会各界达50万人次以上，献金总额达百万元以上。用郭沫若的话说："整个武汉沸腾起来了，也带动全国沸腾起来了！"1938年9月26日《新华日报》报道："当你走过武昌汉阳门的时候，即可以望见黄鹤楼壁上的巨大的全民抗战的壁画，据说这是抗战以来的第一幅大画。"奥略楼下蛇山护壁上的这幅壁画名叫《抗战必胜》，长50米，高30米，由田汉和倪贻德召集汪仲琼等人绘制。

9月30日，日军攻下了武汉外围的最后一个要塞——田家镇要塞。

10月下旬，蒋介石下令弃守武汉，随后发表了《武汉撤退告全国军民书》。至此，武汉会战宣告结束。10月25日至27日，日寇先后占领了汉口、武昌、汉阳。

著名的武汉会战历时4个多月，大大消耗了日军的有生力量。攻陷武汉后，日本已无力发动大规模的战略进攻，中国的抗日战争由战略防御转入战略相持阶段。

（三）铁蹄践踏武昌城

1938年10月24日，日军完全突破武汉外围要塞，直逼武昌。10月25日，日军崛川部队攻占葛家店（今葛店）后，开始炮击武昌城。10月26日早晨，日军波田支队于武昌大堤口、武胜门等码头登陆，在遭到激烈的抵抗后占领武昌，接着日军大部队进入武昌。"当晚有敌军大队由曾家巷出孝子坊街，勒令各户大门洞开，内中无人者，则以枪柄捣毁，取其门窗将其木板高架于街心，大肆燃烧。”

日军以武汉作为控制华中的战略中心据点，在湖北部署兵力约9万人。其中，大谷直次郎四十师团的1.5万人以武昌为基地驻防。此外，江上有舰只，空中有飞机，日军还在武昌南湖、徐家棚修建军用飞机场，连通蛇山南北的通道——武昌路的隧洞，也被封闭作为军用仓库。

日军占领武昌后，洗劫了司门口一带商店的物资，霸占曹祥泰开设咖啡馆。日军平柳部队占领武昌徐家棚一带后，为了将木料、砖瓦运走，共毁民房809栋，还烧毁四美塘附近的房屋100多栋。首义公园（时称“蛇山公园”）附近的奥略楼周围的建筑群和乃园也被划为军事基地，日军在奥略楼中设置了海军司令部，将张公祠作为印制日军军用手票的场所，中山纪念堂被拆毁，公园内的亭、池被夷为平地，树木也被大量砍伐。武昌的私人园林被日军侵占，武昌沙湖琴园的建筑物全被日军摧毁，山南清真寺也被日军拆毁。

为了控制武昌市区，日寇在武昌划分了军事区、轮渡区、难民区。昔日繁华的平阅路（今彭刘杨路至首义广场）、三道街、大朝街（今复兴路）、两湖书院及武胜门处被划为军事区，居民被强行逐出迁入难民区；汉阳门至江汉关轮渡码头被划为军用轮渡区，市民不准使用；八铺街以外的陆家街、堤东街、万佛林和东湖等处被定为难民区，市内散居的居民及被日军从住宅中赶出的居民一律迁入难民区，进入武昌难民区的人数达81727人。难民区首尾两端立木栅，每日上午9时开放，下午3时关闭，进出还得接受检查。难民出入时必须出示从日本浪人、汉奸等手中购得的通行证，在门口向宪兵脱帽鞠躬方能进出。

为了加强对武昌的管理，日军成立武昌治安维持会以加强对地方的控制。同时，日军还设立武昌宪兵分队，其山南派遣队驻八铺街，山北派遣队驻马路街。宪兵队成为直接迫害、镇压武昌人民的魔鬼。武昌长春区居民秦忠石，因在茶余饭后对亲友谈过中国抗战必胜，被日商告发遭到逮捕，日寇竟令其自掘土坑，最后将他活埋。1943 年，工人刘贵将张之洞路日军工厂制造的多种武器及钢钻投入江中后外逃。宪兵队长加藤便将与刘贵同居一室的工友张大年等 5 人抓获，“高悬大梁，腹部压以巨石，竟日彻夜，遂一一死于绳吊之下”。

在日军统治下，武昌经济发展进入低谷，城市人口锐减。1938 年有 30 万左右人口的武昌，到 1940 年仅剩 6 万多人。在日寇占领的 7 年间，武昌财产损失总计达 2580 多亿元（以损失时的价格计算），其中 2100 多亿元属工商企业损失，其余则为普通住户的损失。此外公私房屋的损毁达 8000 多栋（含空袭损失数字），其中公产 119 栋，私产 7977 栋。就死亡人数而言，武昌合计死亡 33399 人，其中成年男性 15414 人，成年女性 12696 人，幼童 1021 人，不明性别的 4268 人。此外，受重伤者有 10919 人，其中成年男性 6336 人，成年女性 4218 人，幼童 365 人；受轻伤者有 11085 人，其中成年男性 7112 人，成年女性 3669 人，幼童 254 人。

八、反对美蒋迎解放

（一）反对美蒋统治风暴

1946 年 12 月，北平（今北京）发生美国士兵强奸北大女学生事件，激起了全国人民的无比愤慨。以北京学生为先导，很快就形成了全国范围的学生抗暴运动。中共武汉地下党组织在武汉积极开展了第二条战线斗争，发动学运、工运，全国刮起反对美蒋统治的风暴。

1947 年 1 月 5 日，武汉大学教授电呈国民党行政院、教育部，声援北大教授提出的严惩美方犯罪士兵等正义要求。武汉大学、华中大学、武昌艺术专科学校、湖北医学院等学校组织抗议美军暴行的示威联合大会。1 月 15 日，武汉大中学校的学生在武昌东厂口集合，举行反对美军暴行的游行示威。这一游行示威，同时揭开了武汉“反饥饿、反内战、反迫害”的学生运动的序幕。

1947 年 5 月和 6 月，武大学生在地下党的领导下，提出了立即停止内战、保障人权、提高高校学生生活条件等 7 条要求。武汉各高校在 5 月 23 日举行大游行。反动军警如临大敌，以刺刀、机枪相威胁，但恐吓、威胁吓不倒爱国学生，武大学生长途跑步进入武昌城，沿途高呼“中国人不打中国人！”“我们要民主不要独裁！”6 月 1 日凌晨，1000 多名军警宪特将武汉大学四面包围，然后闯入学生宿舍，进行大搜捕。大批学生被军警强行带走，学校的教授也不能幸免，哲学系教授金克木等被军警捆绑，与几十名被捕同学一起被带走。

在茫茫黑夜中，被捕师生一卡车一卡车地被运走。其他同学见状，义愤填膺地大声抗议：“我们犯了什么罪！”一个反动军警掏出手枪砰的开了一枪，埋伏在四周的士兵用机枪、步枪一起向毫无防备的同学扫射。珞珈山上响起了密集的枪声，大批手无寸铁的学生顿时倒在血泊之中。黄鸣岗、陈如丰、王志德三位同学，就这样惨死在国民党军警宪特的枪口之下。

“一人倒下去，千万人会站起来！”武大师生不顾敌人的暴力威逼，于 6 月 23 日一起为死者进行出殡游行。南京校友送来了挽联，武汉三镇大中学校派代表执绋送丧，学生们在武昌、汉口进行了声势浩大的示威游行，控诉国民党反动统治的罪行。

（二）护厂护校迎解放

1949 年 4 月 21 日，毛主席、朱总司令向中国人民解放军发布《向全国进军的命令》，渡江战役开始。人民解放军很快突破长江天险。4

月23日，人民解放军占领南京，势如破竹，解放武汉已是指日可待。为了配合人民解放军做好接管武汉的工作，4月19日，中共武汉地下市委通过了《为保护城市渡过青黄不接进入接管而斗争》的报告，把工作中心转移到准备接管和反迁移、反破坏方面来。党组织秘密散发传单，发动群众团体，联络各界人士，揭露国民党阴谋。国民党为了逃避彻底被覆灭的现实，提出“应变”口号，以图伪装或潜伏下来。中共地下党利用“应变”口号的模糊性、合法性，广泛组织工人、市民、学生反对敌人的搬迁和破坏，进行护厂护校斗争。

第一纱厂和申新纱厂的工人用沙包将厂门堵死，并装上铁丝网，同时组织武装护厂队并配备了数十支枪。第一纱厂的经理程子菊蓄谋运走机器、棉纱，地下党发动工人轮流守卫工厂和仓库，挫败了迁厂阴谋。

白崇禧在撤离武汉时，决定对武汉的重要设施进行破坏，并动员工厂南迁。破坏计划由华中军政长官公署交通处拟订，由水上警察局、工兵营执行。当国民党政府强令工厂搬迁时，武汉市电信局的职工把好机器伪装隐蔽起来，而把坏机器装箱让敌人运走。当一个排的国民党官兵要炸毁运不走的设备时，工人纠察队武装护卫大门，又准备银元、酒席，与敌人周旋，使敌人未能入局破坏。当敌人来炸船时，武汉轮渡管理处的职工预先将“兴山”“长阳”“汉阳”等船开走。

武汉码头工人为保护码头进行了英勇斗争。5月14日上午8点多，敌人炸毁了第一纱厂和震寰纱厂码头的趸船。14日下午，国民党军队100多人从沙湖街入城进行破坏，武胜区地下党组织负责人、码头工人倪复山立即组织码头工人、纱厂工人、街道居民及荷枪实弹的自卫队成员共3000多人进行反抗。15日，敌人从汉阳兵工厂拖来一船炸药，准备炸毁第一纱厂、裕华、震寰3个纱厂和附近的发电厂、码头、趸船。当装有炸药的船靠岸时，倪复山立即带了几个工人上船，假装去卸货，同时派两个同志去做押运炸药的国民党官兵的工作，把国民党军队的长官和士兵请到营房中喝酒，然后乘机将船开到鲇鱼套并沉入水中，使这次大爆炸熄于未发。在中共地下党组织的领导下，码头工人在 5 月间日夜抄写、张贴《中国人民解放军布告》1000 多张，散发传单 1 万多份，宣传我党我军的城市政策，号召人民保护国家财产，迎接解放。

白崇禧等要炸毁武泰闸、电力局，中共武汉市地下党组织负责人会晤了李书城、张难先，通过李书城、张难先对白崇禧进行劝阻，武汉商界也凑了一笔“撤迁费”送给武汉警备司令，才保住了这些公共设施。

敌人要包围进袭武汉大学，学生们便推拥周鲠生校长出面交涉，一批进步教授也参加了迎接解放的斗争。

与此同时，少数流氓无赖组成“吃光队”骚扰市民，武汉救济委员会、各工厂护厂队和广大人民坚决对其进行打击。在武昌积玉桥、下新河一带及沙湖旁，一些“吃光队”被打散和驱走，此举维护了社会的安定。

武汉解放前夕，在中共地下党组织的领导和影响下，武昌成立了自卫大队，下辖 3 个中队、9 个分队、27 个小队及 1 个救护医疗队，共有 3000 多人。每个中队配有步枪 100 多支，按地段进行值勤。

补记

（一）民初的剪辫运动

对于武汉三镇的普通人来说，推翻封建王朝统治的革命，是从剪辫子开始的。男人脑后那根长长的辫子，不知不觉梳了 200 多年。

1644 年清军入关后，留辫子成了效忠大清皇帝的象征。在强制男人蓄发辫的命令下，男人不得已留起了长辫。

200 多年后，辫子再次成为政治的焦点，新成立的中华民国临时政府把剪辫视为与帝制决裂、移风易俗的重要内容。临时政府发布文告，规定军、警、政界人士一律除去发辫，否则开除公职。武昌各城门设立检查哨，禁止蓄辫者出入。士兵携带剪刀拦阻行人，强行剪发。许多有识之士则自觉剪辫，以示革命。当年就读于两湖师范附属小学堂的闻一多曾跑到繁华街道看剪辫子，回家后也把拖在脑后的“小尾巴”剪掉了。

剪发后的男子多蓄短发，或剃光头。从此，自清军入关后便强制推行的男子蓄发辫的陋习逐渐被革除，中国人的发型开始与现代世界通行的发型接轨，“西洋头”“东洋头”和“飞机头”成为武汉三镇男性的主要发型。

除了男性，妇女和学生的发型也有了变化。妇女在民初多剪短发，额前留有的几缕头发被称为“搭毛”。男学生以短发，女学生则以双辫为主。

民国初年，中央及地方政府还废除服饰禁令，西服、中山装、中学服一时俱兴，打破了旗袍、长衫、马褂一统天下的局面。当时西服成为上等人家必备的礼服，中山装在政界、军界与学界也颇为流行。

（二）消失在蛇山上的风景

❶ 黄鹄矶头警钟楼

黄鹤楼地理位置得天独厚，史籍称“耸构巍峨，高标巃嵸，上倚河汉，下临江流”，“坐窥井邑，俯拍云烟”。1904 年，湖北巡抚端方在黄鹄矶修建了一座西式两层楼，楼顶处仿江汉关也设置钟表，故定名警钟楼，有老百姓把它称作“新黄鹤楼”。此楼于 1955 年因修建长江大桥被拆除。

❷ 蛇山顶上奥略楼

1907 年，张之洞的门生为纪念他的功绩，集资修建了一座楼。该楼于 1908 年建成，里面放有张之洞塑像。该楼初名“风度楼”，张之洞在京城得知此事，曾致函阻止未果，后考虑此楼“出于本官去后之思慕”，“点缀名胜，眺览江山，大是佳事”，便据《晋书·刘弘传》中“恢宏奥略，镇绥南海”的语意，为之改名“奥略楼”，并亲题匾额。奥略楼有三层，飞檐翘角，形制确具楚地风格，一时人们把此楼误认为是黄鹤楼。此楼于 1955 年因修建武汉长江大桥而被拆除。

❸ 奥略楼后张公祠

张公祠位于蛇山奥略楼后面。1907 年，张之洞调到北京后，湖北按察使梁鼎芬与张之洞的门生故旧商量，在奥略楼后建张之洞生祠。每年旧历八月初三，是张之洞的诞辰，地方官便率领各界人士到这里举行纪念仪式。1909 年张之洞去世之后，改为张公祠。后张公祠因火灾被毁，1937 年重建，1955 年修长江大桥时被拆除。

❹ 人文雅集抱膝亭

近代名人梁鼎芬在湖北提倡教育，孜孜不倦，用力甚勤，后来因病去世，归葬故里。民国初年，湖北学界感念梁鼎芬的功绩，于是捐资修建抱膝亭作为纪念。“抱膝”二字取“抱膝长吟”之意。此亭立于蛇山之上，登亭远眺，三镇风光可尽收眼底。1955 年此亭因建长江大桥被拆除。

❺ 凌空拱桥映蛇山

蛇山桥是 1935 年武昌扩建长街的配套工程，跨度为 20 米，1936 年竣工。设计人郑裕峥（后曾任北京市市政工程局总工程师）当年只有 23 岁，这座蛇山桥是他从清华大学毕业后的处女作。蛇山桥质量过硬，设计美观，成为当时武昌蛇山一景，被人称为拱桥凌空。后修建长江大桥时被拆除，旧址在今司门口铁路跨线桥处。

第六章
新中国成立到改革开放之前

一、武汉喜迎解放日

（一）武昌解放大接管

1949年4月20日，人民解放军第二、第三野战军横渡长江，于23日解放南京。4月底，人民解放军第二野战军四兵团、第四野战军先遣兵团和江汉军区部队从东、北、西三面完成对武汉三镇的战略包围。在这种形势下，5月15日，国民党第十九兵团司令张轸率部在武昌金口起义，白崇禧仓皇登机南逃。5月16日下午，人民解放军第四十军第一一八师主力浩浩荡荡进入汉口市区，解放了汉口。17日，人民解放军第四十军第一五三师从葛店进入武昌市区，武昌宣告解放。同日，人民解放军江汉军区独立第一旅从蔡甸进入汉阳县城，汉阳解放。至此，武汉三镇全部得到解放。

武昌解放标志着新民主主义革命在武昌取得基本胜利，半殖民地半封建社会的历史在武昌从此宣告结束。

人民解放军进城以后，接管武汉的工作就陆续展开，承担武昌接管重任的是武汉市军事管制委员会（简称“市军管会”）武昌办事处。为迅速接管武昌，市军管会和市委、市政府调来27名干部，加强接管力量。武汉市公安总局派吴杰等人先接管国民党湖北省会警察局及武昌市军事科、自卫队队部等单位，组建市公安局武昌局；同时接管国民党武昌市地方法院，着手组建市人民法院武昌审判分庭，负责打击、肃清敌特势力，为接管武昌创造了稳定的社会秩序。

市军管会武昌办事处对旧政权机构的接管，依照“原职、原薪、原制度”的“三原”政策进行；对于物资、财产、档案的接收，按“原封不动，点滴归公”的方针进行；对于旧职员的接管，依据“多数留用、少数解散”的政策、“区别对待”的办法实行。

由于在接收前有多方面的准备，特别是武昌地下党组织和各级城工部未雨绸缪，早就于武昌解放前夕冒着白色恐怖的危险，开展接管的准备工作，从政治、经济、社会文化、城市基础设施等方面调查武昌的现状，摸清可能接管对象的基本情况，了解国民党党、政、军、警、特机构人员及各阶层代表人物的思想等，为解放后的接管提供了大量有价值的情报。当时，参加接管的干部又加强了学习，接收时各方配合得力，且能够有效地动员群众并遵照党中央制定的方针政策行事，全面接管旧武昌市的任务于 1949 年 6 月 11 日就基本完成了。总计接管旧武昌市政府的 23 个部门及 6 个系统所属机构和下辖的 8 个区公所，公职人员 460 名，接收的物资、财产、档案等不动产造册入库。9 月，市军管会武昌办事处对接管工作进行了总结，正式宣布市军管会武昌办事处接管武昌的工作结束，并将地方工作移交给武汉市人民政府武昌办事处。武昌的顺利接管，彻底地摧毁了国民党在武昌的地方政权。武昌由此开启新纪元。

1950 年至 1952 年，武昌区委、区政府又依照党的政策，将武昌花园山天主教堂的育婴堂及外国医院如天主堂医院、同仁医院等全部收回自办，结束了帝国主义在武昌办教会和医院的历史。

为了巩固人民的新政权，开展民主建政工作，1952年7月，武汉市政府批准武昌区成立20条行政街道。同年9月，在区委的统一领导下，由各有关部门及群众团体组成武昌区街道民主建政委员会，在街道民主改革运动取得胜利的基础上，分两批进行街道民主建政工作。根据《武汉市街道人民代表会议组织试行方案》，先后召开各街的人民代表会议，建立各街人民政府。1954年3月，根据中央人民政府政务院《关于城市街道办事处组织条例》，区政府将各街人民政府改为街道办事处，为区政府派出机关，延续至今。

（二）建立人民新政权

解放后，武昌随即进入军事管制时期。1949年5月22日，武汉市军事管制委员会成立，立即宣布在汉口、武昌和汉阳城区内实行军事管制，以保障全体人民的生命财产安全，维护社会安宁，确立革命秩序。5月24日，武汉市人民政府正式成立，原汉口市、武昌市和汉阳城区均划入武汉市管辖范围，从此三镇合一。5月25日，新的中共武汉市委成立。

1949年5月27日，开始组建武汉市人民政府武昌办事处，为市政府派出机构，同时行使武汉市军事管制委员会武昌办事处的职权。市军管会武昌办事处的职责决定了它是一个过渡性质的政权机关。当年9月，市军管会武昌办事处完成了接管旧武昌市的任务，并将工作移交给地方政权。由此开始，武昌办事处将原武昌市政权的8个区公所划为4个城区、3个郊区，设立派出机构，建立工作部门。

1950年7月，武汉市人民政府调整区划，武昌为第一区，建立区政府。1952年8月，市人民政府将第一区人民政府改名为武昌区人民政府。自此，“武昌区”作为武汉市一个城区的名称一直延续至今。1955年，经武昌区第一届人民代表大会批准，武昌区人民政府改称为武昌区人民委员会。

1949 年，继武汉市人民政府武昌办事处成立之后，中共武汉市委武昌分委于 5 月 27 日宣告成立。1954 年 7 月 22 日至 23 日，中共武昌区第一届人民代表大会第一次会议召开，选举产生中共武昌区第一届委员会，隶属中共武汉市委领导。

市民民主参政议政的机构也在孕育中诞生、成长。1950 年 10 月 30 日至 11 月 4 日，武汉市第一区（武昌区）各界人民代表会议召开，选举产生了武汉市第一区各界人民代表会议协商委员会。该会是各界人民代表会议休会期间的常设机构，又是代行中国人民政治协商会议武汉市第一区地方委员会职权的人民民主统一战线组织，委员们都是武昌各界颇有声望和影响的人物。武昌各界人民代表会议协商委员会历经 3 届，至 1955 年结束。根据《中国人民政治协商委员会议章程》，第一届中国人民政治协商会议武昌区委员会（简称“区政协”）诞生了。在此后的岁月中，区政协积极为社会主义建设发展建言献策。

在 1949 年至 1955 年那个非凡的岁月里，武昌区新政权把握人民民主专政的权柄，坚决与敌对势力开展斗争，战胜种种困难，不断强化、巩固了人民的新政权。

（三）稳定经济秩序

武昌解放之初，国民党统治时期恶性通货膨胀的影响仍然在延续，货币和商品市场极度混乱，当时物价狂涨，国民党政府发行的金圆券已经形同废纸，市面上流通的主要是银元。

1949 年 5 月下旬，市军管会公布的银元与人民币的比价是 1 比 300 至 350；至 6 月 17 日，银元与人民币的比价涨到 1 比 3100，后又达到了 1 比 4500 的最高值。这导致了物价飞涨。5 月 23 日的物价指数为 100，到 6 月 17 日达到 484.995，上涨了近 4 倍。从 5 月中旬到 6 月中旬短短一个月的时间里，大米价格上涨了5.34倍，布匹价格上涨了4.19倍。7月初，银元在黑市上被奸商操纵，加之物资供应紧张，物价总指数上涨近3倍。

物价上涨使人民币信誉遭受沉重打击，也使一般的工商企业因资金周转困难而陷入困境，城市居民生活艰难，新生的武汉人民政权面临着极为严峻的考验。

面对严峻的市场形势，从1949年5月下旬到1950年春，武汉市委、市政府果断采取一系列整顿金融秩序、稳定物价的措施，同不法投机资本家开展“银元之战”和“米棉之战”。

“银元之战”从1949年5月25日拉开序幕。市军管会发出布告，宣布人民币为统一流通的唯一合法货币，限期回收国民党发行的金圆券，随即接管了所有官僚资本金融机构，成立了中国人民银行武汉分行。6月1日，中国人民银行武昌支行成立。6月，市政府又颁布了关于禁用银元的法令，明令禁止银元在市场上自由流通，并且一律由人民银行挂牌收兑。然而，不法投机商对政府禁止银元等在市场上自由流通的法令置若罔闻，大肆炒卖银元外币，使银元价格轮番暴涨。在这种形势下，武昌的金号银楼、私营钱庄以及一些较大的不法商户，都参与了银元黑市的交易活动。

为了加强对银元黑市的打击，从1949年5月下旬至7月初，市军管会合理规定了银元与人民币的比价，通过中国人民银行在全市正式发行人民币，一方面把国家调拨的32万银元投入市场，使银元价格大幅下跌；另一方面，人民银行用人民币收兑银元，为人民币进入流通市场创造了条件。

中共武汉市委武昌分委、市政府武昌办事处开展声势浩大的拒用银元、拥护人民币的群众运动，组织上万名干部、工人、店员、学生上街宣传，号召市民拒用银元、抵制银元交易；加强市场管理，从工商登记入手，规定经营范围，并组织工商界开展拒用银元交易的斗争。同时，公安机关和群众团体组织金融纠察队，查处银元交易，严厉打击银元投机，从而使银元的黑市价格低于政府定价。在政府的一系列措施下，武昌长街（今解放路）一带从事银元投机活动的众多金银首饰店铺先后倒闭。

在打击投机资本、整顿金融秩序的同时，市委、市政府又展开了一场同投机商的“米棉之战”。政府先后从其他的地方购回1000万斤大米，从河南调集500万斤粮食、200万斤食盐、50万斤棉花和100万斤食油。从1949年11月至1950年2月，市政府又以低于市场的价格抛售5000吨粮食和大量花纱布，降低日用品定价，并收紧银根，导致米粮投机商资金周转不灵，从而使米棉等的物价得到有效的控制。

武昌分委、办事处在“米棉之战”中作出了积极贡献，抽调120名干部到农村征粮600万斤，以平价投放市场，并于1950年首先建立了粮食交易所。这一方面使粮食交易有了相对固定的场地，吸引外来粮食进入武昌市场，增加武昌市场的粮食供给；另一方面，促使粮商进入市场交易，加强对私商的管理，使粮霸无法兴风作浪，限制了不法行为。在粮食市场取得初步稳定的同时，武昌区于1950年下半年又将市场的交易范围扩大，逐步将竹木、土产、水果、煤炭等纳入市场进行交易，并增设了一些新的市场。

在市委、市政府领导下开展的“银元之战”和“米棉之战”，于1950年春夺取了全面胜利，结束了新中国成立初期的恶性通货膨胀和物价飞涨的局面。

（四）武昌人民抗美援朝

1950年10月，美帝国主义将侵略朝鲜的战火烧到了鸭绿江边。为了维护新中国的国家安全，中国人民志愿军奔赴朝鲜战场英勇作战，全国各地掀起了轰轰烈烈的抗美援朝、保家卫国运动。

武昌区人民在区委、区政府的领导下也迅速投入其中。人们一连几天自发组织了数万人的游行队伍，走上街头反对美军武装侵略朝鲜，坚决拥护中共中央抗美援朝的战略决策。一时间，“抗美援朝，保家卫国”的标语贴满大街小巷。全区机关、学校、工厂、商店、街道通过举办报告会、座谈会、讨论会、控诉会等活动，以幻灯片、活报剧等形式大力宣传抗美援朝的重大意义，并使宣传活动深入街巷里弄、居民家中。针对青年学生，宣传人员通过讲时事来控诉帝国主义的侵略暴行，并在青年学生中开展对侵略者仇视、鄙视、蔑视的“三视”教育。同时又组织各界数十万人参加反对美国侵略、呼吁世界和平的签名活动，推动武昌区抗美援朝运动深入开展。

1950 年 12 月，武昌青年工人和学生掀起了参军、参战、参加军事干部学校的热潮，仅武汉大学就有 1300 多名青年学生、200 多名青年教职工报名。

1951 年 5 月，帝国主义分子在武昌花园山育婴堂残害中国婴儿的罪行被揭露以后，武昌区立即利用眼前这个案例，对群众进行思想教育。区委先后组织万余名群众前往育婴堂参观，并召开 8 万人大会，愤怒地控诉帝国主义分子的罪行，参会人员一致通过《武昌各界控诉花园山天主堂育婴堂美帝国主义分子残害中国婴儿罪行大会告全国同胞书》。武昌人民同仇敌忾，又掀起了为抗美援朝捐款的热潮。区工商联和三大纱厂捐款 2000 元，全区 14 个居民拥军优属小组捐款 3870 余元。至 1951 年 7 月，全区人民群众自发捐出 9 万多元人民币及金银首饰等财物。

在轰轰烈烈的抗美援朝运动中，武昌人民群众的爱国热情空前高涨，以实际行动开展劳动竞赛。第一纱厂、震寰、裕华三大纱厂分别超额 10% ~ 14% 完成了 1950 年的全年生产计划，每锭纱增产 3% ~ 5%，回花减少 14.3%。第一纱厂将重磅纱改为轻磅纱，单位用棉量由 460 斤降至 427 斤；电厂煤耗逐月下降 5.5%。街道妇女日夜赶工，在两个半月内缝制战士服 47221 套、棉大衣 69271 件，用以支援前线。工商界还订立十大公约，积极经营、踊跃纳税，年底 94% 的商户按期纳税，极易滞纳的房产税也完成 90%，当年全区完成税收 752 万元。1950 年冬天，武昌区还组织 1 万余名青年学生顶风冒雪渡江去汉口参加修建飞机场的爱国主义义务劳动。

（五）“三反”“五反”运动

1951 年 10 月，为应对由朝鲜战争带来的财政困难，中共中央发起了增产节约运动，运动中揭发出大量的贪污案件，其中就有时任中共石家庄市委副书记刘青山和时任中共天津地委书记张子善的重大贪污案。为了遏制这一现象继续发展，1951 年 12 月 1 日，中共中央发出《中共中央关于实行精兵简政、增产节约、反对贪污和反对官僚主义的决定》，紧接着又在 8 日发出《关于反贪污斗争必须大张旗鼓地去进行的指示》，“三反”（即反贪污、反浪费、反官僚主义）运动在全国展开。毛泽东明确讲：“‘三反’不反，党就会变质。从（七届）二中全会算起，如十年内不进行‘三反’，共产党就会变成国民党。”

1951 年 12 月 22 日，武汉市召开干部动员大会，全市“三反”运动拉开序幕。1952 年 1 月初，武昌区的“三反”运动以党政机关为重点，按照“领导带头，层层下水（作自我检查），由内到外，自上而下”分步展开。区长带头“下水”，作了两次自我检查；接着按“先党内后党外，先干部后群众”，层层“下水”作检查，开展坦白检举活动；继而组织力量，揭发有重大贪污嫌疑的人员，然后召开全体干部大会，按照

“坦白从宽，抗拒从严”的政策，宣布解放一些能主动坦白、真诚悔改的小贪污分子，从而壮大了人民力量，孤立了极少数顽固不化的大贪污分子。

1952 年 1 月 21 日，区委全委会议决定，将正在中小工厂开展的民主改革运动纳入“三反”运动之中，并发出《关于在工厂企业中开展“三反”斗争的意见》，由此拉开了武昌区群众性反贪污斗争的热潮。

随着“三反”斗争的深入，各地揭发出的党政机关和工厂企业内部贪污分子的违法行为，大多是和社会上资产阶级不法分子互相勾结产生的，一些党员和干部因受资产阶级拉拢而发生的贪污腐化、蜕化变质的事实，说明了资产阶级不法分子对党和工人阶级腐蚀的严重性。1952 年 1 月 26 日，中共中央发出《关于在城市中限期展开大规模的坚决彻底的“五反”斗争的指示》，要求在全国范围内向违法的资本主义工商业者开展大规模的“五反”斗争，即反行贿、反偷税漏税、反盗骗国家财产、反偷工减料、反盗窃国家经济情报，以配合党政军民内部的“三反”斗争。据此，按照市委决定，武昌区于 1 月底成立了武汉市反贪污联合检查委员会武昌办事处，并抽调大批干部组成 6 个分会，把“三反”运动推向了工商界，要求揭发公务人员各种侵吞、盗窃、骗取国家公共财产、吃“回扣”的贪污行为。为推动“三反”斗争深入开展，从 2 月至 6 月，武昌区把“三反”与“五反”紧密结合起来，按上级指示组织“打虎大军”，对各级领导层层点将，限期交数字、交“大老虎”（所谓“老虎”，是指贪污分子），掀起了反贪污的高潮。至 7 月底，武昌的“三反”“五反”运动结束，及时制止了贪污腐败的蔓延。

武昌区开展“三反”运动的机关、工厂、学校等单位共 60 多个，参加运动的群众有 2 万余人。“三反”运动中查处一批违纪违法案件，因贪污被判刑的有 2 人，受到行政处分的有 42 人，受党纪处分的有 18

人，其中开除党籍 4 人，留党察看 4 人，党内警告 3 人。全区“五反”斗争中查出严重违法和完全违法的工商户 190 户，占全区工商企业总户数的 2.8%；追回资本家非法所得并入库 70 万元，13 名严重违法商人被判刑。

二、重点项目“武”字头

在武汉城市规划史上，曾经有过具体的工业区规划。1944 年编印的《大武汉市建设计划草案》分别对武汉三镇进行了功能区划，其中武昌徐家棚的沿江地带被划为工业区，但是由于种种原因，该计划未能实施。所以直到武汉解放，武昌工厂厂址分布零乱，工业布局不合理，不少工厂与居民区杂处，城市工业发展受到很大的局限。

新中国成立后，为了合理布局武汉工业，实现将武汉建设成一个全国性大型工业基地的目标，武汉市政府非常重视城市总体规划和建设规划的制定，采取发展新区与改造老区相结合的方针，按照工业的类型和性质，以技术经济合理和满足环境生态要求为原则，重新规划并建设工业区。因此，在“一五”时期，除了市中心内少数小块地区集中了若干传统加工企业外，其他工业企业基本向市郊、沿江和沿铁路线进行选址。武昌地处长江南岸，水陆交通发达，襟江带湖，城郊地广，拥有建设和发展工业的条件。因此，“一五”时期市政府将国家重点工程项目落户在武昌，其中有武汉钢铁公司一期工程、武汉重型机床厂和青山热电站一期工程；随后，又在武昌建设了武汉长江大桥、武昌造船厂、武汉锅炉厂。当时，武汉市开辟了与重点工程项目配套的 7 个工业区，其中位于武昌的就有 3 个，分别是以武汉锅炉厂为主的钵盂山工业区、以建材工业为主的白沙洲工业区和以武汉重型机床厂为主的答王庙工业区。这批重点项目和工业区的建设不仅关系到我国社会主义建设的全局，而且对加快武汉工业化、带动武昌地方经济发展，都有十分重要的意义。

为了贯彻国家关于“确保重点建设”的方针，鉴于大多数重大项目在武昌兴建，区委作出了“为重点建设服务”的决议，并提出把后勤保障、生活服务、劳力组织、征地拆迁以及发展区街经济搞好配套服务作为工作重点。全区各行各业掀起了支援重点建设的三个热潮。

一是道路建设热潮。武昌新建了连接青山工业区的武（昌）青（山）公路（今和平大道），修建了配合重点工程武汉重型机床厂建设的中南路、中北路，扩建了衔接长江大桥的武珞路、中山路等道路。其中，武珞路西接长江大桥，连接起中山路、中南路、武昌火车站、湖北省委和东湖风景区，是一条具有重要意义的中枢性主干道。武青公路也是建设的一大重点。它于 1955 年 4 月开工修建，凭借人民解放军公路工程 2 师 5 000 余名官兵夜以继日的拼命苦干，仅 7 个月的时间就竣工。它是青山的第一条水泥路面的公路，成为建设武钢、发展青山经济的大动脉。武青公路的建设，在武昌城市现代化进程中占有相当重要的地位。

二是调配施工队伍的热潮。1955 年至 1956 年，大规模基本建设对劳动工人和技术工人的需求大增，武昌区高度重视并积极调配基本建设工人 4722 人次，其中 1955 年 2721 人次，1956 年 2001 人次；抽调给基本建设单位的劳动力达 29924 人，其中 1955 年 17534 人，1956 年 12390 人。

三是服务建设工地的热潮。武昌国营商业部门克服人员不足、资金短缺等重重困难，先后在一些工矿企业的建设工地、职工新区增设商业供应网点 28 个，在东至喻家山、南至狮子山、北至蒋家墩和杜家井的方圆上百平方公里的区域内广泛布点。这些供应点大多安排在建设工地旁，营业场所和职工宿舍均为芦席棚子，商品运输全靠职工肩挑手提板车拉，职工的工作和生活条件相当艰苦。为丰富重点项目、建设工人的文化生活，武昌区还组织群众文艺团体到基建工地慰问演出 45 场，观众达 5 万余人次。

三、万里长江第一桥

武汉长江大桥是万里长江第一桥，横跨在武昌和汉阳之间。长江自古多被称为“天堑”，阻隔了两岸交通。千百年来，武汉三镇人民一直渴望着、梦想着建设一座贯通长江两岸的长江大桥，使“天堑”变为“通途”。早在晚清时，有人就提出过在长江上建桥的设想。民国初年，有人倡议建设“共和纪念桥”来纪念辛亥革命。之后，孙中山、詹天佑以及英国人葛雷武、美国人华德尔等人，都曾在他们的汉口建设规划中设想修建跨越长江和汉水、沟通三镇的大桥。国民党政府也曾几度规划建设武汉长江大桥。然而由于种种原因，建桥始终只是空谈。武汉长江建桥的历史重任就这样落在了新生的中华人民共和国的肩上，武汉人的建桥美梦最终成真。

新中国成立后的 1950 年，中央人民政府即指示铁道部进行武汉长江大桥的钻探测量和初步设计工作。1953 年 4 月，铁道部成立了大桥工程局，直接负责大桥的设计和施工。5 月，初步设计完成。1954 年 1 月 15 日，政务院正式批准了修建武汉长江大桥的初步设计和工程预算，修建武汉长江大桥的序幕正式拉开了。

作为修建武汉长江大桥的辅助工程，汉水铁路桥和汉水公路桥（后命名为“江汉桥”）分别于 1954 年、1955 年建成，并均于 1955 年通车，汉口和汉阳从此连成一片，武汉长江大桥的修建也因此有了更好的技术准备和建设基础。

在武昌，长江大桥的建设用地面积较大。桥头用地范围内（包括建桥工地及联络线）需要全拆或部分拆除的街巷达 14 条，涉及面积 17 万平方米，除需拆迁蛇山原黄鹤楼公园内众多的古建筑外，还需拆除房屋 731 栋，搬迁居民 862 户、工商企业 78 家、机关单位 19 个。

武昌区委、区政府十分重视大桥的用地拆迁工作，为完成这项意义重大、涉及面广、工作难度大的紧迫任务，于 1955 年 4 月组建武昌区支援大桥建设委员会，在调查摸底、评估费用、宣传发动、组织拆迁以及征用土地、处理纠纷、协调矛盾、安置拆迁户、拆迁还建等方面做了大量繁重的工作。至 1955 年底，武昌区完成长江大桥武昌工地（包括大桥联络线）、第三发电厂等 93 个建设单位的土地征用和房屋拆迁工作，协助基本建设单位征用土地 1190 余亩，拆迁民房 1868 栋，搬迁居民 2877 户 9262 人。拆迁地段的机关、企事业单位和居民群众充分发扬为国家重点建设项目作贡献的爱国热情，识大体、顾大局，给予了积极的配合，为武汉长江大桥的修建提供了良好的施工条件。

1955 年 9 月 1 日，在建桥地址调查、美术设计、技术设计和各种配套工程审查完成并得到国务院批准的情况下，经过一系列的试验和准备，武汉长江大桥分别在临近武昌蛇山和汉阳龟山的江面上提前全面施工了。来自全国各地的建桥技术人员、工人和专家（其中部分为援华苏联专家）热火朝天地战斗在汉阳和武昌，战斗在波涛滚滚的长江上。1956 年 7 月 1 日，武汉长江大桥钢梁架设安装完成，标志着大桥主体工程基本完成。1957 年 9 月 25 日，武汉长江大桥这座公路、铁路两用桥，提前 15 个月竣工。大桥共有 8 墩 9 孔，每孔跨度 128 米，全长 1670 米，其中正桥长 1156 米，汉阳、武昌两岸的引桥分别长 303 米、211 米。大桥的上层为面宽 18 米、4 车道的公路桥，下层为面宽 14.5 米的双线铁路桥。整个工程耗资 1.384 亿元人民币。

1956 年，毛泽东在武汉横渡长江时写下《水调歌头·游泳》，词中写道："一桥飞架南北，天堑变通途。"1957 年 10 月，武汉长江大桥通车前夕，毛泽东徒步视察这座贯通长江两岸的万里长江第一桥。同年 10 月 15 日，武汉长江大桥正式通车，5 万人参加了隆重的通车典礼。在通车后的第一个星期天（10 月 20 日），大桥上再次人潮涌动——为了一睹"万里长江第一桥"的风采，50 万余人从桥面上通过。

从此，京汉、粤汉铁路告别了依赖轮渡横渡长江的历史，武汉三镇告别了依赖渡划、小轮渡江的时代，三镇分隔的武汉终于变为三镇一体的武汉。从此，武汉乃至全国的经济建设受益于三镇的水陆联运。武昌更是直接受益，客运通达、货畅其流的交通优势更加凸显，经济发展更具优势。长江大桥成为了武汉三镇的新地标和城市名片，"桥"字成为了武汉人的挚爱，三镇一下子冒出许多取名为"建桥""汉桥""江桥""金桥"等的市民，而"大桥"牌的汉货如缝纫机、味精等，则借势奔向了祖国的天南地北。

四、主席情结武昌城

（一）毛泽东诗词话武昌

毛主席 1927 年春在武汉写下诗篇《菩萨蛮·黄鹤楼》：

茫茫九派流中国，沉沉一线穿南北。烟雨莽苍苍，龟蛇锁大江。

黄鹤知何去？剩有游人处。把酒酹滔滔，心潮逐浪高！

1956 年，毛泽东又写有《水调歌头·游泳》：

才饮长沙水，又食武昌鱼。万里长江横渡，极目楚天舒。不管风吹浪打，胜似闲庭信步，今日得宽余。子在川上曰：

逝者如斯夫！

风樯动，龟蛇静，起宏图。一桥飞架南北，天堑变通途。更立西江石壁，截断巫山云雨，高峡出平湖。神女应无恙，当惊世界殊。

这首《水调歌头·游泳》就是毛泽东于1956年畅游长江后在东湖宾馆写的。此后至1966年7月，毛泽东在武汉畅游长江达18次之多（其中多在武昌下水起游），成为政坛的佳话，也提高了武汉群众参与渡江活动的热情。

在毛泽东诗词中，有两首名作写到了梅花。一首是《卜算子·咏梅》：

风雨送春归，飞雪迎春到。已是悬崖百丈冰，犹有花枝俏。

俏也不争春，只把春来报。等到山花烂漫时，她在丛中笑。

另一首是《七律·冬云》：

雪压冬云白絮飞，万花纷谢一时稀。
高天滚滚寒流急，大地微微暖气吹。
独有英雄驱虎豹，更无豪杰怕熊罴。
梅花欢喜漫天雪，冻死苍蝇未足奇。

武汉东湖梅岭毛泽东故居的研究者认为，这两首诗都提到梅花，与毛泽东在东湖梅岭的生活有关。《卜算子·咏梅》写于1961年。此前，毛泽东刚刚在东湖宾馆过了68岁生日，并邀请警卫和工作人员一起进餐。《七律·冬云》写于1962年12月26日毛泽东69岁生日，正是武汉腊梅开花的时候。

（二）毛泽东在东湖梅岭

毛泽东于 1927 年春天所作的《菩萨蛮·黄鹤楼》，表现了他对武汉这座城市的独特认识和丰富情感。自 1918 年至 1974 年，武汉——这座具有光荣革命传统的历史名城，留下了毛泽东的光辉足迹。武昌是新中国成立后除首都北京外，毛泽东居住时间最长的城市之一。从 1953 年到 1974 年的 21 年间，毛泽东在武昌东湖梅岭宾馆生活和工作达 408 天。

1953 年 2 月 16 日晚，毛泽东自新中国成立后第一次到达武汉。2 月 18 日，毛泽东登上蛇山，与武昌个体经营户热情交谈。19 日，他特地会见江岸区交易街（现属大智街）街长陈光中，详细询问有关街道工作的情况。当日上午 11 时，毛泽东乘船离开武汉，并与时任长江流域规划办公室主任的林一山同船交流有关长江水文资料的整理情况、长江流域的气象特点和暴雨区的分布，以及长江流域水利资源综合利用的设想和规划等。在汉期间，毛泽东多次召集中南局、湖北省、武汉市的主要负责人座谈，详细询问武汉市有关工业、手工业和公私合营等方面的情况，指出“要团结民主人士，使他们的生活好一点，争取他们和我们一起搞建设”。他同意修建武汉长江大桥，并赞成铁道部提议的龟山、蛇山线桥址方案。

1954 年至 1955 年，毛泽东曾 3 次来汉视察，停留时间都较短暂。1956 年五六月间，毛泽东接连 3 次横渡万里长江，并挥毫写下气势磅礴的《水调歌头·游泳》。

1957 年 10 月，武汉长江大桥提前两年建成并正式通车。通车前夕，毛泽东徒步视察了这座贯通长江南北两岸的“万里长江第一桥”。

1958 年 4 月 2 日，毛泽东在武昌东湖客舍接见波兰政府代表团全体成员，这是毛泽东首次在武昌接见外宾。此后，毛泽东几乎每年都在武昌开展外事活动。在汉期间，毛泽东活动频繁：4 月 6 日，会见参加武汉科技界“大跃进”誓师大会的 5000 多名科学技术工作者；4 月 11 日，参观武汉地方工业展览馆。当年 11—12 月，毛泽东在武汉主持召开中共中央政治局扩大会议（即“武昌会议”）和中共八届六中全会，开始了纠“左”的第一步。1959 年至 1965 年，毛泽东每年都要来武汉视察，少则一两次，多则三四次。

1971 年 8 月中旬，九一三事件发生前，毛泽东到南方视察，第一站便是武汉，然后去长沙和南昌等地。

1953 年至 1974 年，毛泽东先后 48 次到东湖，最长的一次居住了 178 天，东湖宾馆由此被称为“湖北的中南海”。毛泽东尤其喜欢梅岭幽雅的环境，那里种植的桂花树多，树龄长，植株大，丹桂飘香时节整个院落香气四溢。毛泽东每次来湖北时总说：“到武汉去，还住武昌东湖的梅岭。”1974 年，毛泽东在武昌梅岭居住期间，仍以顽强的意志坚持学习、工作，在东湖宾馆先后接待了 5 批重要外宾和许多中外名人。

1974 年 10 月，为遏制“四人帮”夺权的阴谋活动，毛泽东在东湖梅岭向北京发出了一条明确指示：由邓小平出任国务院第一副总理。这是毛泽东在武昌做出的关系中国前途和命运的重大决定。

这是毛泽东最后一次来武昌。此时，他的身体健康状况大不如前，但离去前仍依依不舍地说：我还要再来，我喜欢武昌这个地方。随着岁月的流逝，毛泽东在武昌的伟大实践活动已经成为历史，但他简朴的生活习惯，严谨、勤奋的工作态度和密切联系人民群众的工作作风，永远是武昌人民最珍贵的记忆，永远激励着武昌人民继续奋斗。

补记

（一）武昌人民抗洪丰碑

武昌是一座多水的城市，同样也是一座屡遭洪水之灾的城市，既得水之利，又受水之害。在历史上，武昌水患频繁，尤其是 1931 年的大水冲破了堤坝涌向武昌城，繁华的闹市顿成汪洋泽国，整个城区被洪水淹没三分之二，仅大东门、武胜门、凤凰山及蛇山一带的几处高地未淹。据记载，居民家宅被淹的达 3 万户，不少房屋倒塌，人畜淹死、饿死、病死者不计其数，其惨况不堪回首。

1954 年夏，武昌三镇再次遭到百年未遇的特大洪水袭击。7 月 21 日，武汉关水位达到 1931 年以来的最高水位 28.28 米。8 月 3 日，武汉关的水位竟突破了 29 米，超过堤防一米多，市区内全依靠临时筑成的子堤挡水。一时间，堤防四处告急，险象环生。

武汉的汛情牵动了中南海。中共中央下达了死命令：竭尽全力，抢救危关，可以有 1931 年的洪水，不许有 1931 年的武汉。武汉市委、市政府成立了以王任重为总指挥的防汛总指挥部，统一指挥全市抗洪防汛工作。武昌指挥部由李振江任指挥长，在全区实行总动员，把防汛作为“压倒一切的中心工作”，“人在堤在，水涨堤高”。武昌区组织 2.5 万名干部、工人和驻地解放军官兵上堤，将百余里堤防进行加高加固，总共加高了 3 ~ 5 米，计用土石方近百万平方米，又安排 5000 名抢险突击队员日夜巡防大堤。8 月 12 日，武昌万年闸防水墙驳岸倒塌。8 月 17 日，武昌武泰闸堤坡大管出现漏洞，临江面的闸身也有漏洞，险情危急，区防汛指挥分部和所属第三工程段迅速采取了紧急措施。市防汛指挥部对这两处险情极为关注，副总指挥张平化、王克文和总工程师陶述曾都赶到现场指导。此次总计有 2600 人参加了抢险，用土石方 1300 多立方米，经 8 天 5 夜的持续战斗，终于排除险情，确保了武昌的安全。

1954 年 10 月 3 日，武汉关水位退至警戒线以下，历时 100 个昼夜的武汉防汛抗洪斗争胜利结束。在这场惊心动魄的斗争中，武昌各级党、团组织都充分发挥了领导核心和战斗堡垒作用，共有 300 多人火线入党，2500 余人入团，2700 多人被评为功臣。共产党员、青年团员的先锋模范作用得到了充分的展现。

1954 年防汛斗争的胜利，充分证明了社会主义制度的优越性。为了纪念这次伟大的斗争，湖北省委、省政府在汉口滨江公园建立防汛纪念碑，上面刻着毛泽东的亲笔题词："庆贺武汉人民战胜了一九五四年的洪水，还要准备战胜今后可能发生的同样严重的洪水。"这是一座永远矗立在武汉人民心中的历史丰碑。

沧海横流，方显英雄本色。武昌 3 万多人的防汛大军为保卫武汉日夜战斗在大堤上，用自己的血肉之躯筑成了一道坚不可摧的长堤。在这场没有硝烟的特殊战斗中，严忠良、贾明武等 100 多名江城的优秀儿女献出了他们宝贵的生命。岁月虽已流逝，但英雄的事迹和英名将永垂不朽。

（二）手工业的社会主义改造

武昌手工业历史悠久。清末民初，手工业者制造和生产了颇具声誉的产品，诸如铁器、铜器、笔墨、雨伞、纱布、刺绣、鞋子、筷子等。新中国成立前，武昌区的手工业在内部结构上除少数属于资本主义工厂手工业之外，90% 以上是家庭手工业和个体手工业；在经济与生产能力上，生产规模小，资金短缺，技术落后，加之苛捐杂税的盘剥，手工业者大都处于极端困难的境地。新中国成立前，武昌有手工业作坊 1830 户，从业人员 4105 人，总产值 26.5 万元，平均每户 144.5 元。

新中国成立后，为了满足人们日益增长的生活需要，使手工业能够更好地服务于社会主义工业建设，同时也为了满足广大个体手工业者脱困的愿望，党和政府在新中国成立后的 7 年中，完成了对手工业的社会主义改造。武昌的手工业改造经历了以下三个阶段。

第一阶段为典型示范阶段（1949 年 6 月至 1952 年 12 月）。武昌区为了解决失业工人的就业问题，积极引导他们开展生产自救，开办针织、被服、皮件等手工业合作社。到 1952 年底，全区由失业工人及烈士军属组成的生产自救型合作社发展到 43 户，年产值达到 77.36 万元。这批生产合作社为后来的手工业合作社起到了示范和带头作用。武昌区新型的手工业集体所有制经济组织就这样诞生了。

第二阶段为普遍发展阶段（1953 年至 1955 年）。1953 年，党中央社会主义过渡时期的总路线的提出，标志着手工业合作社进入普遍发展阶段。

1954 年 4 月，武汉市成立手工业管理局，武昌区也相应地建立了区手工业联社，并按五金、针棉织、竹木、综合组建了 4 个手工业社会主义改造工作组。武昌区手工业联社的成员全部下到手工业各行业中，宣传党对手工业的改造政策，按照“入社自愿，退社自由”的方针，发动群众组社建社。经过大半年的努力，到 1954 年底，全区参加生产合作社的个体手工业者有 2073 人，占手工业总人数的 26%。经区委批准，全区手工业还按行业组建了针棉织、服装鞋帽、竹木棕藤、综合服务 4 个专业联社。在组社过程中，广大手工业者尤其是手工业工人热情高涨，信心十足。没有设备，就自带设备；没有厂房，就租用民房或搭建工棚；缺乏资金，就东拼西凑，有的甚至几个月不拿工资。在大家的共同努力下，一个个手工业合作社建立起来。在此后的一年时间里，武昌区的手工业出现了由低级的供销小组向高级的生产合作社发展的良性态势。至 1955 年底，武昌区共建立生产合作社（组）57 个，组织起来的手工业者 4197 人，占全区手工业从业人员总数的 34.5%。

第三阶段为手工业合作社的高潮阶段（1956 年）。1955 年底，在农业合作化运动浪潮的推动下，武昌区对手工业的社会主义改造步伐加速。1956 年 1 月初，武汉市手工业管理局按区组成手工业改造队，训练和配备干部、积极分子。武昌区委为加强对手工业社会主义改造工作的领导，专门建立 4 个手工业管理处，配备 60 名专职干部，深入手工业者中进行宣传，手工业立即掀起了合作化高潮。人们普遍觉得合作社比单干好，于是纷纷申请入社，甚至有人表示，只要准其入社，收入低点也行。截至 1 月 19 日，武昌区共有 3605 户、计 12183 名手工业从业人员进入合作社，达到手工业从业人员总数的 97.5%。至此，武昌区对手工业的社会主义改造基本完成。

7 年的手工业改造，壮大了武昌区的集体经济，手工业集体经济自此成为社会主义公有制经济的一个重要组成部分；提高了手工业生产力，1956 年手工业总产值为 1949 年的 3.9 倍，人均产值也相应提高 1.62 倍，工资相应增加 69.64%；还提高了合作医疗、机械化程度，造就了一批从事手工业工作的干部。但由于手工业的社会主义改造工作在指导方针上急于求成，盲目集中、合并，忽视了手工业中服务和修理等行业游街串巷、服务上门、包收包送的经营传统和方式，给群众生活造成了不便。由于对特种手工艺行业扶植少、限制多，也导致了部分技术性强、人民群众喜爱的手工艺技术失传。

（三）工商业公私合营

新中国成立初期，武昌除三大纱厂外，中小工业企业居多，据统计有 2501 家，且大多数企业资金少、规模小，设备陈旧；相对工业而言，商业更弱，有中小商业户 2715 户，平均每户不足 2 人，且依附于汉口商业。凡此种种，阻碍了武昌工商业的发展。1949 年至 1956 年，武昌区对资本主义工商业的改造也经过了三个阶段。

第一阶段是从 1949 年至 1953 年，主要是将私营企业纳入国家计划的轨道。在大力发展国营经济、合理调整工商业的同时，政府又通过对私营工业实行加工订货、统购包销、代购代销等形式，将私营企业逐渐转变为国家资本主义的初级形态。到 1953 年底，全区已对大部分私营工业企业实行了加工订货和统购包销，其生产总值已占到武昌全部工业总产值的 77%。在私营商业方面，到 1953 年底，通过各种手段，国营批发商业对私营零售商的供货量已达到私营商业进货量的 90% 以上。至此，全区大多数私营企业都在不同方式下同社会主义经济产生了联系与合作，已不同程度地改变了资本主义的生产关系，不再是纯粹的私人资本主义性质，而是在人民政府管理之下的、同社会主义经济相联系的国家资本主义企业了。

第二阶段是从 1954 年至 1955 年，主要对个别私营企业实行公私合营，并有计划地由国家投资扩展公私合营。1954 年，武昌地区有第一纱厂、裕华纱厂等 7 家企业实行公私合营，其数量虽然不到私营工商业企业总数量的 1%，但计有职工 1.15 万人，占私营工商业企业职工总人数的 46.32%，资本额占私营工商业资本总数的 65.16%，在经济上有举足轻重的地位。

有些私营企业在公私合营前，国家就通过掌握公股控制了企业大部分股权，7 家企业中公股平均占到总额的 38.12%，最高 83.27%，最低 18.6%。公股形式分三种：一是由人民政府没收的企业中的官僚和敌伪财产转化而成；二是有些企业向国家贷款后无力偿还，国家根据企业的申请将贷款转作公股；三是有的私营企业在“五反”运动中查出偷漏国家税款或账款，因无力偿还，而要求转作公股。从而，国家同资本家的合作由企业外部深入到内部，对企业实行清理资产、核实股份，适当调整企业内部人事安排，改变公私合营企业的利润分配，改变原先由资本家独占利润的情况，调整为由国家税收、股东股息和红利、职工奖金和福利、企业公积金 4 类分配的方式，实际上是将资本家生产逐渐变成国家生产。

1954 年 4 月，根据全市会议精神，武昌区对公私合营企业进行整顿，主要是对三大纱厂进行清户定股，确定公私股权，对原清产定股偏低的企业作了纠正；对于企业在缴纳国家所得税后的余额，从 1953 年起按“四马分肥”（企业公积金、企业奖励金、股息、红利）的原则进行分配。

武昌区委、区政府从国营或公私合营企业抽调 12 名干部，担任公私合营企业的公方代表。到 1954 年底，全区关系国计民生的行业，如金融、棉纱、砖瓦、火柴、卷烟等全部实现公私合营。1955 年，其他工业行业中的大企业也实行了公私合营。公私合营总的原则是：凡能够单独公私合营的企业，直接公私合营；对于不够条件的小企业，有的采取全行业安排、通盘筹划、改组与改造相结合的方法进行公私合营，有的则按产品近似、以大带小的原则先进行私私合并，创造条件后再进行公私合营，还有的直接并入原有公私合营企业。

第三阶段是 1956 年 1 月，全行业实现公私合营。武汉市政府决定：全市私营工商业在 1956 年 1 月 20 日前，全部完成公私合营。面对这种形势，武昌区立即掀起了公私合营的高潮，资本家们被连夜动员起来申请合营，各行各业负责人连夜开会，协商申请公私合营的有关事宜。1 月 17 日，区工商联召开全区 65 个行业的 2364 家工商业者参加的大会，与会者集体向政府提出公私合营的申请，区人委负责人当即批准了他们的申请，同时宣布全区私营工商业户已全部实行了公私合营，并于 1 月 19 日召开有两万多人参加的庆祝大会。至此，武昌区的工商业全部完成了公私合营，在全市城区中第一个实现全区全行业公私合营。

新中国成立后私营工商业的公私合营，实际上就是变私人资本主义为国家资本主义。武昌区资本主义工商业、手工业社会主义改造的完成，标志着武昌完成了社会经济和社会制度由私有制向公有制的历史性转变。从 1956 年 1 月 17 日至 22 日，老武昌城内处处张灯结彩，红旗飘扬，鞭炮之声不绝于耳。在繁华的十里长街，两旁树枝上扎满纸花和彩灯，家家店铺的大门都贴上了欢庆的楹联，到处洋溢着一派欢乐喜庆的气氛，庆祝全行业完成公私合营，表达人们对社会主义的热切之情。直到 1966 年 9 月，公私合营企业最后转变为社会主义全民所有制。

（四）区街工业大发展

1957 年，武昌区有工业企业 286 个，其中区直属中小型工业企业 182 个，多数为手工业制品企业，少数是机电、化工产品企业。1958 年，在“大跃进”的形势下，武昌区委、区人委按照市委提出的各区县大办地方工业、建立自己的小工业体系的要求，制定了全区大办工业的跃进规划。年初，武昌区提出了工业总产值为 8009 万元的目标，到 8 月则正式提出工业总产值达到 46211 万元、比原计划增长 477% 的“跃进”指标。

在基于大办工厂和追求高速度、高指标的思想支配下，区委首先把手工业合作社转变为地方国营工厂，这样既在所有制方面一步到位，又可增加区属工业实力。为了便于管理，区委撤销区手工业联社，组建区机电局和轻工业局。在此后的两三个月内，区委、区政府将全区 185 个企业按行业分类合并，分别划归到各局管理。划归后，又把机电工、轻工、商业、房地等 4 个局的 141 个合作社并为 62 个国营综合工厂；另有 62 个小型企业下放到街道，形成全区工业格局。

在手工业合作社大合大并的同时，区委要求各街道在 1958 年内分别兴办 10 ～ 15 家工厂，区属各机关、工厂、企业、学校也要办一批附属工厂，并提出“街道有工厂，户户无闲人”“把居委会办成生产委员会”的口号。各街道通过集资，陆续办起各类小型工厂 376 家。各机关、学校、银行等单位办起工厂 16 家，全区中小学校办工厂 187 家。

至此，全区工厂数量大大增加，仅机电、轻工、手工、商业、房地产、直属工业企业就有 319 家，与 1957 年相比增长 91%，职工人数增长 86%，劳动工资总额增长 39.28%，固定资产增长 48.23%；全区工业拥有金属切削机床数量增长 208%，电动机数量增长 296%。全区常年生产的行业涉及冶金、机械、化工、建材、纺织、玻璃、木材加工、医疗器械、农机具、造纸、制革、塑料、食品、粮食等，生产的产品达 40 余种。

1958 年，由于工业发展过猛，全区输送到工业基建等部门的劳动力达 5.2 万人，导致城区人口陡增 2 万人，加剧了城市居民生活物资供应紧张的局面。但应该肯定的是，区委坚持把工作重点放在经济建设和发展生产上，带领全区干部群众自力更生、艰苦奋斗，建成了一批区街工业企业，初步改变了武昌区地方工业基础薄弱、行业种类不全、生产水平低下的落后状况，为区、街的工业发展奠定了基础。

（五）武昌反“五风”运动

“共产风”、浮夸风、命令风、生产瞎指挥风和特殊化风是“大跃进”中形成并发展起来的不良风气，对造成“大跃进”的失误起到了推波助澜的作用。

1960年11月，中共中央发出毛泽东亲自起草的《关于彻底纠正“五风”问题的指示》，要求以纠正“共产风”为重点，带动其余四种歪风的纠正。1960年12月至1961年1月期间，武昌区作为全省全市的试点地区，在省、市委的直接领导下，开展了反“五风”运动。

武昌区的“五风”是在“大跃进”和城市人民公社化运动中产生的，且愈刮愈烈。在急于过渡、急于求成的“左”的思想指导下，为搞社会化大生产，盲目大合大并，大搞“一平二调”，形成“共产风”。不顾客观实际，大搞强迫命令，层层加码，追求高产值、高指标，命令风必然带来生产瞎指挥风和虚报浮夸风。

1960年11月28日，省、市委派出40多人的工作队到武昌区开展反“五风”试点工作。试点从武昌基层单位开始，但是工作队发现干部群众揭露出来的“五风”问题大多涉及区委。据此，省、市委认为“问题的根子在区委”，于是决定由省委书记和市委书记负责，组成九人领导小组，带领400多人的整风工作队进驻武昌，重点纠正区委突出存在的问题，并宣布省、市整风领导小组直接领导武昌区的反“五风”运动。

整风工作队进驻后，分别下到全区50个部门和基层单位开展工作。在调查研究的基础上，省、市整风领导小组于12月上旬主持召开了有1400余人参加的武昌区党员干部大会。省委领导到会讲话，强调反“五风”是一场“兴无灭资”的自我思想教育运动，指出武昌区解决各级领导的“五风”问题，重点在区委，要求区委领导成员带头“下水”，自我检查。12月下旬，在省、市委整风领导小组的主持下，区委召开了为期10天的常委扩大会议，重点检查自身存在的“五风”错误，特别是浮夸风和特殊化风方面的问题。

1961年2月，区委召开了为期5天半的三级干部会议。区委书记在会上指出："'左'比右好是导致'五风'严重泛滥的主要原因，反'五风'就是反'左'。"与会干部表示要放下包袱，与"五风"决裂。会议深刻地分析"五风"产生的原因及其严重危害，提出全区当前工作的任务是贯彻"调整、巩固、充实、提高"八字方针，端正作风，坚决整改，纯洁组织，促使全区形成新的生产高潮。

随后，区委成立退赔政策兑现领导小组，以反特殊化风为重点，督促有错误的人边整边改。

3 月底，中共湖北省委、武汉市委在武昌区的反"五风"试点工作基本结束，工作队陆续撤离武昌区。此后，按照市委要求，区委在尚未开展反"五风"运动的基层单位继续开展整风运动。在继续整风中，区委按照省、市委"有什么反什么，有多少反多少"和"边整边改，改了不整"的指示，突出解决"共产风"和调整体制两大问题。一方面发动领导干部揭盖子，另一方面放手发动群众"大鸣大放"，把问题揭深揭透。对揭发出来的问题，分清两类不同性质的矛盾，严格审查，分别处理。对"共产风"的问题，彻底纠正"一平二调"的错误。全区因刮"共产风"被挤占的 434 栋公私房屋经核实后全部物归原主。对虚报产值问题，自上而下反复核实，进行更正重新上报，并不再硬压生产指标。同时，坚决执行中央规定的党政干部"三大纪律，八项注意"和省、市委规定的"干部十不准"，严格组织纪律，使强迫命令、瞎指挥以及特殊化风基本得到禁止。反"五风"运动于 1961 年上半年基本结束。经过反"五风"运动，区委认真总结经验教训，端正指导思想，及时把全区工作中心转移到经济工作上来。

反"五风"运动是武昌区在社会主义建设的探索中，纠正"左"的错误的一次重要实践，广大党员干部受到了一次思想教育。虽然有所偏差，但仍然使"五风"错误得到有力纠正，为贯彻八字方针、恢复和发展经济起到了积极作用。

但武昌区反“五风”运动在方法上存在一些问题：主要采取斗争方法，上挤下压，以工作队代替党组织，采取机械过火的斗争方法，未查清事实就调换大批干部。1962 年 12 月，市委指出，市委三级干部会议、区委扩大会议关于武昌区问题的分析和修改虽有正确部分，但基本论点是错误的。同时，为武昌区部分被错误处理的同志恢复名誉和职务。

（六）生产自救度荒年

“大跃进”和人民公社化运动带来了严重困难的局面，再加上其他因素，武昌区和全国一样，经济发展严重困难，人民生活处于艰难的境地。面对严重经济困难的形势，区委、区人委按照中央、中共湖北省委、武汉市委关于“生产自救、节约度荒”的指示精神，从区机关到街道企事业单位层层成立生产指挥部，由第一书记担任主要负责人，建立生产责任制，并动员全区党员、干部和居民群众与党同心同德、同舟共济，生产自救，以此度过荒年。在区委、区人委的统一领导下，从 1961 年初开始，一个全民大办粮食、蔬菜和副食品的大生产运动在全区迅速展开。一方面调整区街手工业企业生产结构，大力恢复日用工业品生产；一方面利用全区耕地 3.2 万亩、湖塘水面 19.5 万亩的有利条件，大力组织粮食和渔业生产，同时组织各机关、团体、工厂、学校和居民群众开荒种地。在区委提出的“寸土必爱，寸土不让，寸土不闲”口号的鼓舞下，全区上下一起开垦路边、房前屋后等一切可利用的荒地，抢种红苕和各种蔬菜，至年底全区开荒种植面积达 8845 亩，大部分单位的蔬菜实现自给或半自给。一些单位还积极饲养家禽，试制人造肉、小球藻、人造蘑菇等代食品。全区共养猪 3615 头，养鱼 40 多万尾，养鸡鸭 8.6 万只，弥补了部分粮食和食品的供应不足。

（七）精简职工，压缩城市人口

在国民经济调整过程中，全面精简职工、压缩城市人口是克服严重困难的一项重大措施。

为了配合工业“大跃进”的需要，从 1958 年开始，3 年中从武昌周边农村和城市大量招收新工人进厂，使全区职工总人数增加近 3 万人，致使城区人口膨胀，导致城区商品粮和消费品紧张。全区各机关、企业、部队、学校都不得不自力更生，开荒或征地开办副食品基地。“大跃进”中盲目增长的企业职工人数，还导致了企业生产成本提高，劳动生产率下降，加之企业内部无视科学管理，企业的经济效益普遍下降，亏损增加。“大跃进”失败后，经济被迫进入紧缩时期，一些小型工厂关闭，职工解散，职工的工资被冻结。

1961 年 6 月，区委成立精简领导小组，按照中央和湖北省委、武汉市委的部署，武昌区开始全面精简企业职工。精简对象主要分为三类人：一是 1958 年以来来自农村的工人，二是 1958 年以来从照顾职工生活出发安排的一批职工亲属子女，三是 1958 年以来参加工作的城市家庭妇女。同时，又进行压缩城市人口的工作。压缩对象主要是以下几种：家居农村的 3 级以下工人及勤杂人员的无固定职业的家属，一切职工的来自农村而无固定职业的非直系亲属，1958 年以来由农村来的职工的直系亲属（在乡下有生活依靠者），由郊区迁入市区的职工家属，无固定的职业而有家可归的街道居民，家居城市的失学、失业或无正当职业的闲散人员，劳改期满后留场的“新生人员”家属，中等学校中来自农村的学生等。为了使精简压缩工作能比较顺利地进行，区委对精简压缩工作的政策界限、精简对象的动向等都作了具体规定和说明。在全区人民的大力支持下，通过大量细致的思想动员，压缩工作得到广泛响应。返乡职工和居民大多数是自己主动报名，对少数思想不通、确有困难的压缩对象均未强迫离城。在压缩人员待遇方面，规定职工一律多发一个月工资，有助学金的学生多发一个月助学金，全部都预发一个月粮票，发给路费，并发放省政府颁发的还乡证明书，以后城市有需要时可优先录用。到 1961 年底，全区共精简压缩城市人口 12329 人，当年减少商品粮销量 130 万斤，减少工资开支 240 多万元。到 1964 年，全区共精简干部、职工居民累计 51166 人，成为武昌历史上较大的一次人口大迁移。

（八）“调整、巩固、充实、提高”八字方针

“大跃进”运动的急于求成、急于过渡，给武昌经济建设带来了严重的困难。1960 年 9 月，中共中央提出对国民经济实行“调整、巩固、充实、提高”八字方针，经由 1961 年 1 月的八届九中全会讨论并公布。中央政策的转变也为武昌区带来转机。

武昌区贯彻八字方针，对国民经济的调整大致经历了三个阶段。

1960 年 12 月至 1961 年 1 月为第一阶段，主要是对 1958 年以来的“左”倾错误进行了全面的清理纠正，把思想统一到贯彻八字方针的轨道上来。为此，武昌区在省、市委整风工作队的直接领导下，开展了反“五风”运动，“五风”盛行的情况得到了扭转，也为贯彻落实八字方针、恢复和发展经济起到积极的推动作用。

第二阶段是 1961 年 2 月到 1962 年的全面调整。1961 年 2 月，区委召开了为期 5 天半的三级干部会议，对 1958 年以来的“左”倾错误进行了全面的清理，总结经验教训，并提出认真贯彻八字方针的任务和措施。从 1961 年 4 月起，武昌区开始对武昌经济进行全面调整。调整主要是从以下几个方面进行的：

一是组织全区各单位千方百计增加生产，增加收入，厉行节约，紧缩开支，共渡难关。大力压缩工业生产，对那些没有原材料来源或物质

消耗过多、产品质量低劣、长期亏本的企业坚决实行关、停、并、转。经过有序收缩，全区工业企业数由 1960 年的 59 家减少到 1962 年的 38 家，减少了 35.6%。

二是调整所有制结构，巩固全民所有制，恢复一部分盲目过渡到全民所有制的集体所有制手工业和商业。经过调整，到 1962 年，集体经济在工业经济中所占的比重大幅度提高，集体所有制的工厂、合作社占 88%，职工人数占 83%，总产值占 73%。财贸 12 个行业中的商业网点增加了 177 个，核算点划小后，增加核算点 300 个，极大地方便了群众的生活。

三是在国民经济调整的过程中，全面精简企业职工和压缩城市人口。经过上下精心组织，政策的落实和全区人民的大力配合，武昌区最终圆满地完成了这一艰难任务。从 1961 年到 1963 年，共精简职工 12884 人，压缩城市人口 33359 人。

第三阶段是 1963 年到 1965 年的继续调整，是“二五”计划与“三五”计划的过渡阶段。为了促进国民经济的根本好转，武昌区从 1963 年起，按照全市要求，先后将区属发展较好的各行业国营企业、合营企业及合作单位，全部移交市有关部门直接领导。全区工交财贸系统有 40% 的单位、32% 的网点移交市有关部门。到 1965 年底，武昌区向市有关部门共上交工业企业 372 家，为全市经济发展作出了贡献。此后，区委和区人民委员会的工作重心转向街道工作，着重抓街道的劳动生产、经济生活以及街道的各项建设，把为工业、农业、商业和城市建设服务，为人民生活服务作为街道工业生产的方向，努力恢复与发展街道工业。到 1966 年 4 月底，全区各街工业厂、组共有 43 个，职工 913 人。

经过 5 年的艰辛努力，武昌区终于完成了艰难的调整，国民经济得到了恢复，逐渐走出了低谷。1965 年武昌区工业、手工业总产值比

1962 年增长了 28.6%，国民经济各种比例关系趋于协调，物价基本稳定，人民的生活水平也有了一定的提高。

（九）知识青年上山下乡

武昌区的知识青年上山下乡始于 1957 年，当年有百余名中小学毕业生分赴农村参加农业生产。“大跃进”运动后，武汉经济受挫，城市供应矛盾骤增，压缩城市人口成为当务之急。从 1961 年到 1963 年，武昌区有 1169 余名知青上山下乡。1964 年至 1965 年，武昌区又有 1004 人上山下乡，447 名知识青年参加边疆建设。早期的知识青年上山下乡，实际上是把解决城镇就业问题和改变中国农业生产落后状况相结合来探索的一项社会试验。

1968 年 11 月 25 日，武昌区 2600 余名 1966 届、1967 届、1968 届的高中、初中毕业生，被热烈欢送到荆州地区 10 个县的农村插队落户，揭开了持续 10 年之久的武昌知青上山下乡序幕。

知识青年到农村后，在艰辛的劳动中领略到了“锄禾日当午，汗滴禾下土。谁知盘中餐，粒粒皆辛苦”的含义。在春播秋收的农忙季节，他们起早摸黑，忙碌在田间地头：烈日当头时，挥汗如雨，衣服汗湿了被晒干，晒干了又被汗湿；风雨交加里，汗水、雨水交织。在寒冬腊月的农闲时分，他们不顾北风呼啸、冰天雪地，活跃在兴修水利的工地上、挖塘泥的沼泽中。这些知青，由不会干农活的城里人逐渐变成农业生产能手。

1970 年后，有的知青陆续被工厂招工回城，有的参军，还有的被推荐为工农兵学员进入大学，相继离开了农村。20 世纪 70 年代中后期开始了知识青年的回城潮，给武汉市的就业安置造成了巨大压力。除个别人与当地青年结婚生子完全扎根农村外，绝大多数的下乡知青都陆续返回了城市。

（十）悲欢交织的 1976 年

1976 年是灾难频发的一年，悲戚长久地挂在人们的脸上。年初，周恩来总理逝世；7 月 6 日，朱德委员长撒手人寰；7 月 28 日，又传来唐山大地震、城市变成废墟的消息；9 月，伟大领袖毛泽东主席又永远地离开了。1976 年又是消除人们心头忧虑的一年。10 月 6 日，党中央一举粉碎了“四人帮”，结束了“文化大革命”十年内乱。

1976 年 1 月 8 日，周恩来总理去世，武汉人民沉浸在无限的悲痛之中。当天，武汉三镇的人们砍来了松柏，买来了白纸，精心布置了无数个大大小小的灵堂，悼念人们心中的好总理。

1976 年 9 月 9 日，毛泽东主席在北京逝世的噩耗传来，江城同悲。从 11 日起，湖北省、武汉市分别在洪山礼堂和武汉剧院设置灵堂吊唁，武昌区委和区属机关在武昌电影院设立灵堂吊唁。武汉的数百万人民都自发地以各种形式举行吊唁活动。在悲壮的哀乐声中，成千上万的干部群众身穿素服，臂戴黑纱，胸佩白花，排着整齐的队伍走向灵堂，在毛泽东主席的遗像前肃立默哀，鞠躬吊唁，久久不愿离去。

在武昌毛泽东的旧居和由毛泽东领导、主持的中央农民运动讲习所旧址，在毛泽东亲自视察过的武大、武重、武船，前来吊唁的人络绎不绝。武昌区委和革委会全体委员带领区机关数百名干部聚集在农讲所痛悼伟人的去世。

9 月 18 日，区委组织全区广大干部和群众参加各系统、各单位举行的追悼大会，并收看北京天安门广场举行的百万人追悼大会实况以及省市举行的追悼大会实况。区内许多来往的车、船上都披上了黑纱，挂上了白花。整个武昌都笼罩在巨大的悲痛之中。

就在中国处在历史的十字路口彷徨的时候，中共中央顺应党心和民意，于 1976 年 10 月一举粉碎了“四人帮”。喜讯传来，武昌区人民欢欣鼓舞，奔走相告。10 月 22 日，武汉市 130 万人包括武昌区的 10 万军民冒雨举行盛大的集会游行，热烈庆祝这一伟大的历史性的胜利。

第七章
改革开放以后

1978 年 12 月召开的十一届三中全会是一个时代的标志，是党和国家历史上的伟大转折点，开启了改革开放的新时期。在党的十一届三中全会精神的指引下，武昌人民解放思想、实事求是，揭开了改革开放和社会主义现代化建设的新篇章。

一、武昌区改革创新

（一）个体户展风采

“文革”时期，个体工商户被视作“资本主义尾巴”，纷纷被取缔，到 1978 年武昌区个体户仅剩 37 家。

十一届三中全会后，武昌区集市贸易迎来了发展的春天。1979 年，武昌区在大东门闹市区兴建了大东门集贸市场，打破了大中城市中心城区不准开办集贸市场的限制，也为个体工商户提供了创业的场所。

1979 年 7 月，经工商部门登记，120 名待业青年和社会无业人员成为第一批个体经营者和闯市场新路的探索者。他们在把柜台摆上大东门集贸市场的同时，也把市场经济推上了武昌经济发展的舞台。他们在这里做小本生意，经营服装、手工业产品、农副产品、日杂小商品以及餐饮、修理等“五小”行业，生意红红火火，带动一批待业青年加入个体户行列。至 1980 年底，全区个体工商户达到 1142 家，总资本额 52398 元，营业额 178484 元，收益额 72787 元。然而在改革初期，做生意、干个体户似乎都是无奈之举。在经营政策方面，党中央虽然对个体经营人员给予了承认，但是人们谈起下海做生意还是胆战心惊、畏首畏尾。

随着改革的深化，个体经营的形式有了很大的改观。特别是邓小平曾多次在公开谈话中提出“让一部分人先富起来”，解除了个体户们的后顾之忧，使个体户们意识到自己也是社会主义的劳动者，成为改革的弄潮儿。

中共武昌区委、区政府也采取相应的措施，大力扶持个体经济。1980 年，武昌区个体工商管理委员会成立，个体户可以参加民主管理；发展集贸市场和专业市场，为个体户提供经营场地；允许住宅楼底层打开墙面，开设临街门面做生意。从 1983 年起，个体工商业在行业结构上，打破以往只准经营“五小”行业的限制，允许一业为主、兼营相近行业；经营方式有自产自销、代销、代购、代运、代储、城乡贩运等，既可以零售，又可以在国家规定范围内批量销售，为个体经营者拓宽了门路。

到 1990 年底，全区个体户发展到 7341 家，从业人员发展到 10280 人，产值营业额 2050 万元，成为武昌经济发展的新增长点。尤其需要指出的是，第一批在大东门集贸市场做小生意的个体户，坚持薄利多销、守法经营、重视信誉，形成了产、供、销一条龙服务。武昌区集贸市场的经验受到前来视察的李鹏同志的赞扬：“这是一条很好的经验，要总结推广。”这反映了武昌改革开放以来个体户的发展轨迹，从禁到放再到鼓励。随着国家政策的变化，个体户们也历经风雨，最终在商品经济改革中生存、发展和不断壮大。

个体户经营充满了灵活性，给人民群众的生活带来了便利，而且组织货源迅速、商品种类多，这也让他们迅速成为20世纪80年代最早富裕起来的一批万元户，不仅实现了自身的价值，也为社会主义现代化建设的不断发展作出了重大贡献。

（二）平反冤假错案

1978年8月至10月，中共武昌区委组织全区人民开展了“实践是检验真理的唯一标准”的大讨论，从而冲破了“两个凡是”的桎梏，思想得到解放，特别是十一届三中全会的召开，使广大干部群众进一步解放了思想，从“左”倾雾障中走出来，加快了拨乱反正、平反冤假错案的历史进程。武昌在平反“文革”期间的冤假错案的同时，从1979年开始对“文革”以前的历史遗留问题作了进一步反思。根据中央和省、市委有关指示精神，全区有534名被错划为右派的人员得到改正和妥善安置，对1066名未彻底解决的“右倾机会主义分子”、“反党”遗留案件和“四清”定性错误或与事实有出入的案件均予以彻底平反。原工商业者在“文革”中被查抄的财产和住房一律物归原主，恢复各民主党派活动，恢复宗教组织，开放宗教场所，保障少数民族群众的平等权利。武昌区大规模平反冤假错案和对有关政策的调整与落实，有效地调动了社会各个阶层人士的积极性，对促进社会安定团结、推进改革开放和现代化建设事业的发展起了重要作用。

（三）区人大政协的恢复

人民代表大会制度是我国的根本政治制度。健全和完善人民代表大会制度，是建立和发展社会主义民主政治、实现人民群众当家作主的需要。1954年7月，武昌区召开了第一届人民代表大会第一次会议，至1963年共召开五届人民代表大会。因1954年制定的宪法中没有规定地方各级人民代表大会设立常委会，故武昌区人民代表大会没有设立常委会。1966年“文革”爆发后，武昌区人民代表大会不复存在，1968年成立的武昌区革命委员会（简称“革委会”）则完全取代了人大和政府的职能。

1979 年，第五届全国人大第二次会议通过了关于修正《中华人民共和国宪法》若干规定的决议和《中华人民共和国地方各级人民代表大会和地方各级人民政府组织法》。从此，县级以上地方各级人民代表大会设立常委会作为一项重要制度被确定下来。

1979 年 4 月 24 日，武昌区第六届人民代表大会第一次会议召开，出席代表 409 人，选举出席武汉市第六届人民代表大会代表 136 人。1980 年 2 月 1 日，武昌区第六届人民代表大会第二次会议召开，出席代表 693 人，停止活动长达 14 年之久的武昌区人民代表大会重新开始行使职权。会议选举产生了武昌区人民代表大会常务委员会委员，并作出将武昌区革委会改为武昌区人民政府的决定。武昌区人大常委会的设立，对于推进社会主义民主与法治建设有着十分重要的意义，是地方体制改革的一个重要举措，是人民代表大会制度的重要发展。

中国共产党领导下的多党合作和政治协商制度是我国的基本政治制度，是我国政治体制的特点和优势。1976 年 10 月粉碎“四人帮”后，武昌区委拨乱反正，开始恢复和逐步完善中国共产党领导的多党合作和政治协商制度。

1979 年 4 月 23 日至 29 日，政协武昌区第五届委员会第一次会议召开，出席会议的政协委员 185 人。会议提出政协工作要发扬民主，活跃各爱国民主党派工作，为四个现代化建设服务。在中共武昌区委的帮助下，从 1978 年到 1980 年，区民革、民盟、民建、民进、农工党、九三学社陆续恢复活动，基层组织逐步恢复并健全发展。这表明了武昌区各民主党派拨乱反正的工作基本完成，武昌区的政协工作进入新的发展时期。

（四）从革委会到区政府

1949年5月17日，武昌解放。按中国人民解放军武汉市军管会第一号布告和武汉市人民政府第一号布告，成立武汉市军管会武昌办事处，接管前武昌市政府旧政权机关。1950年7月，武汉市委决定，成立武汉市第一区人民政府。1952年8月，改称武昌区人民政府。1955年3月，根据宪法规定，武昌区第一届人民代表大会第二次会议选举产生武昌区人民委员会组成人员，从此武昌区人民政府改称武昌区人民委员会。武昌区人民委员会是武昌区人民代表大会的执行机关，是武昌区地方国家行政机关。

1968年9月4日，经武汉警备区“支左”办公室、湖北省革委会批准，成立武昌区革命委员会。当时的武昌区革委会是一个掌握全区一切党政财文大权的地方政权组织，采取“三结合”的组织形式，即在成员结构方面由解放军代表、革命干部代表和群众组织代表组成，在年龄结构上是老、中、青三结合。革委会实行党政军合一的一元化领导体制，军人在革委会中占主导地位。

1976年“文革”结束后，至1980年2月，武昌区的政权机构仍沿袭革委会形式。随着武昌迈入改革开放的新时代，以及经济的发展和对外开放的不断深入，原有那种党政军合一的革委会政府形式已不适应武昌的发展。1980年2月，根据新宪法的规定，武昌区第六届人民代表大会第二次会议批准撤销武昌区革委会，正式成立武昌区人民政府，并选举产生武昌区人民政府区长、副区长。至此，武昌区建立了现代化的行政管理体制，为进一步的改革开放奠定了良好的行政体制基础。

（五）盛世重建黄鹤楼

距清末黄鹤楼焚毁101年之后，一座新的黄鹤楼终于在1985年重建落成了，这是20世纪80年代武汉人民文化生活中的一件盛事。

有人说，建筑是历史的镜子。黄鹤楼的兴衰的确从侧面反映了社会政治和经济面貌。从历史上来看，黄鹤楼曾有过两次兴盛时期，一次是在唐代，一次是在明清。唐代是中国封建社会前期发展的高峰，国家安定统一，经济、文化空前繁荣，当年黄鹤楼的盛况可以从唐诗中窥见一斑。明清两代由于资本主义萌芽，商业、手工业和城市建设一度取得较大的发展。当时的武昌城“俨然一大都会”，而号称“全楚胜览”的黄鹤楼也“毁而愈新”，建造得更加雄伟壮观了。

清朝末年，由于封建制度逐渐解体，同治年间修建的黄鹤楼于光绪十年（1884年）焚毁后，便再也无力重建了。其后的半个多世纪内，中国经受着血与火的洗礼，社会动乱，经济凋敝，重建黄鹤楼又从何谈起？结果是“只见文章不见楼”。

在那灾难深重的岁月，一些志士仁人如孙中山、毛泽东、瞿秋白等都曾亲临黄鹤楼的故址，抒发救国救民、振兴中华的壮志豪情。

新中国诞生后，国民经济蓬勃发展，文化事业也欣欣向荣。1957年9月初，毛泽东同志来武汉视察长江大桥的建设工作，向陪同的王任重问起了黄鹤楼，并对计划重建黄鹤楼之事表示了赞同。毛泽东同志说：“应当修，这是历史古物。”不久，铁道部即拨款80万元，作为重建之费用。湖北省、武汉市有关部门随之组成了武汉市黄鹤楼筹建委员会，负责设计和筹建事项。此后，便是三年困难时期和十年之久的“文革”，黄鹤楼的重建工作被搁置下来。

1976年，武汉市委再次批准成立武汉市重建黄鹤楼办公室，直属市人民政府领导。粉碎“四人帮”以后，省委领导于1978年初确定了新楼楼址，并决定在全市范围内广泛征集设计方案，动员各界人士献计献策。经过一年多的方案设计和比较，并征求国内有关专家、学者的意见后，于1980年2月由省人民政府审定了最后方案，这就是目前落成的“高五层，攒尖顶，层层飞檐，四望如一”的建筑形式。重建工程于1981年7月破土动工，经过4年的施工，黄鹤楼于1985年6月修建完成。一代新楼以其巍峨的雄姿耸立在蛇山之巅。

重建的黄鹤楼位于武昌蛇山西段，距长江约一公里，较原址后移甚多。昔日的黄鹤楼，耸立于黄鹄矶头，登楼纵览，恰好睹此秀丽雄险之奇景，千百年来无数诗人墨客讴歌赞颂，留下了千古绝唱。今日重建之黄鹤楼，虽离江略远，仍然不出蛇山头范围；且雄踞高观之麓，登楼四顾，视野更阔，既可窥龟、蛇二山夹江对峙之险，亦可饱览千里楚天之秀，加以长江大桥飞架南北，气势更为雄伟。故黄鹤楼新址之选择，颇增游兴，可谓恰到好处！

如今，黄鹤楼雄踞海拔61.7米的蛇山之巅，面临长江，背倚青山，已成为华中重镇——武汉的标志性建筑。

二、邓小平南方谈话

1992年1月18日10点31分，一辆专列缓缓驶入武昌火车站，从专列上走下来的是中国改革开放总设计师邓小平。

1927年6月，23岁的邓小平来到武汉，任中共中央秘书，参加了改变中国共产党历史命运的八七会议；1958年，邓小平又一次来到武昌，视察了武汉重型机床厂，推进国家重工业基地建设；1980年7月，邓小平考察了长江三峡后，在武汉表态“轻易否定三峡工程不好”，推进了三峡工程的论证进程及各项准备工作；1992年初，在中国改革开放及现代化事业发展的关键时期，88岁高龄的邓小平开始了他那永载史册的南方之行，武昌又有幸成为邓小平南方谈话的第一站。

在武昌车站的月台上，他和湖北省武汉市党政主要负责人就中国改革开放和现代化建设中面临的一些重大问题边走边谈。“发展才是硬道理”“能快就不要慢”“不坚持社会主义，不改革开放，不发展经济，不改善人民生活，只能是死路一条”，办事情正确与否“主要看是否有利于发展社会主义社会的生产力，是否有利于增强社会主义国家的综合国力，是否有利于提高人民的生活水平”，“低速度就等于停步，甚至等于后退”。邓小平的南方谈话，从理论上深刻回答了长期困扰和束缚人们思想的许多重大问题，是把革命开放和现代化建设推向新阶段的又一思想解放、实事求是的宣言书，对中国整个社会主义现代化建设具有重大而深远的意义。

邓小平在武昌的停留虽然短暂，但他在这里发表的重要谈话尤其是作为开场白的南方谈话影响深远，不仅让湖北广大干部群众深受鼓舞，迈向改革开放的步伐更加坚定有力，而且激起了全国改革的春潮。1992 年，武昌区委围绕贯彻邓小平南方谈话精神，按照市委、市政府的统一部署，迅速确定了社会主义市场经济体制改革的总体思路，如实施大市场发展战略、非公有制经济发展战略、区域经济发展战略和街道“三创”经济发展战略等。从 1992 年至 2000 年，全区个体私营户由 6287 户增至 13855 户，私营企业由 93 家增至 1708 家。从 1992 年至 1995 年，全区 8 家企业成为现代企业制度的试点单位；至 2000 年末，武昌区企业拥有股份有限公司 147 家、有限责任公司 194 家。到 2001 年底，区属大中型企业初步建立现代企业制度，85% 以上的小企业完成改制。以公有制为主体、多种所有制经济共同发展的基本经济体制和市场体系的逐步形成，标志着武昌区社会主义市场经济体制的初步确立。

三、盛世武昌再腾飞

（一）企业改革实施“五个一批”

1993年，武昌区委、区政府针对全区经济的实际情况，把整体搞活区属国有企业和集体企业作为全区改革的中心工作。武昌区认真落实市委关于“五个一批”的改革措施，即实施股份制改造一批、引进外资嫁接改造一批、组建集团壮大一批、发展第三产业转向一批和兼并破产、拍卖、转让及公有民营一批。

实施股份制改造，要按照从整体搞活国有和集体经济的思路。以建立现代企业制度、构建多元产权主体的公司为方向，以使企业能适应市场经济的竞争为目标，以《中华人民共和国公司法》为根据，对全区企业进行股份制改造。自1993年至1998年底，5家区属商业国有大中型企业建立了股份有限责任公司，19家为有限责任公司；18家区属集体工业企业改革为股份制企业，66家为合作制企业。全区股份制企业总计108家。通过股份制改造，企业明确了产权关系，转换了经营机制，企业活力不断增强。

引进外资嫁接改造，是企业实现转换机制、尽快走出困境的有效途径之一。合资以后，不仅获得了急需的技术改造资金，而且引进了国外的先进技术、管理经验。仅1993年一年时间，全区实行嫁接改造的企业达39家。到2000年底，外贸投资企业达120家。引进外资，学习国外先进的技术和管理经验，对国有老企业实施嫁接改造，较好地利用和盘活了存量资产，有效地激发了企业的活力，对武昌区经济体制改革和经济发展发挥了重要作用。

组建企业集团，实施抓大放小，把组建高起点、上档次、跨行业、跨所有制并具有一定规模的企业集团作为改革的重点。区属工业系统把组建武昌机电、设备制造等产业作为重点，组建了 3 个集团公司；把区属商业系统的黄鹤大厦、武昌商场、司门口商业大楼、水果湖商场、亚贸广场等 5 家国有大中型企业组建成集团公司，并对其进行重点扶持。

发展第三产业。改革开放以后，我国经济逐步与世界经济接轨，而武昌区的一批老企业由于设备陈旧、技术落后、产品无市场，致使企业生产经营非常困难。为适应市场经济的需要，大量城区老企业利用土地级差的优势和富余人员，或整体、或部分实行“退二进三”“退市进郊”以及从事商贸经营等转向第三产业，有效地调整了武昌区的经济结构，盘活了闲置资产，优化了资源配置，分流了富余人员，改善了企业的经营状况，同时也较好地解决了职工的就业和生活问题。

兼并破产、拍卖转让及公有民营。至 1998 年底，全区累计实现兼并企业达 23 家，呈现出量小、块大的特点；区属工业有 57 家企业通过整体改制、转让出售、资产置换、脱壳经营等形式，实现了产权制度改革，公有民营企业达到 291 家。

“五个一批”的企业改革举措，有力地推动了全区企业产权制度改革的深化。2000 年，企业制度创新、所有制结构调整、政府职能转变和各项配套改革取得重大进展。通过整体出售、转让、租赁、公司制、股份合作，完成 234 家公有企业的改制，改制面达 67.4%；国有企业改制 95 家，改制面达 83.3%，多数亏困企业走出困境。初步完成所有制结构从公有制为主向公有制和混合经济为主的转变，民营、街道经济成为新的增长点。

（二）街道经济实力壮大

武昌区街道经济起步于 20 世纪 50 年代中期，经过 60 多年的发展，已形成规模，成为全区经济发展的增长点。

在计划经济时期，财政管理体制高度集中，城区不是一级财政，街道的一切开支全靠上级拨付，缺乏实力和活力。在全区实行经济体制改革和经济发展的过程中，区委、区政府重视发展街道和居委会经济。从1993 年起，武昌区开展“双创”活动（创小巨人企业，创亿元街道），把发展街道经济视为新的经济增长点。为促进“双创”活动的开展，区政府出台了鼓励国有、集体、个体、私营、区办、街办、居委会办、校办企业多轮发展街道经济的政策，使街道经济发生了重大变化。到1995 年，全区亿元街道有 5 个，小巨人企业有 8 家（年产值超 1000 万元，利润超 100 万元），而且保持了良好的发展势头。

为了进一步完善市、区、街“两级政府，三级管理”的体制，增强街道经济实力，1997 年 6 月，武昌区将 61 家区属工业小型企业划转到所在街道，实行属地管理，并实行配套的五项优惠政策。随后，武昌区又于 1999 年至 2000 年分两批将 70 家区属商业小型企业划转到所属街道，增强了街道的经济实力。为了促进街道经济的发展，区政府于1998 年对街道财政体制进行改革，实行“总额分成，支出包干，结余归己，超支不补”的街道财政体制。新的街道财政体制运行后，街道发展经济的积极性得到了充分调动。各街道加强了对经济工作的领导和管理，充实协税、管税力量，使街道经济快速发展。

（三）职工再就业工程

1994 年，中国计划经济体制下长期积累的经济建设和经营机制的深层次矛盾在企业改革中开始充分显露，大量职工下岗，直接影响到社会稳定和经济发展。1995 年，武昌区在职职工 27602 人，下岗职工达到了 9567 人，占在职人员总数的 35%，其中 60%以上是下岗女工；辖区内待业人员达 1 万余人，每年因开除、除名、解除劳动合同而面临失业的人员约 1200 名。1995 年，区委、区政府按照国务院和市委、市政府的部署，把再就业工程当作民心工程、稳定工程来抓，确定了区属工业企业下岗职工、纺织行业下岗女工、夫妻双下岗职工三大重点安置对象。武昌区成立再就业工程领导小组，区劳动部门设领导小组办公室负责具体工作实施，有关部门协调行动，通过发展经济、增加就业、组织再就业培训、提高下岗职工素质等措施，并与工会、妇联、团委、工商、税务等职能部门出台优惠政策，鼓励下岗职工自主就业，形成了上下齐抓共管的格局。

1997 年，开辟中华路、大成路等夜市，1548 人实现自主就业；清退不符合规定使用的外来劳动力，腾岗安置下岗职工 3882 人；全区各街新增社区服务安置 2100 人；组织巾帼服务站和妇女再就业赶集会，共吸纳服务队员 1706 人，交流安置 300 多人；区委组织开展以“下岗职工党员带头再就业，党员带领下岗职工再就业”为主要内容的“双带”工程。至 2000 年，全区基层党组织共解决职工再就业 4900 多人次，有 921 名下岗党员职工再就业，并带领 2500 多名下岗职工重新走上就业岗位。

1998 年，根据中央、湖北省、武汉市有关文件规定，全区有 32 家国有企业成立了再就业服务中心，对符合政策的人员进行托管，经劳动部门认定发放《武汉市国有企业下岗职工证明》。此证不仅是下岗职工的身份证明，享受再就业政策，而且下岗职工可以凭证在托管期内按月领取基本生活费。据统计，1999 年至 2000 年间，对进入服务中心的下岗失业人员发放基本生活费 953.66 万元，其中财政筹集资金达 510 多万元。

自 1995 年至 2000 年，全区共培训下岗职工 9969 人，安置失业职工 17904 人，安置新生劳动力 24791 人，超额完成市政府下达的就业和再就业安置任务，解决了一批就业矛盾中的突出问题，稳定了社会，稳定了人心。

（四）道道飞虹映武昌

武昌自古襟江带湖，大自然赋予了武昌与水相依的地域格局。有水就有桥，桥梁是交通往来的要道。自宋代起，就有文字记载了武昌小东门外的虎跳桥和省人民医院路口的广平桥。至清末民初，武昌内外建有各种桥梁39座，被称为“桥城”。此后，随着时代的变迁，社会的进步，这些小桥流水式的桥梁逐渐被淘汰，代之而起的是现代化的桥梁。记载了历史文化的诸如长虹桥、积玉桥、云架桥、王惠桥、青石桥、得胜桥、丁字桥、老人桥、新桥、解放桥以及以闸代桥的武泰闸等作为地名流传下来。

新中国成立后，武昌开始进行大规模的桥梁建设，国家和武汉市政府投巨资建起的连通武汉三镇的现代桥梁，如同道道彩虹，使武昌交通枢纽地位更加彰显。1957年10月，万里长江第一桥——武汉长江大桥通车，成为武汉三镇桥城梦想的发端，推动武昌旧城区的快速发展。改革开放40多年以来，特别是进入21世纪后，武汉三镇迎来了桥梁建设史上的黄金时期。1995年6月，武汉长江二桥通车，带动武昌徐东片区迅速崛起，形成新商圈、新城区；2000年9月，武汉白沙洲大桥通车，横贯长江，带动武昌白沙洲工业园区建设突飞猛进；2001年12月，武汉军山长江大桥开通，使京珠高速公路跨越长江天堑，武昌内外交通更加快捷便利；2011年，武汉二七长江大桥通车，使武昌连接107国道畅通无阻；2014年，鹦鹉洲长江大桥竣工通车，使武昌中心城区与汉阳中心城区直接连通。除长江大桥外，武昌沙湖大桥、独具古韵特色的水果湖拱桥、连通东湖与沙湖的楚河上架起的千姿百态的跨河桥以及武昌区内干道高架桥、立交桥、铁路与公路跨线桥、人行天桥等各种桥更是与日俱增。不仅在长江、湖泊之上建桥，在武昌的大小公园、广场还建有众多赏心悦目的景观桥。可以说，武昌群桥争妍，尽显桥之风范。统计显示，至2013年底，武昌区除公园景观桥外，已建各种现代化交通桥梁40多座。这些桥梁不仅是武昌不可或缺的交通要道，也是城市别具风采的人文景观。从钢梁桥到斜拉桥，从拱桥到悬索桥，或长虹卧波，或夹江而立，或跨湖而过，或恢宏壮丽，或玲珑典雅，一桥一景，造型各异，韵味无穷，遍布于武昌城区，让武昌这座山水古城变得多彩缤纷。

桥，把武昌区从武汉的内环推向中环、外环、大外环，打通了武昌连通八方的交通网络，京广铁路、武广客运专线、京珠高速公路从这里畅通而过，凸显出武昌作为武汉中心城区的交通区位优势。

桥，不仅构筑了武昌交通网的重要节点，更是带动武昌经济发展的增长点，为武昌经济插上腾飞的翅膀。

（五）根治武昌“龙须沟”

武昌巡司河原称里河，因明清时在此设立巡检司（税收机构）而得名。巡司河发源于江夏八分山的北麓，流经汤逊湖，经武泰闸在武昌鲇鱼套汇入长江。河段全长1554.64米，是上游农民搬运货物至长江的一条河流。

巡司河在武昌历史上也曾辉煌一时，宋代诗人范成大是这样描述的：“南市在城外，沿江数万家，廛闬甚盛，列肆如栉，酒垆楼栏尤壮丽，外郡未见其比。盖川、广、荆、襄、淮、浙贸迁之会，货物之至者无不售，且不问多少，一日可尽……”可见巡司河沿岸的南市是商贾云集之地。此等繁荣一直延续宋、元、明、清四朝之久。

自20世纪中叶以来，随着经济的发展和城市生活污水排量的增加，河水污染日趋严重。1986年，据市、区环保部门调查，巡司河两岸有工厂130多家，医疗单位13家，人口约30万，日排污水达10万～15万吨；加之沿岸倾倒垃圾，汛期关闸，河水停止流动，日积月累，河中的有机污染物在日照高温缺氧的情况下，通过厌氧分解，使河水变黑发臭，蚊蝇滋生，环境十分恶劣，严重影响城市市容、环境卫生及周围群众的身体健康。每当长江汛后开闸，恶臭的河水排入长江，形成长江岸边的污染带，直接威胁武昌平湖门水厂的安全取水。此外，河道将城区与白沙洲分隔，给交通运输和城市发展带来诸多不便。特别是每逢汛期，位于巡司河南岸的八铺街、新桥街等渍水严重，渍水与巡司河水连成一片，民宅被淹，损失严重。综合整治巡司河，是城市发展的需要，也是广大市民改善生活环境的急切期望。

市、区两级人民政府经过两年多的调查和拟订方案，确定采取明改暗的方式，修建排水箱涵。工程于 1996 年 4 月正式启动，市、区成立了巡司河综合整治办公室，对工程进行统一管理。经过两期工程改造，历时 8 个月，一、二期工程同时竣工。这是武汉市继汉口黄孝河综合整治工程之后的又一项利国利民工程。

巡司河的整治工程包括修建一条长 1557 米、高 3.2 米、宽 5.4 米或 4.8 米的双孔箱涵和一条长 1293 米、口径 1.2 ～ 1.5 米的排污管道，填河土方 92 万立方米。填河后，新建道路 2100 米，主干道和连通道面积达 5.4 万平方米，修建绿化工程 30 亩，工程总投资 1 亿元人民币。整治后的巡司河连接解放路的主干道，也改变了巡司河和武昌区南大门的面貌。

（六）徐东商圈的崛起

20 世纪 90 年代，位于徐家棚街办事处东边的徐东村，还是邻近长江边的一片荒郊野地，稀落低矮的红砖黑瓦民居和鱼塘、菜地与隔江相望的汉口江滩的繁华景象相比反差甚大。

1995 年，武汉长江二桥建成通车，使武昌与汉口相连接，位于长江二桥武昌桥头南边附近的徐东村，便成为商家重视的地方。武昌中商集团发现了这里的区位优势，于 1997 年果断出手建设中商徐东平价广场，拉开了徐东商圈发展的序幕。中商集团在徐东平价广场试运行了全省第一个“超市 + 百货 + 家电”的中商平价大卖场模式，成为湖北省大卖场业态的领头羊。由于商品物美价平，加之二桥通车，交通方便，不仅吸引了武昌人，也吸引了汉口人过江到武昌徐东平价广场购物。徐东平价广场曾创造了每 9.2 分钟销售一台彩电的奇迹，诞生了全国第一个彩电亿元柜台，为徐东商圈的形成奠定了基石。其后，沃尔玛、销品茂、中商百货、新世界百货、麦德龙等品牌商家接踵而来，徐东家具城、徐东古玩市场以及知名餐饮集团等也相继在此落户。至 2013 年，徐东商圈已成为武汉市江南商业形态最集中、最先进的商业地带，可与隔江相望的汉口黄浦路繁华商业圈相媲美。

从 1997 年至 2013 年，短短的十几年时间，徐东商圈经济以桥而立、因水（长江）而兴，改变了这里的落后面貌，原来的乡村小路变为 60 米宽的林荫大道——徐东路，道路两侧已是高楼林立、商家云集。目前，随着武昌滨江商务区的建设和新的武汉大道在此经过，可以预见，徐东商圈的经济必将进一步腾飞。

（七）绿色园林绽放武昌

武昌得水独厚，坐拥群山，为充分发挥山水优势，做好山水文章，从 1998 年开始，武昌区认真贯彻落实市委、市政府提出的“把武汉建设成山水园林城市”的决定，拉开了武昌建设山水园林城区的序幕，并通过“洁绿亮美”和景观工程提升武昌区的城市形象，为打造武汉市园林城市作贡献。进入 21 世纪，武昌人民更倾力打造适宜人居与创业的滨水之区，按照市政府的统一规划和部署，重点实施了以“绿满滨水”“显山透绿”“景观道路”“亲民绿化”为主的四大工程，使城区面貌为之一新。

一是实施“绿满滨水”工程。以滨江沿岸为主轴，以绿色为基调，以亲水为主题，以历史遗迹为特色，武昌启动了“绿满滨水”工程。2002 年至 2008 年，武昌从张之洞路烈女渡至徐家棚 10 公里的滨江改造工程竣工。经过整治改造，原先的武昌江滩变成芳草铺地、花卉竞秀、柳树成林，融旅游、休闲、健身、娱乐、防洪于一体的城区滨江大游园，从此结束了“汉口江滩看俊美，武昌江滩看广告”的局面。在建设武昌江岸绿树成林的同时，以城区众多湖泊为主体的水上公园也得到了全面的整治。东湖风景区、水果湖公园、紫阳湖公园通过改造变得更加秀美，沙湖原有十六景（1938 年被日寇损毁）现已复建六景，其他诸如四美塘、外沙湖、司湖等城区湖泊被改造成公园绿地。特别是楚河连通东湖与沙湖，景色如诗如画，使武昌愈发显得灵动妩媚。

二是实施“显山透绿”工程。城区两座东西走向、南北平行的山体，构成了武昌城区的“脊梁”。为了建起绿色城区之“脊梁”，对山体划定保护绿线，划定保护植被，拆除环山违章建筑，复植乔木花卉。截至 2008 年，蛇山透绿、长春观双峰山山体恢复、洪山公园整治以及螃蟹岬、小洪山、珞珈山植被保护工程的竣工，使武昌“显山透绿”工程初见成效，武昌城区的山林风景线已经展现出来。

三是实施“景观道路”工程。道路是城市的骨架。按照市政府的规划方案要求，武昌的道路绿化以城区重点干道为主，形成道路绿化网；在武昌的中山路、徐东路、东湖路、武珞路以及和平大道、临江大道、友谊大道、八一路等数十条道路两边，打造以“一路一景”“步移景异”为特色的道路景观。行道树、路边花坛、绿地游园等装扮着城市，让行人仿佛走进公园一般。

四是实施“亲民绿化”工程。人是城市的主体，城市建设与绿化的核心在于以人为本、贴近市民。近些年，武昌大力推行“亲民绿化”工程，加大旧城区造绿力度，营造“人在城中，城在林中”的人居环境。绿色已成为各社区的主色调，尤其是新建居民小区，绿化工程不断增加，新造公共绿地不断涌现。首义文化广场、洪山广场、梨园广场等大型广场的对外开放，使全区人民受益。

（八）“武昌高度”不断攀升

清代官府规定武昌民房不得高于湖广总督署，所以武昌以青砖灰瓦的平房居多，高不过两层，最高不过 10 米。清末民初，仅有城外积玉桥街建了一座三层楼，以 16 米的高度俯视武昌城，“三层楼”作为地名相沿至今。后来，裕华纱厂在武胜门外建了一座办公楼，高 30 多米（加上楼顶的钟楼），与汉口的江汉关隔江相对，成为武昌第一高楼。裕华纱厂的办公楼作为武昌滨江地区的地标，在长达半个世纪里，一直牢牢占据着武昌楼房最高之位。

到 20 世纪 80 年代，武昌高层建筑屈指可数。中南商业大楼落户中南路，建起了 9 层高楼，高约 50 米（加顶楼）。随后，17 层的湖北科教大厦以 86 米的高度崛起于洪山广场。20 世纪 90 年代建造的湖北金融大厦高度达到 99 米，1997 年亚贸广场则以 130 米的高度矗立于武珞路丁字桥，独领风骚。

进入 21 世纪，随着城区经济的飞速发展，武昌的楼宇竞相拔地而起，一幢更比一幢高，“武昌高度”也在不断攀升。一时间，武昌高楼开始了“欲与天公试比高”的竞赛。2001 年，湖北省电力大楼高 138 米，时为武昌第一高楼，不久就被中商广场 180 米高的大楼所取代。2013 年，屹立于中北路的 181.8 米高的中心大厦拔地而起，再创新高。

从三层楼开始，至裕华纱厂 30 米高的办公楼，到如今的绿地中心高层建筑，武昌高楼的争夺赛不曾停歇，高楼越来越多，建设得越来越快，也越来越具有设计美。20 世纪 80 年代，武昌高层建筑（15 层以上）一枝独秀，90 年代只有二十几座，到如今已达上千座，构成了武昌优美的天际线。

作为人类文明的象征、一个时代变迁的缩影、一座城市形象的标志，不断长高的武昌第一高楼，不仅见证了武昌的沧桑巨变，映射出这块热土的激情、活力与智慧，而且其承载的是一个更加包容、开放、勇于进取和不断创新的武昌。

（九）条条道路串城区

改革开放后，城区建设的不断扩张、经济的迅速发展和人口的持续增加，迫切要求城区新修和改建一些道路来完善城市的功能，以满足市民的出行需求。为此，市、区政府加大资金投入，从而加快了城市道路改建和新建的步伐，形成了发达的道路网络。

2000 年以来，按照市政府的统一规划，相继修建了一条条通衢大道。友谊大道、公正路、沙湖大道、徐东路、武汉大道、长江大道、临江大道、和平大道……一条条道路或纵横城区东西，或直通武汉三镇，形成城市路网骨架。

2005 年 10 月，为疏通武昌南大门的交通，武昌区在 107 国道与武金堤之间新建了江国路、江泰路、江盛路、江民路等 4 条连通道路。2006 年，市政府又投资 20 亿元改造武昌火车站和附近的道路交通，另建东广场路，自此紫阳东路以北、广场路以南，形成了立体交通网。2007 年底整个工程完工，不仅有效地分流了车辆，而且城市路网体系更加完善，使武昌南大门的交通布局发生历史性的改变。

与此同时，按照市政府的要求，武昌区的道路建设更注重细节，更趋向人性化：主干道沥青路石刷黑，让出行更平稳、更快捷；划出公交专用道，保证市民的出行；红、绿等彩色沥青铺就的长江大道连通着首义广场，与城市公园环境相映成趣。

城市道路四通八达，背街小巷道路延伸到家。从 2003 年开始，市、区政府启动个个社区通水泥路（或地砖路）的建设，曾经“晴天一身灰，雨天一身泥”的小巷泥巴路，如今变成了平坦的水泥路，彩色地砖铺到了家门口，市民生活质量得以提高。

如今的武昌道路，内环线、二环线和三环线相互连通，形成了环形放射状道路网。可以预见，武昌作为武汉江南中心城区，交通枢纽的地位将更加突出。

（十）擦亮“首义”文化名片

1911 年 10 月 10 日，武昌紫阳湖畔的一声枪响，拉开了推翻清政府统治的序幕，不久即结束了中国延续两千余年的封建帝制，开创了中国民主革命风起云涌的历史新篇，为中国的进步打开了闸门。武汉是打响了辛亥革命第一枪的城市，被称为“首义之城”。

1986 年，国务院批准武汉为国家历史文化名城，辛亥首义这一独特的历史文化资源，正是其入选的重要依据之一。

当历史的车轮驶入 21 世纪，昔日“敢为天下先”的武昌人民，又以宽阔的视野、豪迈的激情，发掘首义文化，弘扬首义精神，续写着新时代的华章。

2001 年初，“开发建设辛亥首义文化区”正式写入武汉市武昌区政协建议案。统一规划建设首义文化区，保护修缮原有的辛亥革命纪念性建筑，大力弘扬首义文化，开发首义资源，打造“首义之城”，已经成为全社会的共识。2002 年，原辛亥革命历史博物馆在武昌红楼建成。

2005 年，武汉市、区政府启动首义文化区的建设。首义文化区位于武昌旧城，地处蛇山和紫阳湖之间，东接首义路，西邻复兴路，北起蛇山，南至津水路，核心区面积 107 公顷。这里是辛亥首义发生、发展和历史遗存最为集中、丰富的区域。由北到南，首义文化区分为蛇山、首义广场和紫阳湖三大块，融合了山水自然特色与首义文化精华。

为迎接辛亥革命 100 周年，市、区政府从 2006 年到 2010 年对原首义广场及周边道路进行改造，拆迁近万户居民及相关单位，在广场以南区域新建 14 万平方米的绿化广场和辛亥革命博物馆，并决定将新建广场与原广场合并，统一命名为首义广场，成为全国纪念辛亥革命的重要纪念地和爱国主义教育基地。

2011 年辛亥革命百年庆典之际，首义文化区竣工并开放迎宾。首义文化区将首义文化园、纪念广场、紫阳湖、起义门等景观连成“首义轴线”，构成独具特色的首义文化景观，成为武汉走向世界的城市名片。可以说，在首义之地的武昌，到处都留下了英烈足迹和首义遗迹，也有彭刘杨三烈士雕像、辛亥革命武昌首义纪念馆、首义公园等诸多纪念建筑……历经百年沧桑的这一处处遗址，像一本本打开的历史教科书，静静地展现了百年前发轫于武昌的这场改变中国历史的首义风云，时时引发人们的深刻追思，处处撩拨人们的无尽遐想。熠熠生辉的首义精神，成为激励武昌人民奋发向上、振兴中华的巨大精神动力。今天，首义精神已升华为“敢为人先，追求卓越”的武汉市精神，将引领武昌人民为建设国家中心城市核心区奋勇争先、建功立业。

（十一）开发临江风景带

整治建设武昌临江大道内环线路段，是复兴武昌旧城区和与改造后的汉口江滩共同塑造新世纪滨江城市形象的系统工程。建设范围自武昌紫阳路江边至武汉长江二桥，全长 8.14 公里，以及临江大道路段的江滩、景台、景点、马路、临江立面。新的临江大道具有观光风景带、亲水休闲、展示文化、旅游游览四大功能，聚洁、绿、亮、美于临江一线。

2002 年 4 月 1 日，整治平湖门到大堤口路段的一期工程启动，历时 9 个月，八大工程全部完成。现在走近江边，32 米高的达标防水墙将滔滔江水挡在大堤之外；新建的长1300米、宽6米的观景平台，以大理石或花岗岩镶嵌，雕塑、乔木、草坪和建在节点处的游览瞭望台，把平台装点得分外娇美；原先裸露在外的电源线、电话线等管线全部入地，沿江40米宽的沥青马路取代了先前24米宽的水泥马路；拆除道路沿线及闸口建筑2.9万平方米，新建了沿江的立面，远远望去给人一种清新亮丽的感觉；在长江大桥武昌引桥的沿江一带，新建了桥头文化广场，通向长江桥梁的浮雕长廊展示了我国建桥史的辉煌。经一期工程整治后的临江大道，其1.43公里的路段以崭新的面貌，与黄鹤楼以及汉口、汉阳沿江的亮化工程遥相呼应，交相辉映。

临江大道二期整治工程于2003年5月12日动工。二期工程在一期工程的两端展开，分为“两段一园”：上游段为紫阳路至大成路的0.8公里；下游段为中山路至新生路的1.8公里；大堤口江滩公园占地9公顷，置身60～80米宽的江滩上，南岸嘴、晴川阁、龙王庙、武汉关、武汉港等一览无余。二期工程完工后，新增绿化面积14万平方米，堤内的道路绿化带和堤身绿化达5万平方米，在道路与建筑物之间建设一条长1.3公里、宽15米的高大乔木林带，用以消声减噪和营造景观。在原第一纱厂临江处新建“长江观景第一台”，此台位于武昌沿江观江平台中段，视野开阔，能看到两江、两山、三桥、三镇、四岸的十余处胜景。

2005年，武昌江滩三期对外开放，柳树成林，花卉竞艳，儿童游乐场、青年人网球场、老年人健身场等休闲健身场所一应俱全。

2008年5月1日，武昌江滩四期对外开放。武昌江滩四期工程在突出绿化、生态、观江、休闲、城市防洪功能外，还在铁机路江滩附近修建了武汉市最大的供市民健身的滨江运动场地。3万多平方米的运动场地，包括3000多平方米的健身场所、2个标准足球场、6个篮球场。

江滩特别保留了现代铁路工业的遗址，成为其独特的亮点。

2013 年 10 月，月亮湾区的改造工程启动。这里将建设以海棠为主题的游园，进一步提升武汉江滩的景观特色。昔日武昌防洪险段波涛拍岸，未来这里将变成一片花海。

纵观武昌江滩，上游黄花矶有江城仅存的烈女渡，中游黄鹤矶有百年水文标记、大桥落成纪念碑，下游大堤口有防洪险段石刻和第一纱厂老码头及办公大楼。再往下游，还有铁机工业、粤汉铁路等遗址，供人参观，以教育后人。

以百年历史遗迹为特色，以绿色为基调，以亲水为主题，融旅游、休闲、娱乐、防洪于一体的武昌江滩，现正扩建至总长 10 公里，与汉口江滩隔江斗艳。武昌江滩不论是自然风光，还是人文底蕴，都是耐人寻味的。

（十二）华中金融城蓄势待发

武昌是武汉江南的核心区，建设华中金融城是武昌主动融入武汉建设国家中心城市和国际大都市的发展战略，是积极谋划、主动担当，既立足于区情，又充分考虑全市及国内外社会政治、经济发展因素而作出的重大决策。2013 年 12 月 12 日，在“中部金融崛起与国际化战略”论坛上，武昌区提出打造华中金融总部聚集中心和监管决策中心，标志着华中金融城建设的全面启动。

华中金融城规划范围为中南路、中北路、徐东大街、民主路、临江大道围合区域，规划用地面积约为 457.8 公顷，核心范围约为 157.6 公顷。区委、区政府结合全市整体金融发展格局，从全市金融产业层次分明、功能互补、错位发展的角度出发，提出依托中南路现有金融产业基础，以姚家岭村整体改造开发为契机，向洪山广场以西区域拓展，打造“立足华中、服务全国、面向世界”的华中金融城。

华中金融城的建设目标是打造华中金融总部集聚中心和金融监管决策中心，建设以金融功能为核心，集商务办公、文化体验、市民休闲、高端居住功能于一体的多元化复合区域，形成涵盖金融全产业链、辐射中部、具有全国影响力的华中金融城。

为了建设标准一流的华中金融城，区委、区政府着力打造金融全产业链，以聚集银行、保险、证券等金融机构总部为主，引进交易平台、要素市场等创新金融业态，辅以咨询、会计、法律、信息等支撑性服务产业，汇聚商务办公、星级酒店、文化体验、市民休闲、高端居住功能为一体，整合人才、信息、资金等金融服务资源于一身，增强武昌区金融产业的硬实力和核心竞争力。同时，在这里将延续城市历史轴线，以小龟山中央公园为核心，通过合理配置功能分区，有效组织公共交通，建设一个集经济、文化、生态平衡发展于一体的生态低碳示范区。

武昌华中金融城的建设充分发挥了交通枢纽功能、市场配置功能、资金融通功能、信息服务功能、技术与人才开发功能、文化导向功能。目前，以楚河汉街为核心的武汉文化中心建设整体推进，楚河已连通两大城中湖——东湖和沙湖，初步形成大东湖地区最具人文、时尚、生态特色的城市景观带；武汉保利广场、1818中心、知音大厦等一批项目已开工兴建；武昌滨江商务区的建设等都为华中金融城的建设打下良好基础，也是华中金融城大发展、大繁荣的重要支撑点。

（十三）总部经济潮涌武昌

武昌是“一五”“二五”计划国家重点投资的传统制造业基地。20世纪八九十年代，武重、武锅、武车、国棉等一批国企相继迁出，或改制，或重组，导致武昌的工业增长速度明显变缓。面对企业外迁造成制造业空心化、税源流失和职工再就业困难的问题，区委、区政府立足滨江滨湖等山水资源及商贸基础，于2003年7月率先提出发展“总部经济”。同年10月，武昌区规划在长江、东湖、沙湖合抱的5平方公里核心区新建188.3万平方米的商务楼宇，集中引进金融保险、文化创意、高新科技和商贸旅游行业的总部企业或区域总部来入驻。武昌的现代服务业由此发端。2005年、2006年开办了中国总部经济高层论坛，中国总部经济研究中心确定武昌为“总部经济发展实践研究基地”。2006年，为了吸引世界及国内500强企业入驻，推动现代化服务业发展，区委、区政府出台8条优惠政策，3年内按对区财政贡献额度给予50%的贡献额度的奖励，并在贷款、租房和子女上学等方面提供保障。同时，加快商务楼宇建设，努力为总部经济和现代化服务业加快发展服务。截至2012年底，总部区核心区域已建各类商务楼，总建筑面积211.74万平方米，同时投入巨资新建或扩建十余条主次干道，全面优化城市功能。

栽下梧桐树，引来金凤凰。华夏银行、中国人寿保险、保利集团、香港华润置地、法国阿尔斯通等一大批知名企业集团相继入驻，在武昌设立区域分支机构。一大批企业总部或类总部性质的商业机构亦先后在武昌总部经济区落户。截至2012年，武昌区总部区内已入驻各类总部型企业169家，其中国际国内大企业总部、区域总部96家，省内大中型总部42家，区域性企业总部7家，本土成长型企业总部20家，其他4家。一大批为企业总部服务的金融、保险、法律、信息、贸易、文化娱乐等现代化服务企业迅速聚集武昌，促进了产业结构的优化和升级。

四、学府之都聚英才

“科教兴区”是1987年12月17日中共武昌区第五次党代会提出的战略决策，由此拉开了全区科教事业发展的序幕。

基于“抓好科技，必须抓好教育”的指导思想，从 1985 年起，武昌区实施了一系列教育体制的改革。幼儿教育实行公办、民办和国有资源民营承办的制度，打破了计划经济条件下单一的公办模式，使幼儿教育蓬勃发展；小学教育取消小升初的统一考试，全区小学生实行划片就近入学的招生制度，逐步从应试教育向素质教育转变，使九年义务教育规范化、标准化；实行中等教育结构改革，大力发展职业技术教育，突破了传统中等教育的单一模式，为社会培养了一批专门技术人才。

1988 年起，武昌区实行中小学校长责任制，扩大学校办学权限，教职工则实行聘任制、经费包干制、结构工资制，使师资水平、教育质量不断得到提高。武昌实验中学等校成为武汉市对外开放的学校，原来办学实力比较弱的粮道街中学等也成为全区的名校。

在实行教育体制改革的同时，从 1986 年起，区政府先后投资 1.1 亿元，对全区 78 所中小学、幼儿园逐一进行危房改造和新建，优化学校环境。同时，解决教师“住房难”等实际困难，极大地调动了广大教师的工作积极性。从 1985 年起，每年的教师节，区委、区政府对作出贡献的优秀教师给予表彰和大力宣扬。截至 2000 年，全区中小学教师有 25 名享受国务院或省、市政府津贴，20 名被评为全国、省、市劳动模范，共有 59 名特级教师。

“科学技术是第一生产力”的共识，尊重知识、尊重人才的社会风气的形成，带动了武昌科学技术的大发展。1978 年，武昌区科学技术委员会恢复，召开了武昌区首届科技大会，奖励一批科技人才。1985 年，武昌区成立第一家技术市场。1986 年，成立第一家区属民营科研机构。1986 年，武昌区实施“星火计划”，充分利用辖区 432 家市级以上科研机构和十几所高校的科研实力，承担相关“星火计划”项目。

1986—1990年，完成“星火计划”42项，其中，获省级科技奖1项、市级新产品奖10项、区科技奖15项。同时，组织区属企业单位参加全国“星火计划”成果展览会，获得金奖3项、银奖2项、铜奖1项、其他奖5项。在“八五”期间，全区共组织实施“星火计划”63项，其中国家级2项，新增产值5000万元，新增利税1500万元。

1990年，武昌区提出“聚财治区、科技兴区、依法治区、倡廉建区”的政策，全区科技工作又迈上一个新台阶。区政府同武汉大学、武汉水利电力大学建立区校科技人才市场。科技人才的引进硕果累累，仅1999年至2000年全区获得市级以上科技成果项目1172项。1986年至1991年转化科技成果500多项，创产值2.97亿元，科技市场技术合同交易额3.2亿元。此后，技术合同交易额从原来的每年5000万元以上，到1999年后均达到亿元以上。2000年初，武昌区白沙洲工业园和武昌区科技创业中心的挂牌办公，吸引百余家科技型企业入驻。

五、推进长江大保护

长江，是养育武昌人民的母亲河，它为这里的人们带来了源源不断的生存资源。当今时代，需牢固树立和贯彻落实“创新、协调、绿色、开放、共享”的新发展理念，注重生态优先，绿色发展。

近现代以来，由于不合理的生产生活方式的影响，长江经济带成为我国水环境问题最为突出的地区之一。

多年的监测数据显示，长江经济带面积虽只占全国的21%，但废水排放总量占全国的40%以上，单位面积的化学需氧量和氨氮、二氧化硫、氮氧化物、挥发性有机物排放强度是全国平均水平的1.5倍至2倍。

长江经济带生态系统格局变化剧烈，农田、森林、河湖、湿地等生态系统面积减少。上游水土流失严重，中下游湖泊萎缩、湿地生态系统功能退化。长江水生生物多样性指数持续下降，多种珍稀物种濒临灭绝。

习近平总书记曾痛心地形容：“长江病了，而且病得还不轻。”

“当前和今后相当长一个时期，要把修复长江生态环境摆在压倒性位置，共抓大保护，不搞大开发。”2016 年初，习近平总书记在重庆召开的深入推动长江经济带发展座谈会上强调。由此，“长江大保护”成为基于长江经济带战略而提出来急需完成的一项严峻的任务。

“共抓大保护，不搞大开发”言简意深，承载着发展理念的深刻变革。

推动长江大保护既是一场攻坚战，也是一场持久战。我们需要践行“绿水青山就是金山银山”的理念，坚定不移地走“生态优先、绿色发展”之路，守护好长江母亲河，构筑生态文明的美好家园。

2016 年，《长江经济带发展规划纲要》正式印发，强调以长江黄金水道为依托，发挥上海、武汉、重庆的核心作用，以沿江主要城镇为节点，构建沿江绿色发展轴。

2018 年 2 月，湖北省政府正式批复《武汉长江中游航运中心总体规划》，指出武汉长江中游航运中心将着力实现“三中心、一门户”的战略定位。

武昌是长江流域重要的历史文化名城，其生态发展思路为：形成以楚河汉街为中心的中央文化区、以珞狮南路为代表的三大文教中心区，成为智力密集区和智创产业入驻的创新发展区。这些特色区，自北向南贯通，形成一条可承载古城精神、领略厚重文化底蕴、引领城市发展的中轴线，为城市的未来开疆辟土。

补记

（一）改革开放初期武昌城市建设和发展

❶ 城市文明的塑造

建设文明、清洁、整齐、美丽的城市，是现代化城市发展的需要。1982 年 2 月，中共中央办公厅根据中央书记处的指示，转发了中共中央宣传部《关于深入开展“五讲四美”活动的报告》，规定每年 3 月为“全民文明礼貌月”。中央把武汉市作为全国开展“五讲四美”活动的 12 个重点城市之一。同年 2 月 20 日，中共武汉市委、武汉市人民政府召开“全市文明礼貌月”电视广播大会，市长作动员报告，提出了“文明礼貌月”活动主要抓三件事：一是搞好环境卫生，解决一个“脏”字；二是整顿公共秩序，解决一个“乱”字；三是提高服务质量，解决一个“差”字。

按照中共武汉市委、市政府的统一部署，武昌区的“文明礼貌月”活动于 3 月 1 日正式拉开序幕。时任中共湖北省委、省政府领导陈丕显、黄知真、王群等率省直机关干部走出大院打扫东湖路，全区各机关、企事业单位领导人也积极带头上街。青少年在这次活动中更是勇当先锋，万名中小学生打着团旗和少年先锋队队旗，佩戴“五讲四美”宣传队标志，在主要街道路口维护交通秩序，劝阻不文明行为。据统计，武昌地区有 10 万多名干部、工人、解放军战士和居民群众走上街头打扫卫生，使“文明礼貌月”活动有了一个良好的开端。通过整治，市容市貌、交通秩序和社会秩序有了一定的好转，服务质量得到较大改善和提高，新的社会风尚逐渐形成，市民的精神面貌发生了较大的变化。

1983 年 3 月，武昌区开展第二个“文明礼貌月”活动，继续发动和组织群众，治理“脏、乱、差”，开展创“三优”（优美环境、优良秩序、优质服务）活动。第二个“文明礼貌月”活动促进了全区环卫工作的提高，全区的环境卫生状况明显改善。

1984 年 3 月，武昌区开展第三个“文明礼貌月”活动，主要以建设文明单位为中心开展活动，以治“乱”为重点，结合治“脏”，进行市容市貌整顿工作。区政府要求抓重点地区和地段的绿化、美化工作，落实“门前三包”；综合治理区内从武珞路到街道口、从中南路到水果湖及中山路、解放路等主要干道，要达到道路洁、门面新、无泥路、设施净、树常青、秩序好。

为了加强城市文明建设，使之经常化、制度化、规范化，按照市委、市政府指示，武昌区 1984 年组建了“五讲四美三热爱”活动委员会，下设“五四三”办公室。从此，文明创建工作步入经常化、规范化、制度化的轨道。

❷ “打破大锅饭，端掉铁饭碗”

在 1984 年经济体制改革的起步阶段，曾经广泛流行这样的一句话：“打破大锅饭，端掉铁饭碗。”“大锅饭”和“铁饭碗”是计划经济的产物。自实行经济承包责任制后，企业职工的劳动报酬同工作成果挂钩。可以说，“打破大锅饭，端掉铁饭碗”是改革深化的必然要求。

1985 年，中共武昌区委和区政府在贯彻党中央、省、市关于经济体制改革方针、政策的过程中统一干部职工思想认识，明确“大锅饭”“铁饭碗”这种“旱涝保收”“平均主义”的东西不是社会主义。从 1984 年起，武昌区进行了多种企业改革方式的试验。在区交通运输公司所属企业实行竞争机制，改革干部和用工制度，在公开、公平、民主、择优的原则下，通过竞争上岗、民主评议等方式选择和考核干部，打破了干部与职工的身份界线；在区属集体企业推行职代会领导下的厂长（经理）责任制；在区属商业企业中进行经营、价格、用工、分配的开放试点；在区属工业系统建立以联产、联利、计酬为主要内容的分配制度改革，推行计件工资、提成工资、质量效益工资、岗位技能工资等，实行以上不封顶、下不保底、工资全浮动等为内容的企业内部三项制度改革；推行租赁结合和企业兼并试点。这些改革方式的实施，打破了过去那种人浮于事的“大锅饭”局面，优化组合，优胜劣汰，也端掉了以前的“铁饭碗”。改革调动了企业和职工的积极性，使企业面貌焕然一新。

1986 年，区日用品行业在实施“四开放”的过程中推行自由组合、自筹资金、自主经营、自负盈亏、包上缴税费的“四自一包”的改革办法，使企业扭亏为盈，起死回生。随之在商业系统全部实行“四自一包”，使原有的 85 家亏损企业减少到 18 家。

1994 年，区属工业 13 家集体企业实行租赁结合改革，加快了经营机制的转变，建立经营责任制和风险抵押制，使经营者盘活了存量资产，开发多种经营。13 家企业资产增值 980 余万元，增值率为 48.72%。

❸ 陆家街地陷及治理

1988 年 5 月 10 日 20 时 50 分左右，武昌陆家街黄鹤制伞厂门口突现一直径 40 厘米左右的土洞，洞内有水，洞口逐渐扩大，正在值班的黄鹤制伞厂门卫见此情形立即叫人撤离。人们撤离后不久，更大面积的地陷发生了。至次日凌晨 4 时，形成一直径 23 米、深 9.93 米的圆形锅状陷坑。10 间民房、2 根电线杆、1 棵直径 40 厘米的大树陷入坑中，几乎不见踪影。距坑 20 米左右的 20 余间房屋的水泥地面及墙壁发生不同程度的开裂，交通、供水、供电中断，伞厂停水，陆家街中学停课，50 余户居民被迫搬迁，直接经济损失达 80 万元。万幸的是由于发现得早和撤离及时，没有人员伤亡。

地陷灾害发生后，市、区政府极为重视，各级领导及时赶赴现场，组织抢险，安置灾民。5 月 12 日，市政府在陆家街中学召集相关领导及专业人员召开现场分析会，成立了由武汉市勘测院牵头的地陷调查组，调查地陷原因及邻近地区的稳定性。

随着调查工作的有序开展，5 月 13 日至 6 月初，调查组完成了第一阶段对陷坑周边地面地形变化、地下水井分布及开采情况的调研。9 月至 12 月，调查组完成了第二阶段东至武咸公路、西至长江大堤、北起武金堤、南至陆家街中学操场约 0.4 平方公里的全部地质勘测调查工作，并提交了《武汉市武昌区陆家街地陷调查报告》，分析了地陷形成原因，建议采取回填、禁止过度凿井取水、兴修排水设施等措施防止地基失陷。

随后，武汉市计委根据联合国倡导的减灾十年活动精神，力争将武汉市陆家街地陷问题列入国家地质灾害防治勘察项目计划。1991 年 6 月，国家计委以计国地〔1991〕818 号文批准下达“武汉市陆家街地区岩溶坍塌防治勘察”项目计划。8 月，武汉市岩溶地面塌陷防治勘察工作全面启动。勘察工作历时两年，勘探中还发现除区内陆家街塌陷外，还有阮家巷丁家庙、大桥局码头等地面在过去都发生过因地下水或地质作用引发的不同程度的塌陷。此外，还查清了 1977 年汉阳区中南轧钢厂地陷原因，系人为过量抽吸岩溶水所致。

1995 年，陆家街地陷治理工程全面展开。治理工程历时 4 年，其间还经受了 1998 年的洪水浸泡，治理效果良好。该工程的圆满完成，解除了约 1 平方公里范围内 1.3 万户、4.4 万户居民的后顾之忧，并有助于确保长江大堤的安全。

❹ 1986—1996 年兼并带来企业新生

企业间并购重组，是搞活企业、盘活国企资产的重要途径。虽然改革开放后，政府曾在组织上实施了很多行业的改组、联合措施，但效果并不理想。在经营活动中，许多优势企业急于扩展，但因受到场地、设备等条件的限制，无法扩大生产；同时，也有一些亏损企业由于种种原因摆脱不了困境，靠财政补贴、银行贷款过日子。在这样的形势下，优势企业要扩张，亏损企业要出路，兼并应运而生。

1986 年，黄鹤集团以承担债务的形式，兼并负债 200 万元的武昌工业品贸易中心，第一年就实现销售额 4500 万元，利润 220 万元。1987 年，黄鹤集团又先后兼并市汽车零件五厂、大东门菜场、华中商城等企业，迅速崛起。1991 年，黄鹤集团销售额突破 2 亿元，利润突破 1000 万元，跻身全国商业百强企业行列。1996 年 6 月，公司股票在武汉正式挂牌上市。司门口商业大楼兼并了扬子江玻璃灯饰厂、黄鹤酒楼、维新服饰城等 10 多家亏损企业，成为拥有“一楼四城”的大型商业企业。以武珞路菜场等 12 家小型商业企业合并为基础，组建了全区最大的商业零售企业——亚贸广场。武昌商场、水果湖商场等都不失时机地通过兼并联合方式，不断发展壮大起来，逐步形成武昌区商业的六大龙头企业。到 1997 年底，六大龙头企业资产总额达到 7.3 亿元，总负债 5.7 亿元，净资产 1.6 亿元，经营面积 15.26 万平方米，成为区属商业发展的主力。

1991—1996 年，中南实业总公司、东湖工艺美术厂、武昌证照厂、神力电气设备有限公司等 4 家企业兼并了 8 家企业后，产值、销售收入、利润、固定资产分别由 448.1 万元、517.7 万元、7.4 万元、176.4 万元增长到 6135.3 万元、4847.3 万元、162 万元、2515.4 万元，各增长了 13.69 倍、9.36 倍、21.89 倍和 14.26 倍。

武昌区企业兼并，经历了由同行业、同地区、同所有制企业之间的兼并逐步向跨行、跨地区、跨所有制企业的兼并，由小型企业之间逐步向大中型企业之间的兼并，由单一的企业兼并形式向多种形式资产重组的发展。

企业兼并促进了武昌区企业存量资产的优化组合和生产要素的合理流动，深化了武昌区的企业改革，调整了全区产业结构、产品结构和企业组织结构，产生了较大的经济效益和社会效益。从 1986 年至 1996 年，武昌区共有 108 家企业对 225 家企业实施兼并。武昌区的企业通过兼并重组，盘活存量资产，消化资不抵债企业，消化亏损额和不良债务上亿元，安置在职和离退休职工近万人。

❺ 武昌的商贸旗舰

中商集团引领武汉商界潮流。1995 年，中南商业大楼开业，从此武昌有了商业巨头。1996 年，中商集团第一个走出武汉市，实行跨区域连锁经营，开设了沙市中商百货。1997 年，中商集团在全省第一个创立“超市 + 百货 + 家电”的中商平价大卖场模式，成为湖北省平价仓储业态的领头羊。2000 年开始，中商集团是第一个在华中地区实现集购物、休闲、餐饮、娱乐、服务于一体的最大的商业综合体。中商集团率先启用 POS 机收银，现已建成连接各地区及其分店的计算机局域网络，实现跨区域、多业态联网管理。2013 年 9 月，中商集团发现了“地铁一响，黄金万两”的地铁经济发展机遇，利用位于地铁 2 号线和 4 号线交会处的优势地理位置，将中南商业大楼和中商广场购物中心两店合一提档升级，丰富其购物中心功能。经重建和装修后，新的中商广场展现在人们面前，集购物、休闲、娱乐、社交等功能于一体的大型商业综合体矗立在中南路，继续引领商界潮流。

武商亚贸转型时尚百货。1996 年 12 月 28 日，武昌亚贸广场落户原广州军区总医院对面的石牌岭路口。开业 5 年，亚贸广场便跻身武汉商业 4 强、全国商界 50 强，全市排名第 2，仅次于武广。2002 年 9 月 12 日，武商集团与亚贸广场实现强强联手，武商亚贸广场就此诞生。初期，武商亚贸广场以大众消费为主，形成了集购物、吃、玩于一体的一站式大型多功能购物中心。2009 年，武商亚贸广场斥资 2000 多万元升级改造亚贸广场，正式宣布由大众百货转型为时尚百货，共引进一线时尚品牌 200 余个，淘汰 280 个中低端品牌，品种更新率在 80% 以上。改造后的亚贸广场分为黄金珠宝馆、青春少女馆、时尚休闲馆等，香港 SaSa 、屈臣氏等一线化妆品牌入驻，销售规模较调整前翻了三倍。

汉街万达广场成为商业新支点。2013 年 9 月 28 日，位于武汉中央文化区的汉街万达广场正式开门迎客。楚河汉街商业街的开发，第一次让武汉商业地产模式为世界瞩目，让大武汉迎来商业复兴，刷新了武汉三镇三大商圈的老格局，助力武昌中北路成为大武汉版图中的商业新贵。万达广场拥有当时世界规模最大的 LED 控制系统和世界唯一的双层媒体幕墙，汇聚全球百余家品牌，更汇集了全球时尚资讯，是当时中国奢侈品最多的商业体。

（二）1985—1999 年新时期的党内教育活动

❶ 1985 年整党

十一届三中全会以后，随着实事求是思想路线的重新确立和党的工作重心向社会主义现代化建设的转移，城市、农村等各项经济改革在全国范围内如火如荼地展开。与经济领域生机勃勃的景象相比，在党的建设领域，受到“文革”的影响，党内思想作风不纯、组织松散的问题仍然存在。

党风建设是关系到执政党生死存亡的问题。端正党风，是“文革”结束后广大党员和群众的殷切期望。1983 年 10 月，中共十二届二中全会通过了《中共中央关于整党的决定》，指出这次整党的目的就是要正确地运用批评和自我批评的武器，执行党的纪律，提高全党的思想水平和工作水平，更加密切与人民群众的联系，努力把党建设成领导社会主义现代化事业的坚强核心。决定还指出，这次整党的任务是统一思想，整顿作风，加强纪律，纯洁组织，推进精神文明和物质文明建设。

按照党中央和省、市委的部署，武昌区的整党工作从 1985 年 3 月开始至 1986 年 9 月结束，分两批对全区各级党组织从思想、作风、组织上进行一次全面整顿。第一批是 89 个区委、区政府和区直机关组织，第二批是 846 个基层党组织（党总支 33 个，党支部 813 个），参加整党工作的共有党员 14379 人（包括预备党员 359 人）。整党工作抓住党性教育这个中心环节，开展批评和自我批评，进行党员登记和组织处理工作。全区 14323 名党员准予登记，占参加整党工作党员总数的 99.61%，开除党籍 3 人，不予登记 7 人，缓期登记 29 人，受到党内严重警告处分的 14 人。这次整党是新中国成立以来第一次没有以政治运动的形式开展的整党。整党取得了实效，增强了党的团结，提高了全区广大党员的思想政治觉悟，提高了党的战斗力，党风、民风和社会风气也有了好转，有利于经济建设的开展，尤其是整党工作的宝贵经验为以后的党风建设提供了重要的借鉴作用。

❷ 1990 年党员重新登记

为了纯洁党的队伍，更好地发挥党员的模范先锋作用，对党员进行重新登记。1990 年 1 月，中共武昌区委批转区委组织部《关于在我区进行党员重新登记工作意见》。登记工作分四步进行，分别是学习文件、个人总结填写登记表、民主评议和支部大会作出决议并提交上级党委集体讨论审批。到 8 月底，全区共有党员 18245 人，应参加登记 17994 人，全部参加登记工作；准予登记 17904 人，不予登记 35 人，其中不提出登记申请 10 人，申请退党 5 人，取消预备期 5 人，开除党籍 9 人，缓期登记 37 人，暂挂 18 人。通过党员的重新登记，纯洁了党的组织，使全区党员增加了党性观念，受到一次入党再教育，调动了党员队伍在新时期发挥模范先锋作用的积极性。

❸ 开展“三讲”教育

为加强对各级领导班子、领导干部的政治思想建设，1999 年 9 月，中共武昌区委按照中央和省、市委的统一部署，开始对全区各级领导班子和领导干部开展以“讲学习，讲政治，讲正气”为主要内容的党性党风教育（以下简称“三讲”教育）。“三讲”教育分为两批：第一批于 1999 年 9 月至 11 月在区级领导班子、领导干部中开展，第二批于 2000 年 3 月至 7 月在处级领导班子、领导干部中开展。两批“三讲”教育均经过“思想发动，学习提高；自我剖析，听取意见；交流思想，开展批评；认真整改，巩固成果”四个阶段。经民主评议和民主测评，对区级领导班子、领导干部剖析材料的满意度和基本满意度分别为 98.74%、96.85%，对 82 个处级领导班子和 454 名处级领导干部剖析材料的满意度和基本满意度都为 97%。全区各单位制定了切实可行的整改方案，进行“三讲”教育回头看。通过“三讲”教育，各级领导班子和领导干部受到深刻的马克思主义理论教育。同时，各单位查找和剖析了党性党风方面存在的突出问题，进一步明确了整改方向，发扬了批评和自我批评的优良传统，活跃了党内生活。

（三）武昌名片打造

❶ 户部巷演绎汉味风情

户部巷地处武昌司门口，形成于明代，因清代在此设立户部直属的藩台衙门而得名。这里的汉味早点历经百年，闻名遐迩。

2002 年，12 户下岗职工在这里经营汉味早点，实现再就业。由此开始，武昌区政府实施放心早点亲民工程，打造户部巷汉味早点第一巷。自 2003 年以来，武昌区先后 5 次共投资 8000 万元，对巷内和周边环境进行全方位的综合改造和文化景观设计，力图恢复小巷及周边原有的清末民初的建筑风格，把武昌古城文化与汉味餐饮文化融为一体，使户部巷不仅成为汉味小吃名街，更为武昌地方风土人情的民俗文化写下了浓墨重彩的一笔。

2009年，为放大户部巷效应，区政府出台户部巷产业发展指导目录和产业发展激励政策，正式命名此处为“户部巷汉味风情街”，紧扣传统、文化、特色、休闲等特点，引进老字号“四季美”汤包、“蔡林记”热干面等，助推业态调整，吸引民间人士投资，重点鼓励旅游及地方民俗文化产品类、饮食和休闲文化类、艺术及非物质文化遗产类企业进驻。至2013年，户部巷已由原来的147米长、3米宽、共计12家小吃经营户，发展成为由户部巷及其辐射的自由路和民主路西段组成，集小吃、购物、休闲、娱乐于一体的汉味风情特色街区，年接待游客近千万人次。

户部巷红火背后的奥秘，在于街道古色古香、饮食文化氛围浓郁，以及具有楚文化和武昌古城风韵的编钟支架式过街牌楼。此外，户部巷地处古城中心，文化底蕴深厚，绘有古城十二美景的《武昌揽胜图》壁画和过早风俗图壁画等大量配套景观，营造出古意盎然的人文景观。学者何祚欢先生撰写的《武昌户部巷小记》里，“汉味早点米当先，户部巷里快热鲜”一语道破汉味早点的制作精髓和户部巷的饮食特色。

户部巷的风味小吃历史悠久，这里有源于战国时期的清水粽，南北朝时期的春饼，隋唐时的绿豆皮，宋元时期的油果（条），明清时的米酒、豆皮和近代出现的面窝、汤包、热干面等。户部巷小吃常随着季节变换而不断更换应季食品。春暖花开时，有各色春卷、大小元宵、油糍、油香、各种炸年糕等；盛夏酷暑时节，有各种凉糕、凉粉、凉面、洑汁酒、粽子、杏仁豆腐、什锦豆腐脑、八宝稀饭、冰糖莲子、米(面)发糕等；桂花飘香的秋季，有蟹黄汤包、蜜汁甜米酒、红薯面窝、桂花糍粑、杯子发糕等；红梅盛开的冬季，又有热气腾腾的八卦汤、核桃糊、山药泥、糊汤粉、藕煨排骨汤、牛肉枯炒豆丝、牛肉萝卜汤等。因为这里的小吃种类数量可以做到一年三百六十天不重样，轮换着吃，搭配着吃，所以户部巷一年四季人流不断，来这里细细品味大众化的武汉小吃花费不多，形成一种令人心情十分愉悦的饮食文化氛围。

如今，这里各类经营门店有 600 多个，小吃店铺近 400 户，经营品种以传统汉味食品为主，能令到此一游的人大饱口福。这些汉味小吃大多传承了传统工艺和特殊烹制技法，讲究质量和分量，加上选料精细，干净卫生，虽然价格稍高，但味道却比一般小吃摊强很多，许多游客闻讯来此品尝正宗的风味，且吃了还要“兜着走”。户部巷的声名远扬，带动了民主路、解放路司门口一带的繁荣。

❷ 2004—2013 年昙华林孕育艺术风貌

城市是有生命力的，街道即是城市的脉络。在历史名城武昌，有一条老街——昙华林，记录着武昌古城历史文化的变迁。

昙华林地处武昌古城墙内的花园山北麓和螃蟹岬南麓之间，随着两山并行，呈东西走向。按照规划部门划定的昙华林历史文化街区来讲，通常指东起中山路，西至得胜桥，南抵粮道街，北含东城壕、西城壕地段，再加上凤凰山一隅所构成的菜刀形地域，面积约 1.2 平方公里。

昙华林作为地名，文字记载始见于清代，因“花”与“华”在古代通用，所以此街也称昙花林。据民间广为流传的说法，因此处人家花园内多植昙花，聚而成林，故得名。还有一种说法则认为“昙华林”是从佛语衍化而来。1938 年武汉抗战时期，郭沫若曾在昙华林住过。他在《洪波曲》中说：“昙花林在武昌城内的西北隅……照名称看来，在前大约是什么佛教的建筑吧？这一段古我却没有功夫考过。”2014 年，华中师范大学严昌洪教授循着郭沫若的思路，查阅《湖北文徵》第十一卷，找到黄冈人刘溱《重游昙华林小记》一文，文章开宗明义地指出：“昙华林者，鄂城祇园之别构也。”“鄂城”就是武昌，“祇园”是佛寺的代称，“祇园之别构也”无疑就是指佛寺的一种建筑。严昌洪教授考证，刘溱为清同治元年（1862 年）举人，官至武昌府教授，其祖父曾在此寺院中读书。道光三十年（1850 年），刘溱曾陪同祖父前往昙华林游览，并记下所见所闻。从文章中可知，昙华林原是一座建筑宏大、环境幽深的寺院，在清朝道光年间至少已经存在几十年。后来昙华林毁于战火，寺院破败，几成废墟。残存的建筑在 20 世纪 30 年代应该尚在，那就是郭沫若看见的“地方很宽大，房屋很多，但建筑都很旧，涂上的红油漆都已经快泛黑了”。据此，昙华林是因寺名而成地名，所以同治《江夏县志》提及“丰备仓”“龙王闸”（位于武昌城东北城墙下）均在昙华林，而不是说在昙华林附近，可见昙华林在当时已经是地名，一直沿用至今。

昙华林文化街区的历史可上溯到三国时期。据说，孙权称帝后，将武胜门的西段山体命名为“凤凰山”。此后，中国“二十四孝”故事之一的孟宗冬季“哭竹生笋”救母的传说，使凤凰山成为武昌孝文化的发祥之地。到了明清，昙华林已是“雾市绝尘，烟岚枕郭”，风景秀丽。花园山的“蔼园丛秀”曾是清代张杲诗中的武昌八景之一，螃蟹岬山为近城登览之所，城内外诸景尽收眼底。近代，昙华林形成了华洋杂居的景象，英、美、意、瑞等国相继在这里建教堂、办学校、开医院、设领事馆（瑞典），使昙华林成为武汉最先接触西方宗教和文明的地方之一，见证着西方文化与东方文化的冲突与融合。昙华林现存的 52 处中外优秀历史建筑，见证了中国百年近代史。在这里，张之洞曾创办新式学堂，反清爱国志士组织花园山聚会和日知会，湖北军政府设置临时驻地。在这里，陈独秀演说革命思潮，董必武组建党团，贺龙整训队伍，郭沫若宣传抗战。在这里，还走出过中共一大代表陈潭秋、工运领袖项英、革命家伍修权，也走出过银行家周苍柏、地质学家李四光等。这里既有中国传统的儒、释、道三种学说，又有西方传入的天主教、基督教等。在这里，中国图书馆学的创始人韦棣华创建了中国近代第一个公共图书馆——文华公书林。

昙华林的建筑文化与人文历史造就了这里的百年艺术沧桑史。这里的老建筑风格迥异，富有艺术感染力，建筑风格多样化，使人们从中感受到无尽的美感，称之为武昌近代中外建筑博物馆不为过誉。这里走出过大学问家熊十力、国学大师黄侃，来过这里的文化名人有泰戈尔、杜威、国际友人白求恩和英国传教士杨格非等。这里是一个充满传奇色彩的地方，也是一个充满艺术气息的地方。1938 年，孩子剧团在这里创作和演出活报剧《保卫大武汉》，音乐家冼星海在这里留下足迹，周小燕在这里唱红了大江南北。新中国成立后，从这里走出了小提琴家盛中国、画家曾梵志和众多的艺术家……1963 年，就读于华中师范学院（今华中师范大学）的学生李立群和吴野陋（均为笔名）用了 4 年半的时间合作完成了《昙华林园图》。此图以蛇山为背景，描绘了从长江大桥到沙湖沿线的景色及昙华林街区的历史建筑风貌，白骨塔、文华公书林、中式攒尖亭、圣诞堂和多玛堂钟楼等 10 多处历史建筑被记录了下来，但可惜的是目前有几处建筑已从昙华林街区消失。

昙华林作为一部活的近代史书，是相对于印成铅字的历史书而言的。那些林立的教堂，早期的医院，有着异域风情的西洋小楼，独具特色的江夏民居，阅尽沧桑的武昌老城墙……它们以实物立在那里，形象地展示着中国近代革命史、教育卫生史、中外文化交流史、建筑艺术史、宗教文化史和武昌城邑文明史，文化积淀如此深厚，文化遗址如此丰富且集中，这不仅为武汉其他城区所没有，在全国也属罕见。

昙华林地区的历史建筑群和遗址遗迹，集中展现了武昌古城风貌和城市发展变迁，是武昌文明的见证，也是武汉市文化的一部分。2004 年，区委、区政府对昙华林历史文化遗存进行了专题调研，形成了《武昌昙华林历史街区保护和利用控制规划》，将“昙华林”这三个字作为品牌商标进行注册，昙华林改造的序幕就此拉开。

2005 年起，武昌区开始着手打造昙华林历史文化街区，进行老房子的修缮和保护、街巷的统一规划和修复、山体的恢复和改造。修旧如旧的近代建筑，独具老街古韵的风土人情，花红草绿的山体游园，步移景异的老街小巷道路肌理……旧景依旧，新景迭出，处处显露出街区的历史文化韵味。

自 2006 年起，昙华林开始迈向新的里程。市、区两级政府投资 1.4 亿元，建设昙华林艺术村，打造文化创意产业园。通过几年的努力，昙华林艺术村已初现雏形，吸引了几十家各类艺术展览机构、艺术创作设计机构、艺术培训机构入驻，促进了艺术用品专卖、艺术休闲会所等关联产业兴起，文化艺术产业格局初步形成。昙华林古街邮局、融园咖啡馆、肖兰刺绣馆、三汉雕塑工作室和当代湖北书画、陶艺、设计展览等成为延续武昌历史文脉、彰显城市人文底蕴的重要载体。

2008 年 9 月，昙华林正式开街，如今的昙华林已经不再是昔日的“没落贵族”，艺术村和创意街区的改造工程正向老街注入新的活力。风格迥异的门店纷纷进驻这条百年老街，日渐浓厚的人文、艺术气息使得昙华林不仅受到婚纱摄影、创意娱乐等时尚机构及活动的青睐，也吸引了一些影视组选址拍摄。如今活跃在昙华林艺术村的，除了店家，更多的是国内外游客。他们在这里看画展、喝咖啡、拍照片，昙华林宛如城市里一个巨大的艺术场馆，供人们在此休闲、玩乐。

2011 年，武汉市网络投票评比武汉最美街道，昙华林以 100 多万张票数雄踞榜首，被评为武汉市最美街道。

这条原本承载着厚重历史的街区，而今被艺术家和潮人们富有创意的工作赋予了更多内涵。画家、摄影师、雕塑家纷至沓来，越来越多的文化创意企业进驻。今天的它，更像是一个桃花源，一个文化艺术的新地标。

❸ 2005—2013 年建设历史文化名城

武昌是武汉这座国家级历史名城的重要组成部分，并以其历史底蕴和革命传统在三镇中占据重要的地位。

武昌历史悠久。据考古发掘和古籍记载，远在 5000 年前，就有先民在武昌水果湖放鹰台地区生息繁衍。在春秋战国时期，武昌地区长期隶属楚国，楚文化也因此成为今天武昌文化的源头。武昌建城始于三国时期，吴王孙权在武昌蛇山筑夏口城，是武昌城的发端。此后几经扩建，武昌地区曾有“江夏城”“郢州城”“鄂州城”的称呼，历经隋、唐、宋、元，至明代因此地为省级和武昌府各级衙门所在地，又被称为“武昌城”。

武昌因其依山傍江的优越的地理位置和四通八达的水运，历来就是商贸中心和兵家必争之地。自汉以后，经魏晋南北朝至隋、唐、宋、元、明，武昌均是重要的水陆交通枢纽，货物山积，居民填溢，商贾辐辏。六朝时期，武昌城外沿江及鹦鹉洲一带形成粗具规模的军港和商贸集散地。唐代时，武昌已成为中原重镇，宋代已发展成与南京、杭州齐名的繁荣大都会，元代武昌沿江及鹦鹉洲的发展盛极一时，呈现出“鼓角沉雄遥地动，帆樯高下乱维舟”的繁华。明代金沙洲（今新桥正街、八铺街、万福林、陆家街一带）发展成商民聚集、车船辐辏的东南都会。清初，商贸中心由武昌城南转向了城北塘角（今积玉桥街大堤口至月亮湾沿江一带），出现了“连樯上灯火，混若蒸朝霞”的景象。

明代楚王府的兴建推动了武昌城的建设，使武昌成为湖广地区政治、经济、文化中心。清代，武昌城亦为湖广总督、湖北巡抚、武昌府、江夏县四级官府署地，加上各级官府的隶属机构，整个城垣衙署如林，冠盖云集。因此，城内商贸也日趋繁荣，长街（今解放路）发展成为百业兴旺的闹市。

武昌是一座具有光荣革命斗争传统的城市，封建时代的农民起义多次在此卷起巨澜。元末农民起义领袖陈友谅建立大汉国，于 1361 年从九江退都武昌。明末张献忠于 1643 年攻占武昌，在此建立大西国。李自成率大顺军于 1645 年占领武昌，后又仓促离去。进入近代，武昌地区的革命斗争更是波澜壮阔。1837 年，林则徐抵达武昌，接任湖广总督一职，在武昌严禁鸦片，开中国禁烟之先河。1852 年底至 1853 年初，太平军首克武昌，在武昌扩军百万，为定都天京奠定基础。1911 年 10 月 10 日，发动武昌辛亥革命首义，拉开了推翻清王朝的统治的序幕，不久即结束了中国两千多年的封建帝制。1920 年，董必武、陈潭秋等人在武昌抚院街建立了湖北第一个共产党早期组织。1921 年夏，董必武、陈潭秋又作为武汉共产党早期组织的代表，参加中国共产党第一次代表大会。1926 年九十月间，国民革命军围攻武昌城，取得北伐以来的第一次攻克省垣的重大胜利。1927 年 2 月，武汉中央军事政治学校在武昌两湖书院旧址举行开学典礼并正式上课，为革命培养了大批军事、政治骨干。同年 3 月 7 日，武昌中央农民运动讲习所在都府堤红巷正式开课，由毛泽东主持，恽代英、瞿秋白、李立三等都曾来校执教。1927 年 2 月至 7 月，毛泽东住进都府堤 41 号，在此写下著名的《湖南农民运动考察报告》。1927 年 4 月至 5 月，在武昌都府堤的武昌高师附小召开了中国共产党第五次全国代表大会。1937 年 7 月，抗日战争全面爆发，武昌又成为保卫大武汉的指挥中心。

作为中国古代繁华的商埠、近代辛亥革命首义之城的武昌，有着丰富的历史文化资源，文物古迹众多。武昌从三国时期的军事要塞到唐宋时期的商贸中心，从近代的都会到今天的现代化中心城区，已经走过约有 1800 年的历程，仍以悠久的历史、光荣的传统、众多的文物古迹，展示着自然与人文交相辉映的名城特色。现有的各级文物保护单位、传统历史建筑以及极富武昌风情的老街旧巷、湖山古木、民间文化遗存等，记录着厚重的文化发展轨迹，是武汉传统风貌和个性魅力的典型代表，更是武汉中心城区面积最大、生态保护较好的旧城景观区。它们所承载的文化底蕴和城市精神，在城市整体发展和城市形象塑造中具有不可替代的作用。

有鉴于此，2005 年，武昌区委、区政府以历史街区为载体，探索旧城保护与复兴，由此拉开了建设武昌历史文化名城的序幕。2006 年，武昌区提出建设“武昌历史文化名城”的总体目标和要求，决定将古城建设成为集历史、文化、旅游、生态等多功能于一体，拥山抱江、风格独特的江南名城，使历史文化名城的建设全面提速。

2008 年，武汉市规划局编制的《武昌千年古城保护与复兴规划》，得到了中共湖北省委和省政府的批准，确定了古城范围，同时规划了建设目标和任务，由此推动了武昌历史文化名城的建设再上新台阶。

自 2005 年至 2013 年，对古城的保护与复兴建设初见成效。这使武昌城市现代化建设与历史文化古城和谐共存，相得益彰，凸显了武昌古城因武而昌、因文而华、因水而秀的个性特征。曾毁于战火的武昌古城墙经过复建，与起义门周边的辛亥百年主题碑林、风雨长廊、封建亭等建筑一并重生。

首义文化资源得到整合。新建的 V 字形辛亥革命博物馆与武昌红楼遥相呼应，新建的首义文化广场中的一组组群雕再现首义枪声、浴血奋战、走向共和的经典瞬间。

红色革命文化得到开发。原来被破旧民居包围的都府堤，崛起为红色旅游区。中共五大旧址抢救性复建和修缮令都府堤革命风貌凸显。地处昙华林的 52 处优秀历史建筑不仅得到保护和整修，而且成为彰显历史文化名城个性魅力的载体，吸引省内外诸多艺术家进驻，以绘画、雕刻、汉秀、动漫、摄影、设计、文展等形式构建了艺术文化之城。

宗教文化风貌区显山透绿，将龙华寺、长春观、宝通寺等历史文化景点串珠连线，颇有“深山藏古寺”的意境。

非物质文化遗产得到传承，黄鹤楼传说、紫阳湖灯会、老字号品牌、民间手工艺等得到发掘并发扬光大，丰富了名城的文化内涵。

目前，千年古城保护与复兴的具体实施方案已经出台，不久的将来，一个具有武昌古城个性特征的历史文化名城必将重现在人们面前。

❹ 胭脂路时装衣坊秀

胭脂路因贯穿胭脂山而得名。当地的谚语说：“观音从此过，留下胭脂山。”传说当年观音在赶赴王母娘娘蟠桃会的途中停下来休息时，不慎打翻了胭脂盒，胭脂盒掉到人间，化作了这座名叫胭脂山的小山。

20 世纪 70 年代末至 80 年代初，改革开放的春风吹到这里，有心的商家将民间传说与服饰文化融为一体，逐渐形成专售五颜六色布匹的一条街。初时，商家只是将零头布堆放在竹床上，用秤称并论斤两卖给顾客。这些零碎布头有不少是从日本、韩国和港澳台地区运进来的边角余料，价格便宜。在那个买件衣服都算奢侈的年代，胭脂路的零头布一下子声名远播。“到胭脂路买布做衣服穿”成为当时武昌人的一句口头禅。

到了 90 年代中期，解放路上几家大型布匹商店和服装加工企业先后关闭，一些专业的布匹销售和服装加工人员扎堆落户胭脂路。1995 年至 1998 年，经营布料的商户数量猛增至 200 余家。从此，胭脂路的布料市场淘汰了“竹床阵”，让路入室，形成了专售各种布料的市场，批零兼营，布料曾远销华中、华南各省。

2005 年以后，随着市场的变化，商家们开始从以经营布匹为主转型为以时装定做为主，一些有头脑的布匹经营户与裁缝合作，形成了买料量身定做的捆绑式经营方式，胭脂路布匹服饰专业市场越来越红火。对此，区政府给予大力扶持，拨专款对经营场所进行全面整修，并定名“胭脂山衣坊”。整条街按照民国初年欧式的建筑风格进行装饰，商家们也学习色彩理念，为顾客选料制衣当参谋。而今，衣坊出现不少极具特色及个性化服务的小店。整条街有面料辅料售卖、饰品经营、色彩款式咨询、成交销售、针织内衣定制和选料量身定做等门类齐全的专业商户，其产品定位集中体现“海派面料，京派色彩，汉派设计”的特点。

❺ 武昌滨江烟囱的消失

民国时期，武昌滨江是轻纺和其他工业云集的地区，随之而起的是一个又一个烟囱，成为当时武昌滨江的象征和地标。

新中国成立后，经过数十年的建设与发展，武昌已经成为武汉市的工业重镇，锅炉的数量约有 2000 台，与之相应的烟囱数量也达到历史的新高。2002 年起，省、市、区三级环保部门开展对烟囱的专项拆除工作。至 2006 年底，全区各种类型的工业烟囱基本拆毁完成，唯有一座武昌最高的烟囱仍然矗立在武昌滨江。

要讲述这座烟囱的故事，还得从武昌热电厂说起。位于江边的武昌热电厂与汉口江滩隔江相望，从 1946 年 10 月建成发电起，已工作了约 60 个年头。这家以煤炭为燃料的火力发电厂的锅炉与汽轮机均从美国进口，投产之初发电容量仅 3500 千瓦，为武汉城区及附近工厂提供照明和生产用电，当时每年消耗 960 吨燃煤。新中国成立后经扩建，至

1956 年电厂发电容量已经超过 1.5 万千瓦，当时与之配套的是一座高约 50 米的铁皮烟囱。作为武汉电网的主力电源，其年均发电量占全市发电量的 72% 以上，并承担着为长江大桥、武钢、青山热电厂等全国重点工程建设供电的任务。1991 年，随着 303 号、304 号炉的安装，作为这两座锅炉的排烟通道，一座直径 1.2 米、由钢筋混凝土筑成的百米烟囱高耸入云，成为武昌江边的一道特殊风景。

但是，随着电厂发电容量的剧增，耗煤量也增至每年近 20 万吨，这座百米烟囱每年向空中排放的二氧化硫和烟尘总计 500 多吨，对环境和居民健康产生了较大的影响。尽管电厂不断通过改进除尘设备，降低了烟尘排量，但是排出的烟尘仍然多次引起附近居民的投诉。2006 年 7 月 11 日上午 10 时 30 分，作为当年改善中心城区大气环境行动以来拆除的最高烟囱，这座象征热电厂昔日辉煌的百米烟囱最终被爆破拆除，同时也宣布武昌热电厂彻底告别燃煤时代，取而代之的是一座以天然气为燃料的新型热电厂。随着烟囱的消失，一个碧水蓝天、空气清新的武昌江滨展现在人们眼前。

❻ 显山透绿看蛇山

蛇山，对武昌来说是城根。公元 223 年，蛇山被吴主孙权看中，认为其上控蜀川，下视吴越，实在是兵家必争之地，因此下令在山上修筑了一座城。从此以后，地图上多出来一个新地名——夏口城。此后，南朝时称其为郢州城，唐代称为鄂州城，明代改为武昌城。

蛇山在历史上曾有过许多的名字。根据文献记载，唐代时蛇山最早名为黄鹄山，“鹄”乃“鹤”之转音，所以也叫黄鹤山，民间俗称蛇山。传说这一带“有黄鹤腾于紫竹之间”，因此也有人称蛇山为紫竹岭。至宋代，蛇山又一度被称为石城山，陆游在《入蜀记》中就写道：“州城之东隅石城山。山缭绕如伏蛇，自西亘东……”蛇山中部的高观山，元时称作高冠山，明时称长春山。

如果说水是城市的灵魂，那么山就是城市的脊梁。蛇山西起司门口黄鹄山，东至长春观双峰山，绵延约 2000 米，与龟山夹江而峙，为江城一大景观。毛泽东“烟雨莽苍苍，龟蛇锁大江”的壮丽诗句，更让龟、蛇二山名扬四海。但蛇山的意义还不止于此。历史上湖广会城的各大衙门都是以蛇山为原点，环布在蛇山周围。近代以来，从洋务运动到辛亥首义，从北伐武昌到国共合作抗日，蛇山一带向来是历史风云交汇所在，它见证的不但是武汉城市史，也是中国史。然而，从 20 世纪 80 年代开始，无序的各类新型建筑开始环山而建，甚至往山上发展。与此同时，大量历史建筑却被拆除，只有黄鹤楼、抱冰堂、龙华寺、长春观等幸免于难。蛇山山体渐遭侵蚀，轮廓看上去已经不像蛇了。更加严重的是植被被破坏，蛇山改善城市环境的功能日益弱化。从武珞路沿着长春观方向走，海拔仅 61 米的蛇山被众多楼宇遮蔽起来，以至于人们难见山体，蛇山成了“有山不见山”。因此，武昌乃至于武汉人民期盼着蛇山翠色重入眼帘。

2003 年，武昌首义文化区项目启动，蛇山“显山透绿”工程成为重要工程。依照规划，蛇山整治范围划定为：北起民主路，南至武珞路，西自长江大桥武昌桥头，东抵长春观公园左侧的区域。其中，蛇山南坡除红楼、湖北省图书馆、龙华寺等个别建筑保留外，其他环山建筑逐一拆迁还绿，使蛇山从群楼遮蔽中“透”出来，恢复自然容颜，凸显城市自然风貌。

2004 年，蛇山“显山透绿”工程迈开第一步，修复长春观左侧破损多年的山体，植上各种草木。又通过置换土地，将长春观右侧已动工的清江大厦回填土方，新建长春观公园。2006 年 8 月，蛇山尾部南坡引爆“显山透绿”第一爆，拆除爱尔眼科医院大楼。2007 年 4 月，启动拆除龙华大厦第二爆，恢复山体植被，并建步行小径，方便市民登山赏绿。

自从蛇山“显山透绿”工程实施以来，按照“拆除一片，绿化一片”的原则，截至 2010 年，市政府投资将近 10 亿，拆迁房屋 17.28 万平方米，拆迁总户数 1903 户，修复山体面积约 1.5 万平方米，栽种乔木、灌木等树木 20 多万株，新增绿地 10 公顷，彻底改变“有山不见山，见山难上山”的情况。2011 年 10 月 1 日，蛇山透绿工程竣工，使“深锁闺中”的蛇山芳容展现，绿意渐浓，花香飘溢，蛇山成了市民观景休闲的好去处，实现了人与自然的和谐共处，唤起了武昌翠绿满城的脊梁。

❼ 都府堤衔接党史发展脉络

都府堤因清朝在此设立都府衙门而得名，其北端红巷曾是清末的学堂。都府堤东起解放路，西通临江大道，南起自由路，北抵红巷。这里的中共五大会址、中央农民运动讲习所旧址、毛泽东旧居等三处国家级文物保护单位，记录了大革命时期的历史篇章。1927 年 4 月，蒋介石在上海发动反革命政变。在革命处于生死存亡的紧急关头，1927 年 4 月 27 日，中共第五次全国代表大会在武昌高师附小召开。大会批评了以陈独秀为代表的右倾机会主义错误，明确提出争取无产阶级领导权、建立革命民主政权、实行土地革命等指导中国革命的正确原则。这次会议成立了中国共产党历史上第一届中央监察委员会，确立民主集中制为党的指导原则，特别是毛泽东、周恩来、刘少奇等一批党的精英被选入中央领导机构，对中国革命产生深远影响，但党的五大未能承担起挽救革命的重任。

2007 年，武汉市政府、武昌区政府启动革命街区改造，投资 3 亿元用于中共五大会址建馆、周边环境综合治理、武昌公园改造三项工程。三项工程既保护有形的传统建筑，又保护无形的历史文化脉络。至

2012 年，全部工程竣工，中共五大会址纪念馆与毛泽东旧居、农讲所旧址，成为各界人士了解中国共产党成长历程的重要窗口和进行爱国爱党教育的基地，构成了武昌红色旅游之街。

❽ 万里长江地铁第一隧

武汉依山而建，两江分割，三镇鼎立，特殊的地理环境决定了城市交通的最大瓶颈是长江两岸交通的往来。武汉市人民政府认为，现代化的城市客运交通必须以城市轨道交通作为重中之重。因此，市政府决定修建连通长江两岸的地铁。

2008 年 6 月，长江地铁第一隧 2 号线在武昌螃蟹岬、积玉桥地铁站和汉口金银潭、常青花园地铁站同时开工兴建，武汉地铁建设渐入高潮。

在地铁 2 号线工程全线铺开之际，连通武昌站和武汉站两大火车站的地铁 4 号线一期工程也动工了。与此同时，连通武昌和汉阳的地铁 4 号线二期（由武昌火车站出发下穿长江，沿汉阳古道至永安堂）也于 2009 年开建。面对正在施工的地铁及规划中的各条地铁线路，武汉三镇人民不禁发出“武汉迎来了地铁时代”的声音。毋庸置疑，地铁的出现改变了一个城市的功能与空间格局，改变了一个城市市民的生活观念，催生出全新的生活方式。

❾ 滨江商务区初具规模

2008 年 10 月 24 日，武昌滨江商务区建设指挥部成立并召开第一次工作会议，标志着武昌滨江商务区的建设正式启动。武昌滨江商务区西临长江，东连沙湖，位于长江大桥与二桥之间，包括武昌车辆厂片、月亮湾片、裕大华片以及积玉桥 D、H 片，总用地规模约 134.16 公顷，沿江总长度达 3230 米，以打造一个现代化服务业集聚区和具有滨江特色的多元化功能区为目标。

按照2008年市规划局的武昌滨江商务区概念性规划，武昌积玉桥D、H片区从2008年开始至2013年历经5年建设，使这里原来最高不过三层楼砖木结构的居民楼群，已变为百米左右的高楼集群；贯穿片区的和平大道与新建的友谊大道连通，以及沿途地铁站点的设立、长江隧道的通车和沙湖大桥的连通，使商务区积玉桥片区东接中北路、南连中山路、北接临江大道，道路网络四通八达。

2013年11月5日，武汉市规划局公布了《武昌沿江地区实施性规划》，武昌滨江商务区规划用地从278公顷扩大到1260公顷，扩容3.5倍。在建设国家中心城市的契机下，随着政府规划的实施与大笔资金的注入，武昌滨江商务区的建设已全面开展，区域价值的规划利好被重估。在中北路至二七长江大桥的9公里范围内，还要建设六大功能提升工程、五大生态工程、两大交通工程。这三大工程建成之时，武昌滨江商务区将成为一个国际化的专属商务领域。

可以预见的是，未来的滨江商务区摩天大楼鳞次栉比，地下空间充分开发，地上、地下融为一体，将聚集一大批国内外500强企业和行业龙头企业总部，一座时尚、创新、生态化的新武昌即将崛起。目前，该区域已建成万达中心5A写字楼、万达威斯汀五星级酒店等项目，大大提升了区域商务服务功能和形象知名度，成为武汉投资开发的热点区域，是承载武昌现代服务业发展的主阵地、展示江城形象和经济实力的主窗口。

今人的实践源于前人的奠基。湖广总督张之洞曾着力恢复武昌新河江岸塘角的繁荣景象，在武昌沿江修马路、筑大堤、批租土地、开辟商埠，后因人去事废。今天，武昌江滨商务区规划工程的蓝图已经绘成，环境创新工作正在全面推进，滨江商务区的建设必将使武昌黄金江岸焕发出新的生机与活力。

⑩ 楚河汉街唱响江城

基于建设“两型社会”的发展战略，依据国家发改委批复《武汉市大东湖生态水网总体方案》，武汉市委、市政府作出将武昌东湖、沙湖连通，打造以楚河汉街为主体的武汉中心文化区的建设规划。

按照东湖、沙湖连通和楚河汉街两大工程建设计划，把东湖生态旅游风景区、中北路商务中心、武昌滨江商务区连成一体，形成具有文化、时尚、生态特色的经济发展区和城市景观带，呈现出江河湖泊相互兼容、碧水绿城相互辉映的江城文化中心。

2009 年 7 月 6 日，东湖、沙湖连通工程正式开工建设。沙湖新建一条称作楚河的明渠，与东湖相连，沿楚河布局的亲水步行街称汉街，统称“楚河汉街”。作为大东湖生态水网构建工程的第一炮，1.7 公里长、12 米宽的楚河，打响了城市发展模式的革命，“两型社会”和环境友好理念在这里变成现实。为此，武重三街坊片区的民居拆迁和数十家单位的搬迁，使楚河明渠的开挖得以顺利进行，更使东湖和沙湖经由水果湖、楚河明渠的衔接，构成了武汉市核心区最大的生态公园风景区。站在新建的沙湖高架桥头可东眺东湖、水果湖美景，西望沙湖诸景，使人心旷神怡。

2011 年 9 月 30 日，楚河游船开航，全国最长的步行商业街——汉街开街迎宾。楚河汉街总面积 18 万平方米，总长 1500 米，100 多个品牌、200 多个商家入驻。楚河汉街的欧式建筑与沙湖大桥、楚河上的引桥，构成极具特色的风景。

按照建设武汉中心文化区的规划，以楚河汉街为核心，构成五大功能区，分别为东沙文化区、2 个高档居住区、办公综合区、科教医疗区。2013 年，汇聚全球百余家国际品牌和中国奢侈品的商业体——汉街万达广场于 9 月 28 日正式营业。2014 年，汉秀剧场开业，为当地的人们和游客带来了一场场精彩的演出。以楚河汉街为核心的武汉中央文化区形成了一个包括文化、旅游、商业、商务、居住五大功能的文化旅游项目，成为武汉提升文化和旅游品牌的又一助力。

⑪《武昌区行政区划图》发布

2011 年 12 月，区民政局与武汉市测绘研究院联合编制的《武昌区行政区划图》正式公开发布。这是自 2009 年武汉市江南三区（武昌、青山、洪山）“插花地”调整后武昌区第一幅标示法定区级行政区域界线的地图，全面反映了武昌区行政区域界线勘定的成果。新版区划图涉及政府驻地、行政企事业单位、重点项目、旅游景点、区划界线、街道划分、道路、湖泊等，为武昌区发展经济、强化区域建设和城市管理提供有力支持。

武昌区行政区域界线划定后，区总面积 100.7 平方公里（实有管辖面积 74.96 平方公里）。其中：长江水面概略面积 10.7 平方公里，沙湖概略面积 3.3 平方公里，东湖概略面积 19.6 平方公里，东湖生态旅游风景区陆地面积 6.14 平方公里，其他陆地面积 60.96 平方公里。各街道面积为：杨园街道 5.24 平方公里，徐家棚街道 7.67 平方公里，积玉桥街道 3.75 平方公里，水果湖街道 9.53 平方公里（不包括沙湖水域 3.3 平方公里），中华路街道 1.07 平方公里，粮道街道 1.8 平方公里，中南路街道 8.09 平方公里，黄鹤楼街道 1.9 平方公里，紫阳街道 2.6 平方公里，首义路街道 3.11 平方公里，白沙洲街道 5.95 平方公里，南湖街道 2.36 平方公里，珞珈山街道 3.53 平方公里，石洞街道 4.2 平方公里。